Escola da Vida

RICARDO BELLINO

Escola da Vida

As lições de sucesso que grandes
empreendedores aprenderam na prática

2023

Benvirá

Copyright © Ricardo Bellino, 2023

Direção executiva Flávia Alves Bravin
Direção editorial Ana Paula Santos Matos
Gerência editorial e de produção Fernando Penteado
Gerenciamento de catálogo Clarissa Oliveira
Edição Clarissa Oliveira
Design e produção Daniele Debora de Souza (coord.)
Rosana Peroni Fazolari
Tiago Dela Rosa

Revisão Leila Rodrigues
Queni Winters
Diagramação Fernanda Matajs
Capa Lais Soriano
Imagem de capa Wellington Amaral
Impressão e acabamento Edições Loyola

Dados Internacionais de Catalogação na Publicação (CIP) de acordo com ISBD
Vagner Rodolfo da Silva – CRB-8/9410

B444e	Bellino, Ricardo
	Escola da vida: as lições que grandes empreendedores aprenderam na prática / Ricardo Bellino. - São Paulo : Benvirá, 2023.
	296 p.
	ISBN 978-65-5810-158-1
	1. Administração. 2. Empreendedorismo. I. Título.
	CDD 658.421
2023-300	CDU 65.016

Índices para catálogo sistemático:
1. Administração : Empreendedorismo   658.421
2. Administração : Empreendedorismo   65.016

1ª edição, março de 2023

Nenhuma parte desta publicação poderá ser reproduzida por qualquer meio ou forma sem a prévia autorização da Saraiva Educação. A violação dos direitos autorais é crime estabelecido na Lei n. 9.610/98 e punido pelo art. 184 do Código Penal.

Todos os direitos reservados à Benvirá, um selo da Saraiva Educação.
Av. Paulista, 901, Edifício CYK, 4º andar
Bela Vista – São Paulo – SP – CEP: 01311-100

SAC: sac.sets@saraivaeducacao.com.br

CÓD. OBRA   716625   CL   671089   CAE   823536

Sumário

Prefácio desta edição	VII
Apresentação	IX
Preâmbulo	XI

Capítulo Zero
A felicidade precede o sucesso — 1

Parte I
Qual é o seu sonho? Descobrindo o seu espírito empreendedor — 19

Parte II
Trabalhando a imagem — 55

Parte III
Comunicação e relacionamentos — 95

Parte IV
Produtividade Pessoal — 139

Parte V
Determinação, persistência e proatividade: o fator DPP — 185

Parte VI
Liderança — 225

Posfácio	263
Referências	267
Bibliografia	279
Depoimentos sobre o autor	281

Para consultar possíveis atualizações e conteúdos complementares a esta publicação, visite a página do livro em nossa plataforma Saraiva Conecta:

https://somos.in/AEDV

Prefácio desta edição

Aos empreendedores, todo o aprendizado

Um bom empreendedor é um profissional que certamente – dentre tantas outras competências – aprendeu a aprender. À medida que nos submetemos a diferentes fontes de informação e conhecimento, nos tornamos mais propensos a desenvolver um repertório vasto e mais flexível para passar por mudanças e transformações, transitando por diferentes cenários e mercados. E é esse conhecimento que nos dá segurança para alavancar os processos de tomada de decisão e de gestão que qualquer novo negócio exige.

Quanto maiores as oportunidades de aprendizado, maiores as chances de se obter sucesso ao empreender. E vale lembrar que essas oportunidades nos cercam no dia a dia: elas estão em nossas interações sociais, nas estruturas formais e reguladas (escola, graduação, pós-graduação), na formação continuada, nas experiências profissionais pregressas e nas demais vivências do cotidiano.

E nesta Escola da Vida os brasileiros são mestres. O país ocupa hoje o 7º lugar entre as nações com o maior índice de empreendedorismo, em uma escala de 50 países avaliados pelo Global Entrepreneurship Monitor (GEM) – os dados são da pesquisa divulgada em 2022. Foram mais de 3,6 milhões de empresas abertas no Brasil somente no último ano – a maior parte, 78% delas, por microempreendedores individuais.

Segundo o estudo, o volume de negócios que sobrevive por mais de 3 anos e meio no Brasil também aumentou – o que denota a perseverança dos nossos empreendedores no enfrentamento do período pandêmico, adaptando suas atividades e seu *modus operandi* à luz das dificuldades e, claro, das oportunidades.

Clichês à parte, somos, de fato, especialistas em trabalhar na adversidade em um país que sofre com a instabilidade econômica e social de sua população.

Da crise sabemos como criar valor e, por isso, considero nossos empreendedores otimistas por excelência. Otimistas perspicazes – como os empreendedores grandiosos narrados neste livro, que sabem navegar em mares agitados, mirando a terra à vista. No Brasil, os donos de negócios têm se capacitado cada vez mais para saber equilibrar iniciativas de inovação e mitigação de riscos em seus empreendimentos.

Por meio das histórias de *Escola da Vida*, conhecemos as trajetórias de empreendedores excepcionais, que desenvolveram a capacidade de ouvir, de observar comportamentos e de identificar necessidades para transformá-las em grandes negócios – ideias que revolucionaram nossa relação com a tecnologia, o entretenimento, o consumo, o acesso a serviços e à educação. Todos souberam, em algum momento, refletir antes de dar um passo decisivo e transformador, pois empreender é também um exercício de olhar. Aos que conseguem ver além, as chances serão sempre maiores.

Por isso, a troca de experiências se faz fundamental. Quando analisamos qualquer problema a partir de uma única perspectiva, nossa capacidade de solução será sempre limitada. As narrativas de êxito comentadas por Ricardo Bellino nesta obra inspiram pela força do exemplo e mostram, na prática, as transformações provocadas por todos aqueles que compreendem o verdadeiro significado da expressão *lifelong learning*.

A *Escola da Vida* nos ensina que não há um caminho único para o aprendizado e para a vitória, e que uma carreira de sucesso exige aprendizado contínuo.

É sempre tempo de mudar, de se reinventar, de ampliar horizontes e de experimentar novos sabores e desafios. A *Escola da Vida* caminha continuamente, acelera pessoas e nos transporta para um mundo onde sonhar – e realizar – será sempre possível.

RODRIGO GALINDO

Empreendedor e presidente do Conselho da Cogna Educação,
da Vasta Educação e da Endeavor Brasil

Apresentação

Aprender a empreender

Em 2015, 52 milhões de brasileiros entre 18 e 64 anos estiveram envolvidos na criação ou na manutenção de um negócio – quase 40% da população nessa faixa etária.

Mesmo que sejamos um país empreendedor, esse otimismo vem acompanhado da falta de preparação para a realidade empresarial: em média, 25% das pequenas e médias empresas no Brasil fecham suas portas com apenas dois anos de atividade. Com cinco anos de operação, este índice aumenta para mais de 50%. Isso, claro, afeta o país de diversas maneiras: desde uma situação econômica mais instável até uma piora na percepção da própria população quanto ao seu potencial.

Há diversas razões para a falta de capacitação dos empreendedores brasileiros. Porém, uma muito evidente é a falta de incentivo para abrir sua própria empresa desde cedo: já na escola, o possível empreendedor não se vê representado em nada que aprende.

A capacidade de pensar em soluções é essencial para o desenvolvimento da sociedade. Porém, nada vai acontecer se ela não estiver aliada com outra competência: a de executar aquilo que ainda está apenas dentro de nossas mentes.

Aprender a empreender é, basicamente, ser forçado a tirar sua grande ideia do papel.

Ricardo Bellino é um homem de iniciativa. Sem nenhuma formação acadêmica, dinheiro no bolso ou domínio da língua inglesa, mas com enorme determinação, aos 21 anos se propôs a se arriscar e levar ao Brasil uma filial da agência internacional Elite Models, que anos mais tarde serviu como plataforma de lançamento das modelos mais famosas do mundo, incluindo a supermodelo Gisele Bündchen.

Ao alcançar seu objetivo, começou a traçar seu perfil de homem de ideias e de excelente articulador de novos negócios. Isso foi o que mais me atraiu nele, porque sempre acreditei que uma boa ideia pode mudar o mundo.

As iniciativas que se seguiram a este primeiro esforço consolidaram seu perfil. Sempre inquieto, orquestrou no Brasil, entre outras, a bem-sucedida campanha Câncer de Mama no Alvo da Moda, uma sociedade com o bilionário Donald Trump, após uma reunião de apenas 3 minutos, e mais recentemente a fundação da Escola da Vida. Por isso, Bellino se transformou em um dos mais ousados e inovadores empreendedores de nosso país.

Seu entusiasmo o conduziu a compartilhar suas experiências através de livros e conferências, colocando ao alcance de um vasto público sua visão a respeito do poder das ideias e sua filosofia de sucesso nos negócios.

A educação para a vida social e profissional não se faz só nas escolas e faculdades; se faz no convívio com pessoas de talento, com inteligência emocional e técnica... enfim, com convívio.

A escola da vida, desde que a faça uma escola, é tão ou mais formadora que uma real universidade!

Dos nossos antepassados mais próximos, poucos estudaram nas escolas formais. A maioria aprendeu na lide diária dos seus trabalhos, experiências, erros e acertos. Os grandes empresários de hoje fundaram grandes empresas pelo seu próprio ímpeto empreendedor e não só pelas suas escolas formais. O desejo de fazer, construir e vencer valeu muito mais que uma educação formal.

Aliás, as escolas formais de hoje pouco servirão para os nossos netos. Em muito, já nos ultrapassaram... É, a Escola da Vida é mais eficaz!

A decisão de ler este livro já é, em si, uma manifestação do desejo de aprender a partir de todas as fontes possíveis. Espero que os testemunhos aqui dispostos deixem ao leitor grandes lições que o motivem a aplicá-las em seu próprio plano de vida.

ANTONIO CARBONARI NETTO
Matemático, Mestre em Administração, Educação e Comunicação.
Membro Titular da Academia Brasileira das Ciências da
Administração. Conselheiro do CNE – Conselho Nacional de Educação

Preâmbulo

Os 15 anos da Escola da Vida

Dos dez homens mais ricos do mundo listados pela Forbes, cinco, dentre os quais Bill Gates e Michael Dell, não completaram a faculdade. Na relação dos milionários – ou bilionários – sem diploma, há, ainda, nomes como Paul Allen (Microsoft), Steve Jobs (Apple), Larry Ellison (Oracle) e Li Ka-shing (o homem mais rico da Ásia), apenas para citar alguns. No Brasil, temos nomes ilustres como Silvio Santos, Abraham Kasisnky (Cofap), Alair Martins (fundador do Grupo Martins e homenageado pelo programa Empreendedor do Ano 2008 com o Lifetime Achievement) e Antônio Luiz Seabra (fundador da Natura e listado pela Forbes como um dos bilionários brasileiros), entre muitos outros. O que todos esses empreendedores de sucesso têm em comum é que eles aprenderam fazendo. E, por isso mesmo, têm muito a ensinar.

Além de prestar uma merecida homenagem a esses brilhantes empreendedores, o projeto Escola da Vida pretende levar ao público as lições e os conhecimentos adquiridos por aqueles que aprenderam na prática. É uma iniciativa inédita, que visa levar a todos os que buscam o sucesso profissional – tenham eles completado seus estudos ou não – a sabedoria, as dicas e os conselhos daqueles que "se formaram na escola da vida", ou seja, que construíram grandes fortunas e trajetórias vitoriosas por meio do "aprender fazendo". Longe de desmerecer a importância da formação acadêmica, a Escola da Vida pretende oferecer uma complementação até então inexistente ao que se aprende nas faculdades, complementação esta que está voltada para o desenvolvimento do espírito empreendedor.

Esta edição comemorativa dos 15 anos da Escola da Vida traz mais histórias de grandes figuras do empreendedorismo brasileiro em esferas diversas, como arte, culinária, educação, finanças, projetos sociais e varejo. Além disso, soma-se às tradicionais lições de gestão, marketing e liderança um capítulo novo sobre felicidade, que chamo de "capítulo zero". Porque o sucesso não faz sentido (e nem será sustentável) sem que haja um bom investimento naquilo que traz bem-estar e um senso de alegria à sua vida.

O sucesso e a felicidade podem e devem caminhar lado a lado, e eu espero que este livro impulsione você na sua trajetória empreendedora.

RICARDO BELLINO
Empreendedor e idealizador da Escola da Vida

Da mais pura "vida real", uma escola

Quinze anos, desde sempre, é sinônimo de amadurecimento. Para o adolescente que alcança essa idade, os horizontes parecem se multiplicar em novas aventuras e perspectivas, e a vida, que já vinha sendo coroada de vitórias e conquistas, agora parece revelar um verdadeiro Everest de novíssimos desafios a serem vencidos. Será que no mágico universo do empreendedorismo – um mundo à parte dentro dos mundos – isso também é uma verdade?

Ricardo Bellino, criador da Escola da Vida, garante que sim. Ele costuma usar uma frase que impacta ao mesmo tempo em que convida à reflexão: "Como não sabia que era impossível, fui lá e fiz". Essa postura, positivamente agressiva, foi capaz de transformar esse carioca em um dos mais bem-sucedidos empresários do país e posicionar o seu nome entre os mais badalados do mundo do empreendedorismo. Aos 21 anos, praticamente sem dinheiro e sem falar uma palavra sequer de inglês, ele trouxe para o Brasil uma das maiores agências de modelos do mundo. Aos 38, levou apenas 3 minutos para convencer Donald Trump a investir em um novo projeto seu. Há mais de 3 décadas, Bellino vem colecionando iniciativas vencedoras e parece ter somado todas essas vivências para hoje encarnar o papel do mentor, alguém cuja resiliência e capacidade de adaptação a novas realidades o habilitam para uma dupla missão: ajudar a construir projetos de sucesso e também desconstruir ideias que aparentemente são boas, mas, sob um olhar mais apurado, se revelam fortes candidatas ao fracasso.

Na medida em que incentiva e disponibiliza experiências capazes de transformar cabeças, a Escola da Vida tem se distanciado do empreendedorismo meramente material e construído um novo conceito de desenvolvimento integral das potencialidades. Bellino tem não somente a capacidade de impulsionar ideias e projetos, mas principalmente de acelerar pessoas.

AUGUSTO PESSÔA
Jornalista e cineasta

CAPÍTULO ZERO
A felicidade precede o sucesso[1]

*"Quase sempre a maior ou menor felicidade depende
do grau de decisão de ser feliz."*
ABRAHAM LINCOLN

O segundo tempo do jogo da vida começa agora

Filha de uma família feliz, sempre amei o meu trabalho. Transitava entre os
papéis de empresária bem-sucedida, mãe, irmã, filha, esposa, amiga... sempre
alegre! Minha positividade sempre foi alta, mesmo quando eu não conhecia
a fundo a intencionalidade de minhas ações. Até que, de forma inesperada e
como consequência de uma série de eventos infortúnios, ligados a estresse e
estilo de vida, tive uma hemorragia grave – e que mudou minha vida.

Fui levada ao hospital às pressas e recebi anestesia geral. Enquanto a
equipe de emergência se esforçava para interromper a hemorragia, eu, anes-
tesiada, mas ainda não intubada, fiquei muito tempo sem respirar e bron-
coaspirei uma quantidade excessiva de meu sangue. Em outras palavras, me
afoguei em meu próprio sangue, o que me levou a uma experiência de quase
morte (EQM).

***

Pink! Essa era a cor da luz que vi no fundo do túnel, quando vivenciei a
morte ou, mais precisamente, a experiência de quase morte. A porta de entrada que vi era suntuosa – e rapidamente se abriu. Enquanto eu era trans-
portada numa maca por um túnel e depois por um corredor, podia observar
em ambos os lados da passagem pessoas vestidas de branco, em pé, ao lado
de seus dormitórios. Ali mais me pareceu ser um hospital psiquiátrico, o que
talvez traduzisse meu estado de espírito, pois apesar de a paz e o contentamento transbordarem no ambiente, eu me sentia ansiosa, relutante, aflita...
tão diferente de todos ali.

---

1. Elaborado com a contribuição de Sandra Teschner.

Não reconheci ninguém lá e, assim como entrei, saí. Sei que eu não estava pronta. E o tempo lá dentro não obedecia ao tempo aqui fora.

Para contextualizar o fenômeno da EQM, algumas pessoas relatam vivências de conteúdo muito semelhante quando passam por um estado muito próximo da morte. Elas relatam uma experiência profunda de transcendência do mundo físico, frequentemente associada a transformações positivas em crenças, atitudes. Essas experiências ainda são uma incógnita para a ciência. Entre as muitas hipóteses de explicações para o fenômeno, há quem afirme que o funcionamento cerebral em falência em pessoas com a espiritualidade aguçada produza, eventualmente, interação entre esses dois elementos, levando a estados mais complexos de consciência do que podemos compreender.

Os detalhes dessa vivência são tão ricos e profundos que me lembro de tocar na porta de madeira e achá-la de bom gosto! Era de madeira nobre, encerada com uma técnica natural que amo. Me senti agraciada. O próprio túnel me lembrava um específico que adoro, no Central Park nova-iorquino, próximo à fonte mostrada na abertura do seriado americano *Friends*. Estive lá celebrando muitas vezes com grandes amigos, e essa imagem me trouxe acolhimento. Nada era hostil, a não ser minha gigantesca inabilidade de lidar com uma ansiedade sem limites, e foi assim que, ao me ver nesse espaço, que entendi como um "hospício", uma calma infinita me fez literalmente invejar aquele estado: eu queria me sentir como aquelas pessoas, queria ter a chance de vivenciar aquele contentamento pacífico.

Uma mensagem ficara na minha cabeça daquela experiência, e, ao acordar intubada na UTI dias depois, a primeira coisa que pedi, gesticulando, foi um lápis. Queria anotar a frase que eu trouxera daquele lugar: *"A sabedoria da vida consiste em mudar tudo o que podemos mudar, aceitar tudo o que não podemos mudar e principalmente saber diferenciar essas duas situações"*. Sim, eu ouvia repetidamente essa versão da Oração de São Francisco de Assis como um mantra que buscava o caminho para se internalizar em minha mente.

Ainda com pouca compreensão do que realmente acontecera e presa à cama do hospital devido à intubação, o que achei ter escrito sob supervisão dos médicos não havia passado de rabiscos, mas ficou gravado em minha mente, agora transformada. Eu tinha decidido que viveria de um jeito que me permitisse sentir o que meus colegas daquele lugar sentiam.

Desejei aquela paz interior, suprimir a ansiedade que me consumia, lidar melhor com o acúmulo de tarefas, dormir (algo menosprezado por mim até então) e equalizar minha qualidade de vida para não chegar em uma situação semelhante de novo. Buscaria potencializar a ciência da felicidade, pela qual eu já me interessava como teoria, mas ainda não havia me tornado uma praticante intencional hábil, consequente. Ali naquele "iglu" (apelido carinhosamente dado pelos enfermeiros a meu quarto de UTI, extremamente frio) era a esperança que nos aquecia, naquela nova vida que se renovava.

Mergulhei na prática dessa ciência para transformar o mundo, começando por meu entorno e por mim mesma, e fiz desta a minha missão de segundo tempo no jogo da vida. Mais de uma década depois, e ultrapassando o marco de 1 milhão de pessoas impactadas, atesto que muitas sementes podem crescer em ambientes adversos e que, ao contrário do que se pensa, mesmo na ausência de luz temos a oportunidade de iluminar nossa própria história – e de propagar essa luz compartilhando a felicidade com todos ao redor.

Felicidade é assunto sério

A felicidade não é o resultado lógico de um conjunto de circunstâncias, mas de um conjunto de *atitudes*. Como condição interna, só a própria pessoa tem capacidade de gerar essas atitudes.

As pessoas felizes são mais construtivas, criativas, inovadoras, adoecem menos, relacionam-se melhor, são mais produtivas. Já as pessoas infelizes contagiam negativamente o ambiente.

Cientistas comportamentais passaram muito tempo estudando o que nos faz felizes (e o que não faz). Sabemos que a felicidade pode predizer saúde e longevidade. Coeficientes de positividade em escalas são usados na mensuração do progresso social e para o sucesso das políticas públicas. Mas a felicidade não é mágica, nem dom, não acontece "de repente". Da mesma forma, não é exclusividade de alguns; qualquer pessoa pode fazer mudanças de comportamento, hábitos, ambiente e relacionamentos que contribuam para o bem-estar pessoal duradouro.

A percepção da vida pela ótica de Duda

Em 2014, enquanto estava estudando Felicidade em Miami, recebi um *link* em uma rede social que continha o vídeo de uma menina de pouco mais de 2 anos. Seu nome era Duda Salles, eu descobriria depois. Durante muito tempo me perguntei por que aquele momento foi tão decisivo e singular para o que viria a ser um novo capítulo da história de minha vida. Mas a resposta, na verdade, eu já tinha, só me faltava a pergunta certa.

Dudinha descrevia, no vídeo citado, que teria as pernas amputadas no dia seguinte e que isso seria incrível, porque ela iria correr, pular, brincar. E com que alegria ela contava tudo isso! Era tão sincera em suas palavras... A mãe, Fabi Salles, finalizava dizendo que a pequena tinha pedido para estar com lacinhos *pink* nos locais amputados quando acordasse da cirurgia.

Assim que vi o vídeo, minha primeira ação foi correr até o saguão do hotel em busca de algo que pudesse ser um laço *pink*, para cocriar uma campanha para que quando Duda acordasse não só seu pedido fosse atendido, mas muita gente pelo mundo também tivesse se enfeitado com laços em sua homenagem. Assim fizemos, postamos, a campanha viralizou e ela amou.

A amputação bilateral de Duda se deu em consequência de uma má formação congênita que se caracteriza pela ausência de ossos nas pernas, à exceção do fêmur. A decisão dos pais em autorizar a amputação foi exatamente para que ela tivesse a chance de andar. Ainda que a situação financeira e todas as dificuldades inimagináveis fizessem parte da ordem do dia, eles decidiram que era o melhor para ela. E foi.

Entre os tantos desafios que enfrentariam, um seria o fato dela crescer! E a cada crescimento, novos ajustes, novas próteses e afins precisariam ser trocados. A impressão que aquela menina alegre, decidida, feliz deixou em mim me acompanhou todo o tempo. Assim que voltei ao Brasil, procurei a família, descobri que moravam no interior de São Paulo, liguei perguntando o que a Duda desejava, e a resposta foi rápida: Sapatos!

Mais uma vez ela estava ditando o significado que daria àquela situação.

A questão não era perder os membros, mas sim ganhar a chance de andar. Não se tratava de não ter mais pés, mas de gostar de sapatos, a despeito de sua real funcionalidade. Duda nunca se deixou definir por pernas ou pela falta delas. Sua entrega ao processo é parte fundamental de suas vitórias.

Prometi a mim mesma que faria da causa de Duda uma causa de muitos. Fiz meu o dever de possibilitar que seus sonhos e sua imensa habilidade de ser feliz não fossem frustrados.

O tempo passou e as demandas por próteses não ficaram menores, mas Duda vive como ela disse que seria. Corre, sobe em árvore, faz vídeos para o *TikTok*, desfila e sempre repete que ela é completamente normal e não tem nenhum problema: "Gente! São só duas pernas que faltam. Nada demais...".

Nas escolas rapidamente lidera os ambientes e empolga crianças a fazerem campanhas ou a se engajarem em algo.

A minha relação com aquela menininha que eu conhecera em uma rede social viria a ser um marco muito além das nossas próprias vidas. Eu viraria sua madrinha e de tantas outras que viriam. Não sou alguém para se recorrer apenas em necessidades extremas, sou uma dinda mesmo, alguém para compartilhar a vida na alegria e na tristeza.

Aqui começava minha história no que a sociedade hoje dá o nome de empreendedorismo social. Recebi em 2022 uma homenagem da Academia Brasileira de Artes e Ciências de São Paulo, na Assembleia Legislativa do Estado. Mas, embora o reconhecimento aumente a representatividade da causa, minhas ações continuam sendo motivadas por minha própria convicção.

A ciência comprova que dar é melhor do que receber. Pratique disciplinada e conscientemente a benevolência e você sentirá o impacto no seu próprio bem-estar.

Minha história com Duda foi a primeira dessa jornada que inclui crianças e jovens com múltiplas amputações, doenças e síndromes raras graves. Meu trabalho visa trazer dignidade para suas demandas práticas e impulsionar a musculatura emocional delas, para que possam lidar melhor com suas próprias emoções, aprendam a ser mais resilientes e, a partir daí, sejam agentes multiplicadores desse aprendizado.

Lembram de que me faltava fazer a pergunta certa?

"Você, Sandra, está pronta para determinar o significado que atribuirá às circunstâncias de sua vida?" O alicerce da felicidade que aprendi requer prática, verdade, autenticidade.

A felicidade é uma impulsionadora do sucesso

A busca pela felicidade é tão antiga quanto a própria humanidade, e muito do que se sabe hoje em trabalhos científicos ecoa os pensamentos encontrados em filosofias milenares e na própria religião. Estudos nas áreas da neurociência, ciências sociais e psicologia positiva, principalmente, trouxeram novos olhares aos trabalhos voltados à saúde mental, que até então eram quase em sua totalidade direcionados às patologias e passaram a tratar também da potencialização dos aspectos positivos da experiência humana.

É lugar comum pensarmos em sucesso relacionado a "ter". Cargos, dinheiro, posição social. Muitos de nós acreditamos que no dia em que tivermos isso ou aquilo seremos mais felizes. Ledo engano. E promover a felicidade em nossas vidas nos leva ao sucesso, e não o contrário. Até porque ressignificamos as nossas demandas, e as condições ditadas pelo outro, assim como as comparações autoimpostas, perdem o sentido. A felicidade nos liberta da prisão de opiniões sobre como deveríamos viver nossas vidas.

Entretanto, vale lembrar que ser uma pessoa autenticamente de bem com a vida não confere a ninguém o direito de não ser empático. A professora Sonja Lyubomirsky, Ph.D., da Universidade de Riverside, Califórnia, uma das principais referências mundiais em Felicidade e seus colegas revisaram 225 estudos no *Psychological Bulletin*. A meta-análise (uma espécie de análise da análise) foi realizada dividindo-a em grupos:

- os que comparam diferentes grupos de pessoas;
- os que acompanham indivíduos ao longo do tempo; e
- os que examinam resultados em ambientes controlados.

Esses estudos examinaram questões como:

- "As pessoas felizes são mais bem-sucedidas do que as infelizes?"
- "A felicidade precede o sucesso?"
- "O afeto positivo leva a comportamentos orientados para o sucesso?"

Os resultados demonstram que a felicidade leva a maiores sucessos na vida. Segundo explicação de Lyubomirsky, isso ocorre porque as pessoas felizes frequentemente experimentam bom humor, o que as leva a trabalhar mais ativamente em direção a novos objetivos e a acessar novos recursos.

Quando as pessoas se sentem felizes, tendem a se sentir confiantes, otimistas e enérgicas, e os outros as acham simpáticas e sociáveis.

Esses estudos mostram que, à medida que nos tornamos mais felizes, nos tornamos mais bem-sucedidos, porque o cérebro funciona significativamente melhor no modo positivo do que no negativo, neutro ou no estresse, levando à elevação:

- das funções cognitivas;
- da capacidade de resolução de problemas;
- da memória e de sua capacidade de retenção;
- da criatividade;
- da capacidade de inovação.

Ainda segundo a professora Lyubomirsky, pessoas felizes apresentam:

- redução de 23% no estresse;
- 39% de melhoria na saúde;
- 31% de melhoria na produtividade;
- aumento na longevidade.

Mas o que realmente faz a diferença para ser mais feliz?

Embora haja múltiplos estudos e autores se debrucem nas mais diferentes teorias, o alicerce da ciência da felicidade permanece intacto. No meu estudo de caso, "Formação de Felicitadores", para a MUST University Florida, fruto da experiência do meu próprio trabalho e seu impacto em milhares de pessoas, entendo que os ingredientes infalíveis para essa construção são:

Autoconhecimento ou relação intrapessoal

Como estar alinhado à missão e aos valores de outras pessoas ou de uma organização quando não se sabe ao certo quais são os seus próprios valores? Esta é uma das razões pelas quais todos os cursos que ministro têm como ponto de partida o autogerenciamento. É preciso uma viagem profunda em si para que a pessoa seja capaz de ecoar empaticamente as necessidades de outros. E essa é uma das experiências mais ricas na jornada da felicidade.

Conexões qualitativas

Sempre que for possível, escolha as pessoas com as quais mais convive, pois lembre-se de que você irá refletir o comportamento delas. Pessoas são contagiantes positiva e negativamente; exponencialmente mais de forma negativa, já que o viés de negatividade é uma das formas equivocadas que nosso cérebro evolutivo encontra para garantir a perpetuação da espécie.

Somos o resultado dessa convivência, e quanto mais ela for qualitativa, verdadeira, assertiva, maior nosso lastro de percepção positiva na vida.

No *best-seller O jeito Harvard de ser feliz*, o autor Shawn Achor divide as relações interpessoais em:

- *Rede de apoio*, aquelas pessoas que estão com você na alegria e na tristeza, com as quais você conta realmente;
- *Pontes*, aquelas que possibilitam o acesso a determinadas situações que você não vivenciaria sem elas; e

- **Extensores** (minhas pessoas favoritas), aquelas que nos fazem pessoas melhores. Gosto dessa subdivisão porque nos liberta também do olhar preconcebido que temos sobre determinadas relações interpessoais.

Muitas vezes a pessoa não estará em sua vida em todos os momentos. Uma boa "Ponte" não precisa te encontrar para tomar café ou participar da festa do pijama. Seus "Extensores" podem não ser os companheiros ideais para um churrasco no fim de semana ou para pegar a roupa na lavanderia que você esqueceu de buscar. Entender o papel do outro em nossa história alinha expectativas e nos possibilita tirar o melhor dessas relações.

Se nosso amigo é feliz, temos mais chances de sermos felizes também. Um clássico estudo da Harvard Medical School feito com 5.000 pessoas ao longo de 20 anos e conduzido por dois dos principais nomes da psicologia positiva, Ed Diener e Martin Seligman, descobriu que a felicidade de uma pessoa se espalha através de seu grupo social por até três graus de separação, e que o efeito dura até um ano.

Ao compararem as pessoas mais felizes às menos felizes, eles constataram que o primeiro grupo era altamente sociável e tinha os laços de amizade mais fortes, o que os levava a se sentir dessa forma.

Somos mais otimistas com amigos. O otimismo, por sua vez, potencializa nossa satisfação com a vida e reduz o risco de doenças mentais. Um estudo interessante, publicado no *Journal of Experimental Social Psychology*, mostrou que até a nossa percepção de altura é alterada: por exemplo, montanhas parecem menores quando estamos com um amigo. Por isso mesmo, praticar ciclismo com um amigo é um fator facilitador.

Lidar com as emoções – positivas e negativas

Todos os seres humanos têm a tendência de ruminar mais experiências ruins do que celebrar as positivas. É uma adaptação evolutiva – aprender com as situações perigosas ou dolorosas que encontramos ao longo da vida nos ajudaria a evitá-las no futuro e reagir rapidamente em um momento de crise.

De fato 97% de todas as nossas preocupações não vão acontecer, é o que comprovam estudos robustos da Universidade de Cornell que ampliaram nossa visão no campo da preocupação, grande fato gerador de transtornos de ansiedade.

E, por lembrar o impacto em ansiedade, nós, brasileiros, somos o povo mais ansioso do planeta Terra, segundo dados da OMS (Organização Mundial da Saúde) e do Ministério da Saúde.

O estudo, que acompanhou algumas pessoas por um longo tempo, detectou que 85% do que as preocupava nunca aconteceu. Dos 15% de preocupações que se concretizaram, 79% das vezes as pessoas lidaram com esses problemas em um ambiente muito melhor do que imaginaram. Há mais de 500 anos, o filósofo Michel de Montaigne disse: "Minha vida foi repleta de terríveis infortúnios, a maioria dos quais nunca aconteceram". Séculos depois, a citação faz sentido com peso de ciência.

Temos de nos esforçar para treinar o cérebro para vencer as preocupações e o excesso de pensamentos. Veja como:

- **Não tente parar os pensamentos negativos**, dizendo "Tenho que parar de pensar nisso", pois isso só fará você pensar mais a respeito. Em vez disso, tome posse de suas preocupações. Domine-as. Quando você estiver em modo de negatividade, comece por reconhecer isso.
- **Trate-se como um amigo**. Que conselho você daria a uma amiga que está arrastando uma tristeza consigo? Agora aplique esse conselho a você.
- **Questione seus pensamentos**. Escreva seu pensamento negativo, como:

"Estou tendo problemas no trabalho e estou questionando minhas habilidades."

- **Em seguida**, pergunte-se:

"Qual é a evidência para este pensamento?"
"Estou baseando isso em fatos? Ou sentimentos?"
"Posso estar interpretando mal a situação?"
"Como outras pessoas podem ver a situação de forma diferente?"

O pensamento negativo acontece com todos nós, mas se o reconhecermos e desafiarmos esse pensamento, daremos um grande passo importante em direção a uma vida mais feliz.

Comunicação empática, compaixão e o cuidado com a era das narrativas

Comunicar não é só forma e clareza, mas aceitação de diferenças e requer embasamento e conhecimento. A menos que possamos explicar o conteúdo a outros nada "sabemos", e ao ensinarmos chegamos ao ápice do nosso próprio aprendizado. O psiquiatra americano William Glasser mostrou que 95% de efetividade do nosso aprendizado acontece quando explicamos, resumimos, estruturamos ou elaboramos **o conceito** de algo para outras pessoas.

Segundo a escritora Shannon Terrell, quando nos sentimos compreendidos, sentimo-nos mais capacitados para falar. A comunicação reduz os ruídos do chamado diálogo interno, aquela voz em nossa mente responsável por sabotar nosso bem-estar.

Muito difundida também é a técnica conhecida como comunicação não violenta, criada pelo psicólogo Marshall Rosenberg. A metodologia visa construir relacionamentos e resolver conflitos através de um treinamento muito simples, mas que requer treino contínuo:

- Esteja atento a seus julgamentos. Tente observar o que você está dizendo a si mesmo sobre o porquê de alguém estar fazendo algo.
- Identifique os fatos. Desfaça quaisquer julgamentos. Tente descrever a situação do jeito que uma pessoa fora do contexto faria.
- Nomeie seus sentimentos. Descreva como você está se sentindo.
- Identifique e declare as necessidades básicas que levam a esses sentimentos.

Faça seu pedido. O que a outra pessoa poderia claramente fazer para atender suas necessidades? E não esqueça: ela não necessariamente vai atender a seu pedido, mas comunicar é um ponto de partida para o início da conversação.

Vamos traduzir compaixão como empatia com ação. Embora o desenvolvimento da empatia seja o alvo em voga na comunicação das primeiras décadas do século XXI, continuamos sendo teóricos que admiram uma semântica, mas na prática ela pouco funciona. É como se fosse bacana de dizer, vira jargão positivo e com isso tudo parece resolvido. Na verdade, porém, a empatia tem seu lado truculento e até traiçoeiro. Calma! Entenda...

Estudos sugerem que a empatia – embora bem-intencionada – não é neutra e nos torna mais solidários com as pessoas que pensam o que já pensamos. Isso porque a empatia vem de um sentimento de repetição. O autor e professor de psicologia da Universidade de Yale, Paul Bloom, em uma de suas entrevistas ao *Psychology Today*, disse: "Pesquisas recentes em neurociência e psicologia mostram que a empatia nos torna tendenciosos, tribais e muitas vezes cruéis". Objetivamente a angústia até pode ser a mesma, mas o relacionamento muda a resposta emocional. E, se pararmos para pensar nos acontecimentos atuais pelo mundo, nem precisaríamos de estudos para constatar – uma olhada nas redes sociais ou grupos de WhatsApp seria o suficiente. O sofrimento do outro que pensa como a gente nos afeta infinitamente mais, a ponto de despersonificarmos os sujeitos quando eles jogam "no time adversário".

Nossas reações seguem o curso das ideias que alimentamos, por isso não nos sentimos igualmente ofendidos se alguém ou alguma organização que diverge de nossos vieses é penalizada, ainda que seja através de um ato que abominamos.

Uma boa ideia é estar atento quando estivermos agindo pelas razões erradas, lembrarmos que estamos fazendo parte dessa estatística negativa e começarmos a cortar os tentáculos do ego. Assim, aumentamos a chance de nos aproximarmos de uma resposta menos tendenciosa e principalmente, tendo consciência de como nossa mente funciona, buscarmos ser mais justos e compassivos, e a circularmos eventualmente de forma mais livre fora das bolhas que optamos por chamar de nossas.

A compaixão pode ser definida como o ato concreto de auxiliar alguém a despeito de se colocar no lugar dela ou pensar como ela.

O presidente do conselho do LinkedIn, Jeff Weiner, disse certa vez na Stanford Graduate School of Business, referindo-se ao preconceito de ideias: "A reação natural que muitas pessoas têm quando discordam de alguém é espelhar cegamente suas emoções ou assumir más intenções". Nossos preconceitos surgem, mesmo quando estamos sendo empáticos. Weiner sugere a compaixão como antídoto: "O objetivo final da gestão compassiva é superar os preconceitos com os quais você normalmente age".

Controlar a narrativa não transforma a verdade pessoal do narrador em fatos; trata-se meramente de uma percepção individual ou mesmo de um enredo construído intencionalmente para ser palatável a um grupo de pessoas. Este grupo, por sua vez, faz a mensagem ressoar, aceitando a narrativa de alguém como um conceito universal, não passível de ser discordado, pois carrega, supostamente, o peso da verdade absoluta. A relação de ideias passa então a fazer as vezes de evidência científica, e o pensamento, subjugado à cartilha de seus autores, proporciona um grande estrago ao diálogo contemporâneo.

Não é de hoje que filósofos tentam jogar luz nas trevas das diferenças. Segundo o filósofo iluminista Immanuel Kant, "Pensar é uma atividade autônoma e que requer coragem para exercê-la". Em sua *Crítica à faculdade de julgar*, Kant pontuou:

> "Queremos submeter o objeto aos nossos próprios olhos, como se nossa satisfação dependesse dessa sensação. E se chamarmos, então, o objeto de belo, acreditamos ter uma voz universal e reivindicamos a concordância de todos."

De forma emblemática, o autor Anders Indset introduz seu livro *O pensamento infectado*: "O absolutismo nos impede até mesmo de imaginar um mundo justo para nossos netos" (em livre tradução do alemão). Numa crítica que vai dos modelos educacionais arcaicos às redes sociais, Indset apela para que assumamos a responsabilidade pelas próximas gerações e mudemos coletivamente, visando recuperar a empatia, compreensão e responsabilidade uns pelos outros.

Já o psicólogo organizacional e professor da Wharton School, Adam Grant, traz a arte de repensar em seu novo livro *Pense de Novo* (2021), uma aprendizagem sobre questionar nossas próprias opiniões, sendo este o conjunto de habilidades cognitivas mais importante.

O autor explica que a maior parte das pessoas prefere o conforto da convicção ao desconforto da dúvida e vê o desacordo como uma ameaça: "Em geral só damos ouvidos às opiniões que confirmam as nossas".

Coloque em prática a resiliência

Resiliência é a capacidade regenerativa da felicidade.

Sob tensão, expandimos! Nos transformamos. É como aprender com as sementes e crescer no escuro. Mas é um aprendizado e uma decisão.

Às vezes parece que o universo conspira contra a gente: tudo vai mal, perdemos entes queridos, vivenciamos doenças, situação financeira precária, somos incompreendidos ou injustiçados, e tudo parece não ter fim. Toda tempestade é passageira, mas a falta de equilíbrio nesses momentos desencadeia novos fatos desfavoráveis criando uma espiral descendente, o efeito "bola de neve". Reverter o processo para uma espiral ascendente requer preparo e muitos mecanismos, muitas vezes simples, mas sempre requer prática e disciplina. Quanto maior a disposição para a mudança, a criatividade, a consciência social, maior a probabilidade de resiliência.

Suas habilidades físicas e mentais vão contribuindo para flexibilizar a mente para a solução, expandindo perspectivas e... aproveitando o processo.

A pressão te transforma ou te destrói. O que você escolhe?

Aprenda a respirar, faça exercícios físicos regularmente

Quando as pessoas se movem, mesmo que seja um pouco, elas tendem a ser mais felizes do que quando estão paradas. Um estudo que acompanhou o movimento e o humor de usuários de telefones celulares descobriu que as pessoas relataram mais felicidade se tivessem se movido nos últimos 15 minutos do que quando estavam sentadas ou deitadas. Na maioria das vezes, não era uma atividade rigorosa, mas apenas uma caminhada suave que as deixava de bom humor. Claro, não sabemos se a mudança as deixa felizes ou se as pessoas felizes simplesmente se movem mais, mas sabemos que mais atividades correm de mãos dadas com melhor saúde e maior felicidade.

Tenha um propósito, um sentido

Sentir-se engajado em um projeto construtivo é uma oportunidade de crescimento, de encontrar sentido na atividade desenvolvida. Gosto muito de uma história ilustrativa, na qual uma pergunta é feita a três operários que quebravam pedras em frente a uma catedral em construção: "O que você está fazendo?". O primeiro respondeu, irritado, que estava quebrando pedras. O segundo, com indiferença, que estava ganhando o sustento da família. O terceiro, com muita alegria, respondeu: "Estou construindo uma catedral".

Seja benevolente, altruísta, generoso e o maior beneficiado será você!

A capacidade de fazer o bem que se encerra em si, sem expectativa de agradecimento ou aplauso, eleva a alma, gratifica e prepara o espírito para a felicidade. Nossos prazeres imediatos não se sustentam, provocam boas sensações mas desaparecem como chegaram. Quando ajudamos alguém, quando nos engajamos e contribuímos em um processo construtivo, é que nos sentimos felizes de forma consistente e duradoura.

Aprenda coisas novas, esteja aberto a mudanças

Lidar com o novo, o inesperado; evitar crenças e paradigmas estabelecidos, principalmente os preconceitos; ser livre para absorver e provocar inovações, escolhendo qual parte será absorvida.

Todos os aspectos citados não significam dizer que pessoas felizes são inexoravelmente sempre bem-sucedidas, mas sem dúvida são mais propensas.

Pessoas infelizes também podem ser bem-sucedidas, a depender da definição que se dá ao sucesso. Se o sucesso é uma vida bem vivida e aproveitada, então não. Mas se o sucesso é puramente monetário ou baseado em nossa posição social, conheço muitas pessoas bem-sucedidas que são infelizes. Você provavelmente também.

Parte de uma sensação saudável de bem-estar subjetivo inclui experimentar emoções dolorosas, que só passam a ser negativas se esticadas além do momento emocional, dos fatos geradores, ou seja, é absolutamente saudável responder às circunstâncias desafiadoras da vida com emoções desconfortáveis. Chorar faz bem. Pessoas felizes ficam tristes, a diferença é que elas não ficam lá.

Não confundir felicidade com positividade tóxica!

A chamada "Felicidade de Rede Social" é um bom exemplo de toxicidade. Forjam-se alegrias: a despeito de quaisquer circunstâncias as pessoas estão sorrindo, ou cobrando de outros que façam o mesmo.

Ninguém é feliz engolindo o choro, assim como ninguém é feliz apoiando-se na tristeza, transformando o que era dor em sofrimento constante. A equalização das emoções está intimamente relacionada à inteligência emocional, em reconhecer e tratar seus próprios sabotadores.

Uma habilidade treinável

A ciência provou que felicidade não é um dom, uma loteria genética, mas uma habilidade a ser treinada, aprendida. E como essa potencialização dos aspectos positivos da mente afeta diretamente a produtividade, organizações que investem em abordagens que elevam o bem-estar dos colaboradores também tendem a performar melhor. As chamadas culturas positivas já têm até chefe com nome próprio, o Chief Happiness Officer, além de muitas outras atividades e profissões que vêm surgindo lastreadas por essa ciência. Precisamos preparar pessoas para florescer proativamente cerceando problemas na sua raiz.

Felicidade no trabalho

No mercado financeiro, o ESG surgiu como uma forma alternativa de mensuração do impacto de investimentos sustentáveis para os resultados dos negócios. A sigla emergiu em 2004, dentro de um grupo de trabalho de "Princípios para Investimentos Responsáveis" ligado à ONU. A pauta ética, embora fundamental, não é a força motriz para a larga disseminação do conceito, mas sim performance e gestão de riscos. O economista James Gifford, que liderava o grupo de estudos, resumiu: "O termo foi criado, especificamente, para focar em questões materiais. A ideia foi reverter a lógica do que, na época, era chamado **investimento ético**, para se concentrar em fatores relevantes para os investidores".

O aumento do lucro está comprovadamente atrelado ao investimento ético. Assim sendo, a ideia de que "o negócio do negócio é o próprio negócio", citação do empresário americano Alfred Sloan atribuída ao economista ganhador do prêmio Nobel Milton Friedmann, por representar muito bem sua teoria de que "o retorno ao acionista deveria ser o principal objetivo de uma companhia", não perde sua validade. Contudo, adiciona um significativo vetor de geração de valor: todas as partes interessadas estão sendo inseridas no processo, do cliente externo ao interno, do acionista ao planeta.

O "S", chamado de "felicidade corporativa", deve englobar características de liderança positiva, de propósito, de alinhamento de valores e necessidades, de criação de ambientes positivos internos, com inclusão, equidade, diversidade, de fomentar a benevolência e o voluntariado fundamentado. O bem-estar subjetivo bem lastreado em conhecimento conduz o indivíduo à resiliência, a lidar com adversidades, a se mostrar mais apto a lidar com a imprevisibilidade. Embora sejamos todos nós pessoas tão diferentes umas das outras, respondemos de forma uníssona ao mesmo porquê existencial: estamos aqui para sermos felizes (dados do Relatório Mundial da Felicidade, publicado pela ONU). E toda felicidade é uma decisão interna que se manifesta em coletividade, logo, estamos aqui para sermos e fazermos outros felizes.

Equipes mais felizes sentem-se mais seguras e confiantes, dando a seus membros uma enorme vantagem, enquanto eles alcançam desempenho máximo.

Segundo Shawn Achor, cientificamente, a felicidade é uma escolha sobre onde devotamos nossos recursos mentais. Mudanças de comportamento levam a mudanças de hábito, e pequenas intervenções podem ter um efeito inesperado:

- **Pelo que você é grato hoje?** A gratidão muda a configuração do cérebro, mas o que traz o efeito mesmo é "escanearmos" as razões para sermos gratos, porque este é o registro que vai impactar na alquimia positiva do nosso corpo.
- **Elogie alguém, reconheça o esforço** dessa pessoa, não só o grande feito.
- **Faça uma pausa** de no mínimo 2 minutos para meditar todos os dias.
- **Respire conscientemente** e se conecte com o presente, isso ajuda a focar na tarefa a ser desenvolvida e alivia o cérebro.

Desenvolvendo felicidade: pilares PERMA-V

Um dos modelos mais aplicados no estudo dos pilares da felicidade nas organizações é o acrônimo PERMA-V, desenvolvido pelo psicólogo Martin Seligman:

P = Positive Emotions (Emoções Positivas)
E = Engagement (Engajamento)
R = Relationships (Relacionamentos)
M = Meaning (Sentido)
A = Accomplishment (Realização)
V = Vitality (Vitalidade – recentemente atualizado por Emiliya Zhivotovskaya)

Resumindo, trata-se de esforço intencional e tarefas contínuas com foco em elementos positivos da experiência humana: reconhecimento, gratidão, valorização, realização e energia vital. Trata-se de ter propósito, objetivos superiores, estar disposto a ajudar, colaborar, cooperar, formando um círculo virtuoso-produtivo, onde todos são beneficiados – inclusive a empresa. Costumo simplificar os pilares de uma vida feliz em:

- Conexões positivas.
- Lidar com as emoções.
- Sentido, propósito de vida.

E todas as misturas possíveis desses ingredientes. Simples não é mesmo, portanto requer esforço diário.

O comportamento da pessoa feliz afeta todos à sua volta. O economista britânico Richard Layard, coautor do World Happiness Report, escreve em seu livro *Can we be happier?*: "Existem muitas coisas na vida importantes para nós – incluindo saúde, liberdade, autonomia e realização. Mas se perguntarmos por que elas são importantes, geralmente podemos dar outra resposta – por exemplo, porque elas fazem as pessoas se sentirem melhor".

Sobre décadas de pesquisa, o economista argumenta que maximizar a felicidade geral deve ser o objetivo de qualquer sociedade ou organização. A felicidade de todos conta igualmente, incluindo a das próximas gerações, que serão diretamente impactadas com as escolhas que fazemos agora. Logo, o nosso foco deve se deslocar das nossas vidas pessoais para aumentar o bem-estar nos lares, escolas, locais de trabalho e comunidades.

Analogamente falando, a felicidade é um músculo que precisa ser treinado diariamente e que nos é beneficia através do seu efeito causal. É a causa de nos sentirmos bem em simultâneo, é o objetivo de todo ser humano. A manutenção deste estado de ser (e nunca de ter) se dá por ações intencionais que escolhemos realizar no nosso dia a dia.

Embora haja modelos específicos para a criação de culturas positivas em empresas, não podemos esquecer que organizações são pessoas com um objetivo comum, liderando e sendo lideradas por outras pessoas, criando produtos ou serviços para pessoas.

A pessoa feliz não recebe, de forma mágica, o melhor de tudo, mas responde a tudo da melhor forma.

O que isso significa? Que a percepção que temos dos acontecimentos muda. O fato consciente de que só controlamos nossas ações e nossas atitudes nos leva a um outro patamar.

A ilusão de controle nos aprisiona na ideia fantasiosa de que seremos capazes de alterar o ritmo do mundo, enquanto a consciência autorresponsável de assumir o protagonismo liberta. Ah, como dá trabalho! Mas a ciência quer que dê trabalho, pois nos sentimos melhor exatamente quando somos obrigados a nos desafiar.

Quanto vale a felicidade?

Uma pesquisa de Angus Deaton, economista da Universidade de Princeton, indica que nos Estados Unidos o "preço" da felicidade é de aproximadamente 75 mil dólares por ano, ou a renda média vigente do americano. Esta é uma referência significativa para o binômio dinheiro e felicidade. Abaixo desse nível, mais dinheiro se traduz em muito mais felicidade; acima dele, os aumentos na percepção de felicidade começam a se estabilizar, conforme a renda continua a subir.

Aparentemente, o dinheiro importa mais se você tem muito pouco, e menos quando você tem mais dinheiro.

Um exame de dados de 150 países do Banco Mundial, realizado por economistas da Universidade de Michigan, também concluiu que os níveis de felicidade aumentam conforme há um acréscimo de renda – no entanto, esta proporção é pequena. De acordo com a 80.000 Hours, dobrar sua renda pode torná-lo apenas 5% mais feliz do que está agora.

Uma das explicações sobre o porquê de ganhos de renda não trazerem ganhos proporcionais em bem-estar vem da psicologia: é a chamada "adaptação hedônica", segundo a qual as pessoas se acostumam muito rapidamente às circunstâncias, o que elimina o efeito da renda maior.

Teoriza-se que a renda média assumida aproxima-se do valor pelo qual as necessidades básicas podem ser atendidas, seguindo critérios da Hierarquia de Necessidades de Maslow, como necessidades físicas – comida, abrigo e saúde. No entanto, vale ressaltar que nossas determinações do que é ou não suficiente são baseadas em nossas comparações com os outros. Os residentes de Fiji, por exemplo, com uma renda média abaixo de 15 mil dólares por ano, foram considerados em 2014 os seres mais felizes do planeta, através de uma pesquisa WIN/Gallup.

É importante não perder de vista que nenhum montante de valores – nem a falta dele – pode determinar o estado emocional de uma pessoa. Embora aqueles que vivam na pobreza tenham menos probabilidade de se sentir felizes por estarem expostos a fatores de estresse e ansiedade geradores de infelicidade, há muitas exceções.

A felicidade é um meio e um fim, é uma construção, não um segredo que precisa ser buscado. Quando compreendemos que podemos criar felicidade dando significado à nossa vida, mudando hábitos e mentalidade, contagiando positivamente outros, sendo e criando redes de apoio, aguçando nossa cognição para reter o que faz sentido; que podemos medir a satisfação com a vida e aprimorá-la e que, ao fazer isso, melhoramos a qualidade de vida, a saúde mental e ainda contribuímos para a construção de sociedades mais sustentáveis, parece que fica a pergunta: por que mesmo a ciência da felicidade não é a primeira matéria a ser estudada nas escolas?

Se o objetivo é ter sucesso, educação, saúde e um mundo melhor, esta seria a alternativa mais congruente.

Na última formação de felicitadores que ministrei, uma aluna médica (neurologista), sexóloga, autora *best-seller*, finalizou o curso com a frase que todo feliz bem-sucedido trabalha para conquistar: "Esse curso transformou positivamente toda minha vida, de meus pacientes, da minha família, dos meus amigos". Na verdade, os ingredientes já estavam todos lá, só ensino o caminho da visão, a ouvir os sons que estavam ocultos, a ver uma beleza aqui e ali que passavam despercebidas, a valorizar um toque, para usar em um ritual intencional.

Quando a missão ganha multiplicidade, nunca mais seremos sós. O sucesso feliz ecoa!

SANDRA TESCHNER
Especialista em Felicidade e fundadora do
Instituto Happiness do Brasil

PARTE I
Qual é o seu sonho?
Descobrindo o seu espírito empreendedor

"O empreendedorismo não é uma ciência nem uma arte. É uma prática."

PETER DRUCKER

Compromisso com o sucesso

Vamos começar falando de sucesso. O que é isso que tanto se deseja alcançar? Para alguns, sucesso é conseguir um emprego em determinada empresa. Para outros, é ser dono da empresa. Há os que acham que sucesso é vencer os obstáculos que surgem no caminho. E há também os que pensam que sucesso é sinônimo de fama e riqueza. Ocorre que tudo isso são consequências, e não o sucesso em si. Sucesso é fazer o que se gosta, como se gosta – ou seja, mantendo-se fiel aos seus valores e à sua consciência – e de modo a gerar prosperidade e reconhecimento. As escalas podem variar de acordo com os objetivos de cada um. Não importa que você queira ter um bom emprego ou ser o proprietário de um gigantesco conglomerado. Se estiver fazendo o que gosta, como gosta e tornando-se próspero e reconhecido por isso, então você é uma pessoa de sucesso.

Parece simples quando se colocam as coisas dessa forma, mas, se é assim, por que não somos todos bem-sucedidos? Por que não podemos fazer o que gostamos, como gostamos? Por que não geramos prosperidade e reconhecimento? O problema é que nos contaram uma grande mentira, e muitos acreditaram nela – até mesmo sem questionar. Preste atenção, porque isso pode mudar sua vida.

A maior mentira que já lhe contaram é que você não pode realizar seus sonhos porque não cursou uma faculdade, por causa de suas origens humildes, porque é muito jovem ou porque já não é tão jovem, porque possui algum problema físico, por causa de seus valores morais ou devido à sua raça ou gênero.

Tudo isso é uma grande mentira, e é fácil provar por quê. Todos os dias, em todos os cantos do mundo, existem pessoas desmentindo cada uma dessas afirmações. E elas fazem isso por meio de seu trabalho, de sua integridade, de sua determinação e de seu espírito empreendedor. Há gente que não teve a oportunidade de estudar, ou que optou por deixar a escola para trabalhar, e que, apesar dessa desvantagem, conseguiu vencer: aprenderam na prática, enquanto muitos diplomados ficaram só na teoria e não chegaram a lugar algum. Isso não significa, de modo nenhum, que a escola não é importante – ela pode lhe dar uma enorme vantagem, desde que você aprenda a unir o conhecimento à prática. Por outro lado, quem não conseguiu se formar, não deve encarar isso como uma limitação intransponível: você terá de se empenhar mais, mas ainda assim poderá chegar lá.

O mesmo ocorre com as origens humildes. Quantos milionários não começaram a vida como engraxates, camelôs, faxineiros, contínuos e mascates? Quantos não passaram fome e dormiram ao relento? Se eles migraram de uma ponta à outra da pirâmide social é porque, em vez de pôr um freio às suas ambições, suas origens humildes atuaram como um poderoso agente motivador para fazê-los prosperar. Eles não perderam tempo pensando: "O que é que alguém como eu pode fazer?". Em vez disso, apenas fizeram.

A idade também não é um empecilho ao sucesso, nem tampouco a deficiência física. Há casos de pessoas que começaram a revelar sua veia empreendedora quando ainda eram muito jovens – até mesmo na infância. Outros só descobriram esse talento mais tarde na vida. E não faltam histórias de gente que aprendeu a lidar com problemas físicos dos mais variados, mostrando que, para quem tem espírito de vencedor, as limitações do corpo não são um obstáculo insuperável.

Muitas vezes ouvimos dizer: "Você é honesto demais para vencer na vida". Ou, então: "Você é muito idealista. Não vai chegar a lugar nenhum sendo assim". Quem diz isso está confundindo esperteza com talento. É possível sim atingir o sucesso sem deixar de lado a ética, a integridade e os valores morais. Não faltam empreendedores bem-sucedidos cujas histórias confirmam isso. A esperteza e a desonestidade podem abrir atalhos, mas seu resultado é efêmero: o espertalhão acaba caindo tão rápido quanto subiu, porque seu sucesso não possui base sólida. Só os que se mantêm fiéis aos seus valores conseguem êxitos constantes e, mais do que isso, conseguem consolidar suas conquistas.

Da mesma forma, raça e gênero não são impeditivos para empreendedores realmente determinados. Como veremos, pessoas que pavimentaram seu caminho rumo ao topo de um lugar de desvantagem social podem até ter encontrado mais obstáculos devido à intolerância e à incompreensão dos outros, mas reagiram mostrando que o fato de ser mulher, ou de pertencer a essa ou àquela raça, não é um fator decisivo para o sucesso. Os únicos fatores decisivos são o talento, a competência, a integridade e a força de vontade. Julgar alguém por outros motivos além desses é puro preconceito.

Nas histórias a seguir, você verá que os verdadeiros vencedores são aqueles que têm a coragem de desafiar os preconceitos.

Vencendo apesar de suas origens humildes

O fundador de um dos maiores bancos da América Latina nunca se envergonhou de ter nascido numa família de lavradores extremamente pobres. Nem tampouco foi motivo de vergonha o fato de ele não ter completado o primário e ter dormido em bancos de praças quando muito jovem. Ao contrário: a superação desses obstáculos acrescenta um brilho ainda maior à trajetória e às conquistas de Amador Aguiar. Desde cedo, Aguiar já demonstrava os hábitos e as atitudes que fariam dele um vencedor. Certa vez, quando o dono de um restaurante lhe ofereceu uma refeição, o jovem Aguiar, apesar da fome, respondeu: "Não, primeiro eu quero trabalhar e só depois vou aceitar a comida". E ele realmente trabalhou, passando por diversas ocupações até que em 1926, aos 22 anos, tornou-se *office boy* da filial de Birigui (SP) do Banco Noroeste.

Algumas pessoas podem pensar: para quem não tem nada, esse emprego está mais do que bom. Para Aguiar, porém, aquilo era apenas o começo. Ele sabia como poucos transformar desvantagens em vantagens. A asma da qual sofria o impedia de dormir. Mas em vez de se deixar abater, ele aproveitava as noites de insônia para estudar por conta própria. Resultado: foi galgando diversas posições na empresa e em apenas dois anos já era gerente, passando na frente de muitos colegas diplomados.

Em 1943, Aguiar foi contratado como diretor-gerente da casa Bancária Almeida, em Marília (SP), recebendo 10% das ações do que viria a se tornar o Banco Brasileiro de Descontos, ou Bradesco. Sob seu comando, o Bradesco revolucionou o sistema financeiro. Muitos financistas da época acreditavam que banco era apenas para quem tinha bastante dinheiro e, por isso, atendiam somente os fazendeiros abonados e os grandes industriais. O Bradesco mudou essa mentalidade ao tornar-se o primeiro banco brasileiro a investir no varejo. Os gerentes, antes ocultos em suas salas, foram enviados para a parte da frente das agências. Como nunca esqueceu sua origem humilde, Aguiar instruía os funcionários a não devolver cheques preenchidos de forma errada: eles deveriam chamar os clientes e, educadamente, mostrar-lhes como usar os talões. Atento às oportunidades, Aguiar fez do Bradesco o primeiro banco do país a aceitar o pagamento de contas de luz e o primeiro a receber declarações de Imposto de Renda. Depois, foi também o primeiro a usar computadores em larga escala. Na fachada da sede do Bradesco em Osasco (SP), ainda hoje se lê uma frase que sempre inspirou Aguiar: "Só o trabalho pode produzir riquezas".

Vencendo quando ainda se é muito jovem

Bill Gates nunca achou que a pouca idade fosse um impedimento para começar a perseguir seus sonhos. Com apenas 13 anos, ele mergulhou de corpo e alma no mundo da informática quando a escola na qual ele estudava adquiriu um computador – o que na época era uma novidade e uma raridade. Gates passava todo o tempo que podia junto ao computador, além de ler e estudar tudo o que havia a respeito do assunto. Aos 17 anos, ele já estava faturando 20 mil dólares graças ao seu trabalho com computadores. Aos 19 anos, abandonou a faculdade – Harvard, uma das mais prestigiosas do mundo – para se dedicar à criação de um novo negócio ligado à informática.

A grande oportunidade surgiu quando Paul Allen, amigo e sócio de Gates, lhe mostrou uma revista que trazia na capa uma foto do Altair 8080, o primeiro microcomputador do mundo. Imediatamente, Bill Gates teve um "estalo". Ele percebeu que aquilo seria o começo de uma grande revolução, a dos computadores pessoais. Gates acreditou que os microcomputadores poderiam se popularizar cada vez mais – desde que alguém criasse os programas operacionais para essas novas máquinas. Sem perder tempo, ele entrou em contato com os fabricantes do Altair e lhes disse que havia desenvolvido um programa que poderia ser usado no computador deles. Foi uma jogada arriscada: Gates não tinha feito nenhum programa nem tampouco possuía um computador Altair – mas estava absolutamente convencido de que poderia fazê-lo. A empresa demonstrou interesse e pediu para ver o produto. Ele e Allen começaram a trabalhar como loucos, e em 8 semanas o programa estava pronto.

Não é difícil imaginar a tensão que Gates e Allen sentiram no dia em que deveriam demonstrar o programa a seus futuros clientes. Se algo não desse certo, a grande oportunidade de sua vida iria por água abaixo. Mas tudo funcionou perfeitamente bem, e a demonstração foi um sucesso. Assim nasceu a Microsoft. Gates estava convencido de que um mercado com um potencial inimaginável acabava de nascer. E que ele seria um dos pioneiros desse novo mundo. Como se sabe, Bill Gates tinha razão. A Microsoft foi uma das primeiras empresas exclusivamente focadas no mercado de programas para computadores pessoais – e sem dúvida a mais bem-sucedida. Os programas da

Microsoft são usados em milhões de computadores em todo o planeta. E Bill Gates, que mais tarde deixou a empresa para dedicar-se à filantropia, ocupou durante vários anos o primeiro lugar na lista dos homens mais ricos do mundo. Recentemente, ele chegou até a receber um diploma de Harvard. A universidade decidiu homenagear seu aluno mais famoso – que, por ironia, nunca chegou a se formar.

Vencendo quando já não se é tão jovem

Que chance tem uma mulher de meia-idade, cujo único trabalho é cuidar da família, de iniciar uma carreira, revelar-se uma profissional de talento e chegar ao topo em pouquíssimo tempo? Quem acha que uma pessoa assim não teria a menor chance é porque não conhece a história de Carrie Chiang. Aos 45 anos, Carrie, uma chinesa que viveu durante 15 anos no Brasil, divorciou-se e resolveu começar uma nova vida em Nova York. Havia um problema, porém: para manter-se por lá, ela teria de trabalhar. Carrie, que até então só havia cuidado da casa e dos filhos, encarou o desafio e saiu à procura de uma profissão. Ingressar no mercado de trabalho quando já se está na meia-idade é uma ideia que pode assustar muita gente. Mas não foi isso que aconteceu com Carrie. Com muita determinação e vontade de vencer, ela matriculou-se em um curso de negócios imobiliários ministrado por Barbara Corcoran, presidente do Corcoran Group, empresa de destaque na área de venda e locação de imóveis de luxo em Nova York. Quem achava que o novo trabalho seria apenas um bico para Carrie não poderia estar mais enganado. No espaço de alguns anos, a mulher que começou a trabalhar numa idade em que muitos já começam a sonhar com a aposentadoria tornou-se uma das maiores corretoras do competitivo mercado imobiliário de Nova York, superando profissionais mais experientes e quebrando todos os recordes de vendas de imóveis de luxo. Atualmente, as vendas realizadas por Carrie, que chegou ao posto de vice-presidente do Corcoran Group e diretora da Divisão Internacional da empresa, ultrapassam a espantosa cifra dos 100 milhões de dólares anuais com uma carteira de clientes na qual constam nomes como Robert De Niro, Barbra Streisand e Donald Trump, apenas para citar alguns. Carrie é conhecida em Nova York pelo título de "The Condo-Queen" – ou a rainha dos condomínios, em alusão à sua especialidade: os imóveis residenciais de alto padrão. Muitos dos negócios que Carrie realizou, de tão impressionantes, adquiriram uma aura quase lendária. Em uma época em que o mercado de imóveis de Nova York estava em plena crise, Carrie vendeu, quase de uma só tacada, nada menos que 90 apartamentos do Trump Palace, luxuoso empreendimento de Donald Trump. Nada mal para uma mulher que se recusou a acreditar que a idade era um empecilho para o sucesso.

Vencendo o preconceito contra os deficientes físicos

Herb Greenberg começou a perder a visão aos nove anos de idade, em consequência de uma infecção. "Não me lembro de chorar ou de perguntar 'Por que eu?' ou 'O que é que eu vou fazer?'. Apenas continuei me adaptando", conta Greenberg no livro *Succeed on your terms* (Faça sucesso à sua maneira, em tradução livre). Entre os problemas que ele teve de enfrentar estava o da educação. Greenberg foi rejeitado por sua escola, sob a alegação de que deveria frequentar uma instituição especializada em cegos. Mas ele recusou a ideia. Havia desenvolvido uma fantástica capacidade de memorização e sentia-se no direito de estudar com as outras crianças. Greenberg e sua família enfrentaram uma longa batalha até encontrar uma escola que o aceitasse.

Novas dificuldades surgiram anos depois, quando ele iniciou sua vida profissional. Apesar de suas qualificações – ele se formou com mérito na Universidade de Nova York e tem um Ph.D. –, foi rejeitado por várias empresas devido à cegueira. Após a formatura, 85 companhias para as quais ele havia enviado seu currículo mostraram-se interessadas em contratá-lo, mas desistiram ao saber que Greenberg era cego. De tanto insistir, tempos depois finalmente conseguiu emprego como professor.

A grande virada em sua vida ocorreu quando uma companhia de seguros lhe pediu para ser consultor de um projeto. Eles queriam uma avaliação dos testes de perfis profissionais disponíveis no mercado naquela época. O objetivo era descobrir o melhor teste para aplicar em seus funcionários. Após dedicar-se ao projeto, Greenberg concluiu que nenhum dos testes disponíveis era bom o suficiente. Nesse momento, seu espírito empreendedor despertou. Se havia uma demanda por testes confiáveis e nenhum deles parecia preencher satisfatoriamente os requisitos necessários, por que ele próprio não poderia criá-lo? Greenberg largou seu emprego, criou o teste e fundou a Caliper Corporation, empresa com foco na avaliação de recursos humanos. Os primeiros anos não foram fáceis e tudo indicava que a empresa iria quebrar. Mas, exatamente quando seus recursos estavam chegando a um nível crítico, a Caliper foi contratada para aplicar seus testes na General Motors.

Desde então, a firma fundada por Greenberg não parou de crescer. A Caliper tem hoje escritórios em vários países e uma carteira com milhares de clientes

– incluindo diversas companhias da lista das 500 maiores elaborada pela revista *Fortune*. Seus testes já foram aplicados em mais de 2 milhões de pessoas. E Greenberg é um consultor mundialmente reconhecido. Sobre sua cegueira, ele diz: "Não é bem uma questão de superar o fato de ser cego, mas de superar a dor da rejeição causada por eu ser cego. De alguma forma, sempre fui capaz de usar essa dor como motivação para continuar tentando com renovado empenho".

Vencendo sem deixar de lado seus valores

Imagine criar um negócio que defenda na prática valores como a justiça social e a preservação ambiental. Imagine enviar seus funcionários para missões humanitárias em outros países. Imagine oferecer a comunidades nativas a possibilidade de lucrar com recursos naturais sem depredar a natureza. E imagine transformar tudo isso num empreendimento multimilionário. Impossível? Não é o que pensava a inglesa Anita Roddick. Quando o marido de Anita decidiu empreender uma longa viagem de exploração pela América Latina, Anita resolveu fazer alguma coisa para ajudar no orçamento familiar. Apaixonada por viajar e conhecer outras culturas, a primeira coisa que lhe ocorreu foi abrir um pequeno negócio de produtos de beleza feitos com ingredientes naturais, provenientes dos mais diferentes cantos do mundo. Foi assim que ela abriu uma lojinha chamada The Body Shop. Mas a ambição de Anita ia muito além do lucro. Ela sempre se envolveu ativamente em causas humanitárias e ambientais, e queria que o seu negócio personificasse esses valores. Nas vitrines e paredes de sua loja, em vez de fotografias de modelos anunciando cremes e maquiagem, havia cartazes de campanhas em prol das causas mais diversas. No lugar das embalagens sofisticadas, seus produtos eram vendidos em potes recicláveis.

O negócio prosperou e tornou-se uma franquia. Anita, porém, continuou fiel aos seus valores. Ela conquistou uma legião de consumidores que se identificavam com suas propostas, e a The Body Shop possui hoje mais de 3.000 lojas em 70 países. A missão de garantir que os direitos humanos e civis fossem respeitados nas atividades de negócios da marca não ficou só no papel. "A primeira coisa absoluta que tínhamos de fazer era proteger a família", explica Anita. "Assim, em primeiro lugar, construímos um centro de desenvolvimento infantil; em segundo, permitimos que nossos funcionários tivessem tempo livre. Em terceiro lugar, enfatizamos o desenvolvimento humano e espiritual entre nossos funcionários. Nós os enviamos para os Bálcãs, para trabalhar em orfanatos, em instituições psiquiátricas e na reconstrução de hospitais como parte de seu tempo livre dedicado ao desenvolvimento humano."

Outro dos princípios da The Body Shop é ajudar o desenvolvimento de comunidades nativas por meio de um sistema pelo qual seus membros fornecem ingredientes naturais para a companhia, por preços justos e inseridos em programas de preservação ambiental. Esse espírito não foi alterado pelo vertiginoso crescimento dos negócios. "O importante é servir, servir aos mais fracos e aos mais frágeis, levar conceitos de justiça social para os negócios. Mas colocá-los em prática é a chave. Eles não podem ser apenas retóricos", afirma Anita. Sua trajetória mostra que é possível alinhar o discurso à prática. E que os valores morais são muito mais do que palavras bonitas usadas com o objetivo de promover a empresa. Eles são um estilo de fazer negócios.

Roddick morreu de câncer em 2007, mas o seu legado perdura. Em 2017, a Natura, de Luiz Seabra, adquiriu a marca em uma negociação bilionária.

Vencendo o preconceito racial

O preconceito racial foi algo que John Johnson conheceu de perto desde a mais tenra infância. Neto de escravos, órfão de pai, ele foi criado numa comunidade rural no interior do Arkansas (EUA) e passou a infância na pobreza. Vivendo numa época e num lugar em que até as próprias leis discriminavam os negros, Johnson teve de enfrentar desafios descomunais quando começou a trabalhar. Ele obteve emprego como vendedor de seguros em uma seguradora afro-americana, mas não estava disposto a permitir que o preconceito limitasse suas chances de crescimento.

Johnson logo percebeu as qualidades que um bom vendedor deve ter – saber ouvir o cliente, atrair sua atenção e despertar o seu interesse, criar empatia, comunicar-se com eficiência – e tratou de desenvolver e aperfeiçoar essas características. "Se conheço suficientemente as pessoas e se tenho tempo suficiente, posso vender qualquer coisa a qualquer pessoa", disse ele mais tarde. E não era exagero. Johnson realmente tornou-se um vendedor de destaque. Contudo, isso não bastava. Suas aspirações iam muito além disso. Para realizá-las, era necessário correr riscos. E foi o que ele fez. Usando os móveis de sua mãe como garantia, obteve um empréstimo de 500 dólares e usou o dinheiro para fundar uma revista, a *Negro Digest*. Johnson achava que o consumidor negro estava sendo ignorado pela mídia, que não atendia as necessidades dessa parcela da população. Havia aí um enorme potencial a ser explorado. "Os negros são consumidores que valorizam a marca e querem ser tratados como qualquer outra pessoa – nem melhor, nem pior", constatou ele. Usando os contatos e a prática adquirida como vendedor, conseguiu viabilizar a revista e transformá-la num sucesso. Esse foi apenas o começo. A revista foi a origem de um império com atuação na área editorial e de telecomunicações, além do setor de cosméticos e de seguros – ele virou sócio majoritário da seguradora na qual trabalhou como vendedor. A *EBONY Magazine*, outra das revistas criadas por Johnson, tem mais de 30 milhões de leitores. E ele tornou-se o mais poderoso empresário negro dos Estados Unidos. "Você não precisa abrir mão de sua integridade para vender", diz Johnson. "Basta encontrar e enfatizar as coisas que os unem em vez das coisas que os separam."

Vencendo a discriminação em dobro

Heloísa Helena de Assis, conhecida pelo apelido de Zica, teve de lidar com mais de um preconceito a um só tempo – por ser mulher, por ser negra, por ser pobre e por não ter estudado além do fundamental. Desde cedo precisou trabalhar para ajudar sua numerosa família. Foi babá, faxineira e empregada doméstica e... tornou-se uma bem-sucedida e milionária empreendedora. A trajetória de Zica é uma daquelas histórias fantásticas que reafirmam a capacidade de superação do ser humano.

Tudo começou quando ela fez um curso de cabeleireiro e percebeu que não existiam produtos bons com preços acessíveis para tratar dos cabelos das mulheres negras. Sem nunca ter estudado química, começou a misturar diferentes ingredientes numa tigela e a experimentá-los em seus próprios cabelos. Zica passou 10 anos trabalhando e fazendo pesquisas em seu laboratório experimental. Até que um dia notou que as pessoas estavam elogiando os seus cabelos e lhe perguntando o que ela usava para deixá-los tão bonitos. Foi então que ela se deu conta de que finalmente havia encontrado a fórmula que tanto buscava.

O passo seguinte foi abrir seu próprio salão de beleza para aplicar seu produto secreto. Conseguiu os recursos necessários vendendo o único bem da família, o Fusca do marido. Com o dinheiro, comprou uma cadeira, um espelho e abriu seu primeiro salão no quintal da casa onde morava, no morro do Catrambi, na Tijuca (zona norte do Rio de Janeiro). Ainda faltava uma coisa, porém. Era preciso encontrar um químico disposto a transformar o creme caseiro de Zica num produto de verdade, capaz de atender aos requisitos impostos pela Agência Nacional de Vigilância Sanitária a fim de poder ser legalmente comercializado. Com muito empenho, Zica conseguiu vencer mais essa etapa e patentear o seu produto. O negócio de fundo de quintal deu origem à Beleza

Natural, uma rede composta por 6 salões de cabeleireiros – o mais recente deles é também o maior do Rio de Janeiro, com 1.500 metros quadrados – e que atendem quase 20 mil clientes por mês.

Nas inúmeras palestras e entrevistas que ela dá para contar sua história, podemos encontrar três conselhos fundamentais:

- Pense grande (mesmo sendo pequeno).
- Trabalhe muito além do que parece suficiente.
- Não se contente com menos do que o seu melhor.

O talento empreendedor de Zica foi reconhecido quando, em 2007, ela ganhou o prestigioso prêmio Empreendedor do Ano, da Ernst & Young, na categoria *Emerging* (novos negócios).

Eles não acreditaram na grande mentira. E você?

Vimos aqui alguns exemplos de pessoas que se tornaram bem-sucedidas ao desafiar preconceitos e a crença de que não havia espaço para elas no empreendedorismo. Essas pessoas conquistaram resultados impressionantes porque estavam comprometidas com o sucesso. Esse é, portanto, o primeiro passo para tornar-se um vencedor. Comprometer-se com o sucesso significa manter o foco em seus objetivos e se dispor a dar o melhor de si para alcançá-los. Não é algo que se pode deixar para amanhã, para quando tiver tempo ou para quando se sentir mais disposto. É algo para se fazer agora, neste momento e a cada momento. Nenhum sonho pode ser limitado pelos preconceitos, só você pode fazer isso – se acreditar neles. Cabe a você escolher ser o autor de sua própria história. Isso é comprometer-se com o sucesso.

Hábitos de vencedor

A segunda maior mentira que já lhe contaram é que o sucesso é privilégio de alguns poucos predestinados que nasceram com "sorte". Se observar bem, você verá que o que é chamado de "sorte" se parece mais com uma questão de ter e desenvolver competência. Conforme disse J. Hawilla, fundador da Traffic, maior empresa de marketing esportivo da América do Sul, "Se você tiver ambição e competência, você terá sorte, pois ela acompanha naturalmente essas outras duas qualidades. Esses dois fatores é que trazem a sorte. Ambição é ter determinação, espírito de luta, vontade, desejo. E a competência também vem, em grande parte, disso. Vem da vontade de aprender, de querer fazer, de realizar. Para empreender é preciso competência, e a competência se faz com a ambição". As pessoas bem-sucedidas têm ambição de aprender. Elas aprendem a reconhecer seus talentos e habilidades e a desenvolvê-los de maneira a tirar deles o máximo proveito possível. Aprendem a empregar corretamente os seus esforços, a criar oportunidades e a perseguir seus objetivos com firmeza e convicção. Assim como elas, você também pode aprender. Parece simples, mas é preciso saber como fazer.

Para que o aprendizado seja realmente eficaz, alguns requisitos devem ser observados. O primeiro requisito, obviamente, é se dispor a buscar e a receber conhecimento. Quem acha que já sabe tudo dificilmente chegará a algum lugar novo. Isso não quer dizer que você não pode questionar o que está aprendendo, avaliar de forma crítica e adaptar à sua maneira de ser – inclusive isso é recomendável. É por meio desse processo de pensamento que o aprendizado se torna verdadeiramente útil para ampliar seus horizontes.

O segundo requisito é livrar-se das crenças negativas que você foi adquirindo cada vez que se deixou contaminar por um preconceito ou visão distorcida da realidade. São as crenças que direcionam os pensamentos, que embasam as atitudes e que geram os hábitos e interpretações da realidade que, por sua vez, voltam a reforçar as mesmas crenças. Esse círculo pode ser "vicioso", quando as crenças são negativas, ou "virtuoso", quando as crenças são positivas. Por exemplo, se uma pessoa acredita quando lhe dizem que ela é incapaz de alcançar seus objetivos por causa de suas origens, sua idade, seu gênero etc., ela passa a se sentir incapaz, a agir como se fosse incapaz e, portanto, adquire hábitos limitantes. Os resultados gerados por essa reação em cadeia irão reforçar a crença nessa suposta incapacidade, levando esse processo a um círculo "vicioso" fixo por toda a vida.

Por outro lado, quando alguém desafia e se recusa a acreditar nos preconceitos, irá se perceber capaz, agir de acordo com isso e, portanto, adquirir uma visão de mundo e hábitos de quem pode conquistar o que quiser. Os resultados positivos daí advindos reforçarão sua crença de que pode vencer, desenvolvendo todo um círculo "virtuoso" e de crescimento.

Como se livrar das crenças negativas? Você pode não ter percebido, mas já deu o primeiro passo. Por meio das histórias reais que você leu e ainda lerá neste livro, você pode notar que preconceitos são mentiras, e que essas mentiras só poderão nos limitar se nós permitirmos. Essa é uma crença positiva. O próximo passo consiste em identificar os pensamentos, hábitos e atitudes de perdedor gerados por suas crenças negativas e conscientemente buscar substituí-los por pensamentos, hábitos e atitudes de uma pessoa vencedora.

Os bons resultados que você obterá com essa mudança ajudarão a eliminar as crenças negativas e a reforçar as positivas. Observe:

Hábitos e atitudes que limitam o crescimento		Hábitos e atitudes que geram crescimento
Não perceber as oportunidades ou não ter motivação para aproveitá-las.	→	Estar atento às oportunidades e saber aproveitá-las.
Não se dar conta que o mundo avança e que não acompanhá-lo pode deixar a pessoa para trás.	→	Manter-se sempre atualizado e bem-informado.
Ser apático e desinteressado.	→	Ser curioso.
Aceitar: "Não posso fazer isso".	→	Desafiar: "Por que não posso fazer isso?".
Ignorar a imagem que transmite aos outros ou sua reputação.	→	Cuidar de sua reputação e transmitir uma imagem positiva.
Reclamar em vez de agir.	→	Agir em vez de reclamar.
Ser um eterno desanimado.	→	Ser entusiasmado.
Não se preocupar ou se interessar por outras pessoas.	→	Cultivar relacionamentos.
Deixar tudo para amanhã – ou depois... ou depois...	→	Fazer "ontem" o que poderia fazer amanhã.
Deixar tudo ao acaso.	→	Planejar suas estratégias.
Esperar passivamente que outros tomem a iniciativa.	→	Tomar iniciativas.
Achar que o que faz já é muito.	→	Não se contentar com nada que não seja o melhor que pode fazer.
Até se esforçar, mas sem saber direcionar seus esforços.	→	Direcionar seus esforços para atingir resultados.
Ser negativo e desistir ao encontrar obstáculos.	→	Se motivar mais ainda ao encontrar obstáculos.
Sonhar, mas não se mover para realizar seus sonhos.	→	Empenhar-se para realizar seus sonhos.

30   Escola da Vida

É importante notar que crenças, pensamentos, hábitos e atitudes devem ser modificados ao mesmo tempo. Como um gera e reforça o outro, não adianta tentar mudar um para depois mudar o outro. Não dá para modificar ou eliminar um hábito sem modificar ou eliminar a crença que o gerou. Os hábitos e atitudes de perdedor vêm, muitas vezes, da crença equivocada que as coisas são assim mesmo e de que não somos capazes de mudá-las. Logo, por que se empenhar? Da mesma forma, de nada adianta mudar uma crença sem mudar os hábitos e atitudes por ela gerados. Se alguém acredita que é capaz, mas age como se não fosse, que utilidade concreta isso pode ter em sua vida?

Os hábitos se cristalizam pela repetição. De tanto repeti-los, eles ficam quase que impressos em nosso cérebro, tornando-se automáticos. E isso é um dado científico, evidenciado por inúmeras pesquisas. De acordo com o Dr. William Sadler, psiquiatra e membro da Associação Norte-Americana de Psiquiatria, esses hábitos arraigados criam verdadeiras trilhas ou caminhos no nosso sistema nervoso. Isto é, a repetição dos mesmos pensamentos ou ações forma sulcos cada vez mais profundos em determinadas áreas do cérebro, assim como o ato de andar sempre no mesmo lugar de um gramado formará uma trilha nesse lugar. Portanto, para adquirir hábitos de vencedor, é preciso repetir sempre pensamentos e atitudes vencedoras. No início isso pode exigir empenho, autodisciplina e atenção. Mas quanto mais eles forem repetidos, mais serão assimilados, até o ponto em que se tornarão espontâneos e naturais.

Isso nos leva ao terceiro requisito do aprendizado: a aplicação prática. Como diz a reflexão atribuída a Lao-Tsé: "Saber e não fazer é o mesmo que não saber". Aprender só faz sentido se você aplicar o que aprendeu para expandir sua mente, ampliar sua visão do mundo e obter resultados em sua vida. Esse é o principal hábito de uma pessoa vencedora.

Transformando sonhos em metas

Mudar crenças, pensamentos, hábitos e atitudes para os de uma pessoa vencedora é o ponto de partida para comprometer-se com o sucesso e realizar sonhos. A próxima etapa consiste em colocar os pés no chão e fazer com que sonhos, muitas vezes vagos e indefinidos, virem objetivos concretos, possíveis e realizáveis. Para isso, temos que transformar sonhos em metas.

Mas há uma etapa anterior a essa. Você só pode transformar um sonho em meta se tiver certeza de que é exatamente isso que você quer. Ou seja, é necessário ter convicção de que esse é mesmo o seu sonho, e não o sonho que alguém sonhou para você – e isso é mais comum do que se imagina. Você está sonhando o sonho de outras pessoas quando o seu desejo de alcançar determinado fim não vem de dentro, mas de fora: das expectativas que os outros têm em relação a você, da pressão para seguir por esse caminho em vez de outro e da necessidade de provar alguma coisa para alguém. O problema dessas motivações puramente externas é que elas não têm força suficiente para nos impulsionar, já que não são genuínas. Um exemplo seria a pessoa seguir a contragosto uma carreira escolhida pelos pais e nunca se sentir realizada, ou permanecer em um emprego desagradável, mas que gera uma boa posição social aos olhos de terceiros. Casos assim podem levar a uma aparente satisfação, porém essa imagem é artificial, pois essas pessoas não estão sonhando seus próprios sonhos.

Com base em tudo isso, busque um papel, uma caneta e responda sinceramente à seguinte pergunta: qual é o *seu* sonho? A resposta nem sempre é fácil. Talvez você perceba que isso implica contrariar expectativas alheias e alterar uma rotina aparentemente segura, mesmo que frustrante. Mas vale a pena. Realizar sonhos é dar sentido à vida.

Com seu sonho escrito em um papel, é possível seguir para a próxima etapa. Para transformar um sonho em uma meta, ele deve ser o mais específico possível. Não basta dizer: "Meu sonho é arrumar um emprego". É preciso definir que emprego e onde. Depois, é necessário definir uma estratégia, ou seja, os passos necessários para chegar lá. Esses passos também devem ser específicos. Não é suficiente dizer: "Vou me esforçar ao máximo", ou "Vou procurar emprego em toda a parte". Há que se estabelecer em que lugares você vai procurar emprego, preparar o currículo, planejar a forma como você vai se apresentar (a maneira como irá se vestir, o que irá dizer), obter informações prévias sobre as empresas nas quais você vai se apresentar, fazer os contatos necessários e marcar as entrevistas. Para isso, você deve estabelecer um cronograma. "Amanhã" ou "Na semana que vem" não é um cronograma. Um cronograma requer dias e horários precisos. E, por fim, é claro, você deve executar tudo o que planejou.

Às vezes um sonho precisa ser desdobrado em várias metas, com a realização da primeira conduzindo à realização da segunda e assim por diante, até que o sonho possa ser concretizado. Por exemplo, você quer ser diretor da empresa na qual trabalha, mas seu cargo atual é de auxiliar de vendas. Então a primeira meta é se tornar um vendedor sênior, a segunda um gerente de vendas, a terceira um gerente de departamento e assim por diante, até chegar a diretor. Naturalmente, cada uma das metas deve seguir todas as fases anteriormente explicadas. Não é suficiente dizer: "Vou dar duro para passar de vendedor a gerente". Isso não é meta, é somente uma intenção. É preciso definir exatamente o que é "dar duro" (trabalhar além do expediente, aprender novas técnicas de venda e aplicá-las, fazer novos contatos para ampliar a clientela...), estabelecer prazos e agir. Mas cuide para que seu planejamento seja realista: só coloque tarefas e prazos que você possa cumprir, mesmo que para isso tenha de desdobrar as tarefas em outras menores. Estabelecer metas inviáveis é uma boa forma de sabotar o processo todo e arrumar uma desculpa para desistir.

Podem acontecer fatos inesperados que ajudem a pular algumas etapas. Alguém pode lhe oferecer um emprego antes mesmo de você começar a procurar. Você pode ser recomendado para um cargo que o faz galgar várias posições de uma só vez. Do nada surge uma pessoa disposta a investir em sua ideia e, num passe de mágica, você consegue o capital necessário para abrir o seu negócio. Pode acontecer. Mas se deixar seus sonhos ao sabor do acaso, talvez eles se realizem, talvez não. No entanto, se considerar que os seus sonhos são importantes demais para deixá-los ao acaso, essa é a visão de uma pessoa vencedora.

Depoimento: Ricardo Bellino

Certa vez me perguntaram se eu já desisti de algum sonho. Acredito que não. Já realizei alguns e outros ainda estão por realizar. Houve sonhos que precisei adiar à espera do momento certo – ou enquanto eu tentava criar o momento certo. Outros passaram por reformulações que tornaram sua realização mais viável, mas sem descaracterizá-los. Alguns foram descartados porque não eram realmente sonhos, mas apenas uma empolgação passageira (não é difícil perceber a diferença: a empolgação se desvanece, enquanto o sonho não morre nunca).

Realizar sonhos muitas vezes implica trabalhar duro, acreditar neles mesmo quando parecem inatingíveis, superar obstáculos, críticas, dificuldades... As críticas podem ser pertinentes se agirmos como o sonhador "delirante" (aquele que fica só no sonho), em vez de agirmos como o sonhador "realizador" (aquele que sonha e faz). Nesse caso, é melhor recebê-las com um alerta. O que está sendo criticado não é o sonho em si, mas nossa atitude descompromissada diante desse sonho, e a forma como o reduzimos a um delírio em vez de elevá-lo à condição de meta.

Mas nem o sonhador "realizador", que está 100% comprometido com a concretização de seus ideais, é imune a críticas: os que abandonaram seus próprios sonhos podem ser impiedosos com quem se recusa a fazer o mesmo.

Nesse caso, melhor ignorá-los. Nossos sonhos – e nosso empenho em realizá-los – traduzem quem somos.

Perfil de empreendedor

Empreender é realizar. O empreendedor não é apenas aquele que monta o seu negócio. Todas aquelas pessoas cujas histórias foram contadas no início desta parte do livro são empreendedores que fundaram suas próprias empresas. Mas também é possível empreender dentro da empresa na qual você trabalha, ajudando-a a crescer e crescendo com ela – a isso se chama intraempreendedorismo. São inúmeros os exemplos de intraempreendedores de sucesso. Earle Dickson era um funcionário da Johnson & Johnson que criou um tipo de curativo para ajudar sua esposa, que cortava os dedos com frequência ao cozinhar. Ele percebeu que aquele curativo poderia ser comercializado por sua companhia e o apresentou à Johnson & Johnson. O curativo era o Band-Aid, que se tornou um dos produtos mais rentáveis da empresa e levou Dickson a uma brilhante ascensão: ao aposentar-se, era vice-presidente na empresa.

Nem todo intraempreendedor desenvolve novos produtos. Alguns se destacam por sua visão, iniciativa e capacidade de liderança. É o caso de Jack Welch, o executivo que revolucionou a GE, e de Ivan Zurita, que transformou a filial brasileira da Nestlé na segunda mais rentável do mundo – apenas para citar dois exemplos.

Talvez você possa estar lendo estas linhas agora e pensando: "Na minha empresa as condições de trabalho são péssimas. Por que eu deveria me esforçar para que ela cresça?". Bem, não é assim que um empreendedor pensa. Para ele, se as coisas estão ruins, então está na hora de mudá-las. Se for realmente impossível mudá-las, então está na hora de procurar trabalho em outro lugar.

Outras pessoas podem também pensar: "Como é que eu vou empreender alguma coisa se estou desempregado?". É aí que, mais do que nunca, você precisa revelar sua veia empreendedora. Inventar soluções, buscar alternativas, criar oportunidades – essas são algumas das características de um empreendedor. Ele pode passar por dificuldades, como todo o mundo, mas sempre encontra uma saída. Não existe empreendedor desempregado. O que existem são pessoas que ainda não descobriram o seu potencial empreendedor. Se pensar em sua vida desde a infância, você verá que houve momentos em que tudo parecia perdido, mas você conseguiu encontrar uma solução. Verá que suas batalhas não foram poucas, nem os obstáculos que teve de vencer. Pare por alguns instantes e reveja suas vitórias, uma a uma. Nelas estão as sementes do seu espírito empreendedor, e agora é a hora de começar a cultivá-las, como veremos nesta e nas outras partes deste livro.

Empreender aprendendo continuamente

A inconformidade é uma característica essencial dos grandes empreendedores – é com ela que mudamos a ordem das coisas e geramos progresso. Assim pensa Ricardo Salinas Pliego, um dos homens de negócios mais importantes do México e que, em pouco tempo, transformou o empreendimento que herdou de sua família no Grupo Salinas em um conglomerado de empresas que atuam nas áreas de comunicação e telefonia, comércio de eletrodomésticos e serviços financeiros, além da distribuição e fabricação de automóveis.

Salinas começou a trabalhar muito cedo na vida. É ele quem conta como ocorreu seu primeiro contato com o empreendedorismo: "Eu tinha uns 8 ou 9 anos de idade quando, certa tarde, se instalou um enxame de abelhas em uma árvore perto de nossa casa. Meu tio Guillermo pegou uma caixa de papelão, capturou as abelhas e logo comprou uma caixa apropriada para a criação delas. Em pouco tempo tínhamos uma colmeia que dava mel, e que logo se transformou em várias. 'O que faremos com tanto mel? Precisamos vendê-lo', disse meu tio. Acredito que essa foi uma experiência muito construtiva, um esforço importante. É uma vivência que me marcou: precisamos lançar uma ideia e persistir". Salinas estudou contabilidade no Instituto Tecnológico de Estudos Superiores de Monterrey, no México, e fez mestrado em administração pela Universidade de Tulane, nos EUA, onde foi o primeiro estrangeiro a receber o Distinguished Alumni Award. Salinas afirma, porém, que aprendeu mais com suas experiências de vida e com os obstáculos que teve de enfrentar durante sua carreira do que com o ensino acadêmico. "Se eu tivesse me conformado com o que aprendi na universidade, não poderia de forma alguma dirigir este grupo de empresas. Quando me formei há 30 anos, não havia celular, internet, televisão digital nem sistemas avançados de informação; enfim, não havia nada do que hoje sustenta as operações do Grupo Salinas. A vida é um aprendizado contínuo. Nos negócios, é muito importante ter e praticar o gosto de aprender coisas novas", diz ele.

Se Salinas ressalta a importância do aprendizado prático na formação de um empreendedor, a história de Chang Sheng Kai destaca a importância da criatividade e da convicção para transformar ideias em negócios de sucesso.

Empreender com criatividade e inovação

Nascido em Taiwan, em 1941, Chang Sheng Kai teve de abandonar seu país por motivos políticos: ele se opunha à ditadura do general Chiang Kai-shek, que liderava o país na época. Depois de alguns anos no Japão, onde fez mestrado em química – queria se tornar professor –, Chang resolveu dar um novo rumo à sua vida. Em 1973, emigrou para o Brasil com duas filhas pequenas e uma esposa grávida de 8 meses, sem falar sequer uma palavra em português, para expandir o negócio de produtos químicos que seu pai havia iniciado em Taiwan.

A fábrica de ciclamatos (matéria-prima utilizada em adoçantes) que ergueu no Brasil fez tanto sucesso que, em pouco tempo, superou a multinacional americana que era sua principal concorrente. Não satisfeito, Chang resolveu lançar no Brasil um novo produto que havia descoberto durante uma viagem ao Japão. Tratava-se de um pó que, em contato com a água, a absorvia e a transformava em gel. Ao fazer uma pesquisa por aqui e constatar que não existia demanda para essa matéria-prima, ele tomou uma decisão arriscada: "Vou criar uma demanda para esse produto". E de fato criou. O produto foi usado na produção de fraldas descartáveis que sua empresa, a Kenko, começou a fabricar. Mais uma vez ele teve de enfrentar as poderosas multinacionais que dominavam esse segmento do mercado. E mais uma vez saiu-se vitorioso. Em sua trajetória de empreendedor, Chang acumulou muitos outros êxitos – e não apenas nos negócios. Em 1998, ele fundou o Instituto Sidarta, cuja missão é promover educação de qualidade para todos e que já formou mais de 10 mil professores da rede pública, beneficiando mais de 150 mil alunos.

Empreender pela transformação e pelo serviço

De vendedor de peixe na feira a proprietário de um grande laboratório farmacêutico, Victor Siaulys personificou como poucos o poder transformador do empreendedorismo. Filho de imigrantes lituanos pobres e semianalfabetos, Victor cresceu no bairro paulistano da Pompeia. A indenização que seu pai recebeu ao ser demitido da fábrica em que trabalhava foi a alavanca para o primeiro negócio da família, uma banca de peixes instalada numa feira livre. Victor, que vendeu peixe dos 15 aos 18 anos, acabou formando-se em direito. Mas as lições que aprendeu na feira aguçaram o seu espírito empreendedor. Em vez de ser advogado, o que ele queria mesmo era abrir o seu próprio negócio. A oportunidade surgiu quando, depois de trabalhar como propagandista da indústria farmacêutica, ele propôs uma parceria ao laboratório Sintofarma.

Dessa sociedade nasceu a Prodoctor, empresa especializada na comercialização de produtos farmacêuticos. O sucesso da Prodoctor foi tão grande que, em apenas um ano, Victor e mais dois sócios compraram o Laboratório Aché, que se transformou, em pouco tempo, em um empreendimento nacional, rivalizando com laboratórios tradicionais. Em sua lista de empreendimentos, constaram também o Hotel Unique, o Unique Garden e o Instituto Tomie Ohtake, em São Paulo, além da Fundação Laramara, criada em 1991 para apoiar crianças e jovens deficientes visuais. "As grandes alegrias que tive não vieram da rotina como empresário, do dinheiro que ganhei, mas sim das transformações de vida que pude proporcionar", disse Victor, falecido em 2009.

Empreender com persistência e ousadia

Sérgio Batalha era um adolescente tímido, que tinha medo de falar com estranhos. Aos 16 anos, ele resolveu fazer um curso para se tornar vendedor de enciclopédias. Foi reprovado e ouviu dos amigos a seguinte observação: "Desista. Você não leva jeito para vendas". E talvez o garoto tivesse mesmo desistido, não fosse o espírito empreendedor que o levou a ignorar os comentários negativos e a encontrar motivação para fazer o curso pela segunda vez. A persistência e a tenacidade com que se empenhou para superar os obstáculos foram recompensadas – e como.

Sérgio não apenas teve uma carreira de sucesso como também se tornou um fenômeno. Realizou nada menos do que 12 mil vendas, ganhou 67 títulos de melhor vendedor, 110 títulos de melhor diretor de vendas e o de recordista mundial na comercialização de enciclopédias. Exemplo de intraempreendedor bem-sucedido, Sérgio ascendeu ao cargo máximo nesse setor da empresa ao tornar-se diretor nacional de vendas da Barsa Planeta.

Ao rever sua trajetória, ele diz que aquilo que era considerado sua pior característica, a timidez, virou um de seus diferenciais mais importantes. "Como tinha medo de falar, desenvolvi a habilidade de ouvir e observar, o que me permitiu estar sempre atento a todos os movimentos do cliente." Com o tempo e a prática, Sérgio perdeu o medo de falar. Mas o hábito de ouvir ficou. Ao contar sua história, ele comenta: "Atribuo o meu sucesso em vendas ao estabelecimento de metas. Sempre tive meta diária, semanal e anual. No final do dia, se não a tivesse cumprido, em hipótese alguma voltava para casa. Trabalhava à noite, pois tinha que atingir meu objetivo. Se na sexta-feira não tivesse cumprido a meta semanal, trabalharia no sábado e no domingo. Agindo assim, não há como não alcançar seus objetivos. É sucesso garantido".

Empreender com a arte

Murais espalhados mundo afora expõem o talento singular de Eduardo Kobra, paulistano de Campo Limpo, dentre os quais o maior trabalho em grafite do mundo, uma homenagem ao chocolate com 5.472 m², inaugurada em 2017 na Rodovia Castelo Branco, em São Paulo. Outro exemplo é o famoso Muro das Memórias, na Avenida 23 de Maio, concebido para a comemoração dos 455 anos da capital paulista, com a reprodução de fotos antigas "criando uma janela para uma cidade que já não existe mais", em suas palavras. Kobra conta ainda com várias obras expostas em museus. Nada mal para quem nasceu na periferia e já foi chamado de pichador (e era, de fato, bem no início da trajetória).

Mas de lá para cá, Kobra evoluiu e muito, não apenas como artista, mas também como empreendedor. Seu sobrenome de batismo, aliás, não é esse: Kobra vem de "cobra", uma referência ao seu talento de desenhista, reconhecido pelos colegas dos tempos de pichação. Há mais de 30 anos, porém, o reconhecimento se expandiu: seus desenhos e ilustrações saíram da rua e foram parar em parques como o Playcenter, o Hopi Hari e o Beto Carrero World. Mas mesmo essa fase ficou para trás. Hoje, Kobra se dedica à arte autoral e ao ativismo social. Um exemplo disso é o projeto Realidade Aumentada, de 2015, quando pintou dez painéis em dez dias para conscientizar a população sobre causas sociais. Em 2021, fundou o Instituto Kobra, que acredita na arte como instrumento de transformação social e promove ações em comunidades periféricas.

Seus murais impactantes hoje decoram as ruas de Nova York, Amsterdã, Tóquio e muito mais. Se um dia ele quis deixar sua marca nos muros da cidade a contragosto de alguns, hoje são as ruas do mundo todo que clamam por sua arte.

Depoimento: Ricardo Bellino

Foi aos 21 anos, quando cursava a faculdade de economia, que encontrei minha primeira grande oportunidade.

Certa vez, li uma edição da revista francesa *Photo* que falava sobre a Elite, na época a maior agência de modelos do mundo, que tinha em seu *cast* nomes como Cindy Crawford e Naomi Campbell, entre muitas outras. O artigo tratava do concurso de modelos The Look of the Year e destacava seu criador, John Casablancas. Naquele instante, decidi: "Vou trazer esse negócio para cá". Todo mundo na Universidade Candido Mendes, no Rio de Janeiro, onde eu cursava economia, achou que eu estivesse ficando louco. Trazer a maior agência de modelos do mundo para o Brasil, sem contatos, sem dinheiro e sem ser fluente na língua inglesa, realmente parecia loucura. Porém, contrariando todas as expectativas – exceto as minhas, é claro –, eu consegui realizar esse sonho.

A filial brasileira da Elite Models foi um sucesso e, a partir daí, outras iniciativas bem-sucedidas se seguiram. É o caso, por exemplo, da versão nacional da campanha "O Câncer de Mama no Alvo da Moda", que até hoje continua sendo realizada com grande êxito.

Quem pensa grande deve aprender a lidar com críticas e comentários do tipo: "Você está maluco? Isso nunca vai funcionar!". Mas se você acredita, planeja e trabalha para transformar seus sonhos em realidade, não há motivo para duvidar de si mesmo. Quando soube que um conhecido estava intermediando a venda de um terreno numa região montanhosa nos arredores de São Paulo, em 2002, logo tive a ideia de propor uma parceria a Donald Trump para lançar no Brasil um empreendimento imobiliário com a sua grife, conhecida mundialmente. Todo mundo achou que eu estava louco. Eu sequer conhecia o magnata norte-americano. Mas, para surpresa de todos os que achavam que eu estivesse delirando, consegui abrir caminho e até ser recebido por Trump em pessoa. Em seu escritório em Nova York, ele me disse que eu tinha 3 minutos para lhe vender minha ideia. E eu saí de lá como o primeiro brasileiro a se tornar parceiro comercial de Donald Trump. No depoimento que escreveu para meu livro *PDI – O poder das ideias,* Trump fala que sou um "realizador de ideias", aquele que consegue fazer com que seus projetos se tornem realidade. E, de fato, sonhos todos têm. Mas só os realiza quem faz pleno uso de sua capacidade empreendedora.

Outro sonho que se expandiu e começou a virar realidade é a criação das Casas Brasileiras. Em 2007, viajei para os Estados Unidos para lançar a versão em inglês de meu livro *Três minutos para o sucesso.* Lá, em contato com os imigrantes brasileiros nos Estados Unidos, pude perceber que eles tinham menos oportunidades no mercado do que o ideal. São pessoas que dão duro para mandar dinheiro para suas famílias no Brasil. E se eles pudessem contar com uma rede de atendimento especialmente planejada para ajudá-los em seus investimentos – locais onde eles pudessem comprar de tudo, de casas a eletrodomésticos, mesmo se estivessem fora de nosso país, com a certeza de que seus familiares seriam beneficiários ou destinatários de suas aquisições? A ideia evoluiu e se tornou global. Por meio de parcerias firmadas com grandes empresas, como a rede de lojas Ponto Frio e a Rede Record, o projeto das Casas Brasileiras é estar presente nos principais países onde os quase 5 milhões de brasileiros que residem no exterior. O segredo de mais esse negócio?

Perceber uma oportunidade, estudar os meios de aproveitá-la, reunir os parceiros certos e ir à luta. É isso que nos torna empreendedores.

A melhor definição que já ouvi dessa palavra é a seguinte: "Ser um empreendedor é muito mais do que ter vontade de chegar ao topo de uma montanha. É conhecer a montanha e o tamanho do desafio; planejar cada detalhe da subida; saber o que você precisa levar e que ferramentas utilizar; encontrar a melhor trilha, estar comprometido com o resultado; ser persistente; calcular os riscos; preparar-se fisicamente; acreditar na sua própria capacidade e começar a escalada".

O resgate da criatividade

A criatividade é uma das principais características de um empreendedor de sucesso. É sua mente criativa que o leva a inovar, a ver o que os outros não veem, a trilhar caminhos nunca explorados, a buscar soluções originais e a descobrir novas formas de prosperar e crescer.

Em um de seus artigos, Bernard Lunn, empreendedor especializado em transformar tecnologia inovadora em negócios, afirma que depois dos financistas, dos investidores da Bolsa de Valores e dos empresários da tecnologia, chegou a vez dos empreendedores criativos serem os novos "mestres do universo". Por quê? Porque estamos entrando numa era na qual os serviços são cada vez mais terceirizados. Porém, conforme observa Lunn em seu artigo, "você pode terceirizar praticamente tudo, exceto a criatividade".

Um profissional com perfil de empreendedor criativo é sempre valorizado. "A roda da economia mundial gira graças ao combustível intelectual fornecido por pessoas criativas que sonham, visualizam, planejam e executam projetos inovadores", escreveu o empresário, professor e consultor de empresas Eder Luiz Bolson. "Esses criativos são poucos, são curiosos e nunca se contentam com a primeira ideia que surge. Eles são ousados e procuram sempre uma maneira inovadora para executar tarefas de uma maneira melhor, mais rápida e com custo menor." Vendo as coisas por esse ângulo, é fácil perceber quem tem mais chances de manter o emprego e quem já está com um pé na porta da rua, quem vai ser promovido e quem vai ficar estagnado, quem vai abrir um negócio de sucesso e quem vai ficar só no desejo.

A criatividade é um dos elementos mais valiosos que o ser humano possui. Por isso, estimulá-la e impedir que ela seja bloqueada é uma questão de sobrevivência. A sensação de que estamos perdendo a criatividade pode ser avassaladora. Isso gera não só problemas profissionais, mas também pessoais. É como se estivéssemos perdendo nossa própria identidade, aquilo que nos torna indivíduos únicos e especiais. Não são apenas os escritores e os artistas que estão sujeitos a bloqueios criativos. Qualquer profissional pode passar por isso – e com frequência passa. O resultado é uma insatisfação constante, que pode facilmente virar depressão. Afinal, uma de nossas principais formas de expressão está sendo reprimida.

Para resgatar a criatividade é preciso voltar-se para a origem do problema, para os fatores que a estão bloqueando. E esses fatores são geralmente dois, que muitas vezes aparecem juntos. Um deles é o estresse. É difícil ser criativo quando estamos sem energia e nossa mente parece trabalhar em ponto-morto – daí a importância de procurar manter um dia a dia equilibrado. O outro fator é a desmotivação. Quem está desmotivado não vai conseguir encontrar ânimo algum para criar. Mas não podemos depender sempre de motivações externas: temos de aprender a nos motivar, mantendo o foco em nossos sonhos e metas. Se você sabe para onde está indo e por que está indo para lá, terá mais disposição para enfrentar os trechos mais íngremes do caminho.

Estimular a criatividade também requer renovação. E aqui se forma outro círculo "virtuoso": quanto mais sacudimos a rotina e nos renovamos, mais nos sentimos criativos. Quanto mais criativos nos sentimos, mais nos renovamos. Só que o contrário também é verdadeiro. Quanto menos nos renovamos, mais tolhemos nossa criatividade. Quanto mais tolhemos nossa criatividade, menos nos renovamos. Mas o que é se renovar, afinal de contas? É buscar novos interesses ou novas formas de encarar os antigos interesses. É informar-se, atualizar-se, manter-se atento e curioso. É descobrir maneiras diferentes e mais eficazes de fazer o que fazemos e começar a fazer o que ainda não fazemos. É redescobrir o que nos dá prazer e descobrir novos prazeres. É aprender, crescer e mudar o que deve ser mudado.

O principal motivo que impede alguém de buscar a renovação é a preguiça. Não falta gente reclamando da rotina tediosa, do trabalho mecânico, da ausência de motivação e de prazer, da insatisfação generalizada no ambiente profissional. E se você lhes disser que quando isso acontece é porque chegou a hora de se renovar, vai ouvir uma série interminável de justificativas. O fato é que não existe desculpa para permitir que nosso cérebro fique embotado e nossa mente comece a criar teias de aranha. Deixamos que isso aconteça por preguiça e acomodação. Nunca é tarde demais para sacudir a poeira e se renovar. As pressões do cotidiano não são motivo para deixar de ler, conversar, aprender,

Qual é o seu sonho? Descobrindo o seu espírito empreendedor   41 sorrir, amar, sonhar... Pelo contrário: quanto maior for a pressão para que nos acomodemos, mais intenso deve ser nosso empenho para resistir. Renovar-se é um ato de resistência. É insistir em ser uma pessoa inteira, e não pela metade.

Descobrir, aceitar e explorar aquelas características que transformam você em um indivíduo único também é uma forma de resgatar a criatividade. No livro *Gênios dos negócios*, de Peter Krass, o milionário da indústria de energia J. Paul Getty dedica um capítulo ao que chama de "A Arte da Individualidade", onde diz: "Na minha opinião, ninguém pode alcançar o sucesso real e duradouro ou enriquecer nos negócios sendo um conformista. Um empresário que queira ser bem-sucedido não pode se permitir imitar os outros ou comprimir seus pensamentos e ações em moldes vulgares e desgastados. Ele precisa ser um empreendedor original, criativo, engenhoso e totalmente autoconfiante. Se me for permitida a analogia, precisa ser um artista criativo em vez de meramente um artesão dos negócios".

É preciso observar que a individualidade a que se refere J. Paul Getty diz respeito ao cultivo das características únicas e originais de cada um. Obviamente, a intenção não é incentivar o isolamento, a não cooperação e a falta de sensibilidade social – estamos falando de individualidade, e não de individualismo. Você pode cooperar e ser sensível às necessidades dos outros e, ainda assim, destacar-se por sua originalidade e capacidade de inovação. Na verdade, o intercâmbio de ideias, sentimentos e pensamentos é outro poderoso estímulo à criatividade. Enquanto o isolamento a limita, a interação com os outros e com o mundo a expande cada vez mais.

A ascensão de um empreendedor criativo

A história de Pierre Omidyar é uma poderosa lição do que pode acontecer quando a criatividade se une ao empreendedorismo. Ele criou uma verdadeira mina de ouro a partir de algo no qual ninguém apostaria um tostão: coleções de embalagens plásticas de balas. A ideia surgiu quando a namorada lhe pediu ajuda para aumentar sua coleção de embalagens de Pez, pastilhas acondicionadas em caixinhas com tampas no formato de personagens de desenhos animados, muito populares nos Estados Unidos.

Para que ela pudesse entrar em contato com outros colecionadores, Pierre, que trabalhava com programação de computadores, colocou uma página em seu *site* na qual os fãs do produto poderiam trocar e vender embalagens repetidas. O sucesso foi tanto que, em pouco tempo, os colecionadores já estavam pagando a Pierre para postarem anúncios na página. Ele imediatamente percebeu que ali havia o potencial para um grande negócio. E esse negócio foi o eBay, *site* de leilões virtuais que em apenas 5 anos tornou-se um sucesso sem precedentes. A cada dia ocorrem no eBay milhões de leilões virtuais, e pelo menos meio milhão de novos produtos são acrescentados ao site. O preço das ações do eBay subiu 1.400% desde que foram oferecidas ao público pela primeira vez, em 1998, fazendo com que o valor de mercado da empresa fosse estimado em mais de 70 bilhões de dólares. Grande parte desse sucesso pode ser creditado à criativa visão empreendedora de Pierre e à sua filosofia de "devolver o poder de mercado aos indivíduos". No eBay, não são os gerentes que decidem o que vender. É o próprio público que determina o que será oferecido, compara preços e estabelece cotações, o que o transformou em uma pioneira comunidade de compra e venda virtual com mais de 135 milhões de usuários ativos em todo o mundo. E tudo começou com uma despretensiosa coleção de caixinhas de balas.

Vencer com ética

A competência pode abrir o caminho para o sucesso, mas para que esse sucesso seja consolidado a competência não pode estar desassociada da ética. A palavra vem do grego *ethos*, que significa conduta ou costume. Quando falamos em conduta ética, estamos nos referindo a um modo de agir baseado em princípios como honestidade, lealdade, justiça, respeito e outros, que constituem os fundamentos de quaisquer relacionamentos humanos saudáveis e produtivos. Viver de acordo com esses valores é o que nos torna pessoas íntegras. É interessante observar que íntegro também é sinônimo de inteiro, completo. Daí porque a integridade exige total fidelidade aos valores éticos: viver em desacordo com nossos valores mais íntimos é viver de forma incompleta, é ter de lidar com a sensação de que traímos a nós mesmos em troca de uma vantagem temporária.

Todo mundo conhece alguma história de pessoas desonestas ou antiéticas que parecem se dar bem. A pergunta é: por quanto tempo? Quem se deixa levar pela ambição a ponto de ignorar a ética acaba perdendo sua reputação e sua credibilidade e, com elas, o respeito e a confiança de seus semelhantes. Passa a ser vista como uma pessoa na qual não se pode confiar – e com razão. É fácil perceber os efeitos que isso produz na vida profissional de alguém.

Costumamos associar a desonestidade ao ato de roubar. Mas nem sempre paramos para pensar que existem muitas formas de roubar. Agir de modo preguiçoso e se contentar em fazer o mínimo possível é uma maneira de roubar: a pessoa está lesando o empregador que paga por seu empenho e comprometimento, está lesando o cliente que acredita poder contar com os serviços de um profissional dedicado e está lesando-se ao sabotar suas próprias chances de crescimento. Espalhar boatos e calúnias sobre uma pessoa é uma forma de roubar sua credibilidade. Mentir é roubar a confiança de alguém em vez de obtê-la de modo legítimo.

As boas empresas valorizam os profissionais íntegros porque essa é uma forma de valorizar sua reputação – a imagem delas está ligada à reputação de seus empregados. A esse respeito, o grande financista americano Warren Buffett diz: "Ao procurar pessoas para contratar, busque três qualidades: integridade, inteligência e energia. Se elas não tiverem a primeira qualidade, as outras duas irão acabar com você". No livro *Feitas para durar*, os professores James C. Collins e Jerry I. Porras, da Universidade de Stanford, realizaram um estudo inédito. Assessorados por uma equipe de 20 pesquisadores da universidade, eles analisaram um grupo de empresas que se descrevem como "excepcionais" por seu sucesso e longevidade e as investigaram desde suas origens até os dias atuais, na tentativa de descobrir qual o "segredo" que as diferencia da concorrência. Foi assim que chegaram ao conceito de "empresas visionárias", que os autores definem como "instituições líderes em seus setores, muito admiradas pelas outras empresas da área e com um longo registro de impactos significativos sobre o mundo à sua volta".

As empresas "feitas para durar" incentivam a renovação, as mudanças e as melhorias, mas desde que isso não se oponha à sua "ideologia central" – o conjunto de valores a partir do qual todas as suas metas, estratégias e procedimentos são estabelecidos.

Pode-se dizer que essa "ideologia central" define o caráter e garante a integridade da empresa. Ela é exposta claramente e compartilhada por todos os seus funcionários, não muda de acordo com a moda ou com as oscilações do mercado e não é condicionada pelo lucro – ao contrário, as formas de obter o lucro é que são condicionadas pela "ideologia central" da empresa. Como resultado disso, essas companhias se tornaram marcas valiosas e mundialmente respeitadas, destacando-se das demais por sua solidez e performance – desde a década de 1920, as empresas estudadas pelos professores de Stanford apresentam desempenho no mercado acionário 15 vezes superior ao da média.

Da mesma forma, a reputação dos empregados também está ligada à reputação da empresa. Se você é uma pessoa íntegra, mas trabalha num ambiente no qual prevalece a falta de ética, há sério risco de isso afetar sua autoestima, sua produtividade e sua credibilidade. Por mais que você precise do emprego, vale a pena pagar um preço tão alto? Encontrar outro emprego pode não ser tão fácil, mas com certeza é mais fácil do que recuperar a credibilidade arruinada.

Um profissional íntegro é aquele que age sempre pautado pela ética e em concordância com seus valores e princípios. Seus princípios não estão à venda nem são negociáveis. Ele não troca seu bom nome, sua marca duramente construída e os valores nos quais acredita por vantagens ilícitas, que podem lhe render algum lucro no presente, mas que com certeza irão prejudicá-lo no futuro. Suas preocupações vão além de si mesmo e de sua empresa. Ele também pensa na comunidade na qual está inserido, na sociedade, no país, e faz a sua parte para que possamos viver em um mundo melhor. Ao agir assim, garante a longevidade e o sucesso de sua carreira e da empresa – muito mais do que aqueles que adotam a conduta antiética como caminho.

A palestrante e escritora americana Marcia Wieder, que é convidada a falar para as equipes de algumas das principais empresas dos Estados Unidos, diz: "O mais crucial dos atributos necessários para realizar seus sonhos é a integridade. Honre sua palavra e seus compromissos e você viverá com integridade – é aí que os sonhos se tornam realidade".

Não existe integridade parcial, assim como não existe alguém "mais ou menos" honesto. Uma pessoa verdadeiramente íntegra manifesta essa qualidade nos diferentes aspectos de sua vida. Se um desses aspectos for comprometido pela falta de ética, é o que basta para lançar uma sombra de desconfiança sobre todos os demais. Esses aspectos são:

- **Objetivos íntegros:** sua integridade começa a se revelar quando você estabelece seus objetivos. Eles implicam prejuízos para outras pessoas, para o meio ambiente e para a sociedade em geral? Envolvem qualquer tipo de fraude, engano ou mentira? Responda a essas perguntas e certifique-se de que suas metas são éticas.
- **Intenções íntegras:** por mais que você seja ético e honesto, assim como todo mundo, está sujeito a cometer erros de vez em quando. Porém, se suas intenções forem íntegras, você tem como compromisso corrigir eventuais erros que possa ter cometido, desculpar-se sempre que for necessário, saldar dívidas pendentes e reparar injustiças que inadvertidamente decorreram de suas ações.
- **Escolhas íntegras:** a escolha íntegra nem sempre é a mais fácil. Mas para alguém que se pauta pela ética, é a única possível. Trata-se de fazer escolhas baseadas em seus valores e princípios, mesmo que isso

implique a perda de algo que pareça ser vantajoso, mas que no fundo é desonesto – a pessoa íntegra sabe que, no fim das contas, não existe vantagem maior do que preservar sua reputação.

- **Decisões íntegras:** ao tomar uma decisão, o que deve prevalecer é a análise imparcial das informações disponíveis, bem como seu senso de ética e de justiça. O oposto disso é tomar decisões motivado pelo desejo de vingar-se, de tirar proveito dos demais, de obter favorecimentos ilícitos e de prejudicar deliberadamente outras pessoas.
- **Palavras íntegras:** trata-se de ser responsável por suas próprias palavras – tanto no sentido de cumprir compromissos assumidos quanto no sentido de não transmitir ou propagar calúnias, boatos e difamações.
- **Ações íntegras:** a ação é a "prova dos nove" de suas intenções e palavras. São as ações íntegras que atestam seu compromisso com a ética. Existe apenas uma forma de ser honesto: agir com honestidade. Falar de valores e princípios e agir de forma a contradizê-los é o que se chama de hipocrisia.
- **Compromissos íntegros:** se a integridade não prevalecer na hora de se comprometer com alguém ou com alguma coisa, você pode acabar ficando com o "rabo preso", ou seja, virar refém de situações ilícitas, ilegais ou eticamente condenáveis, que poderão prejudicar sua carreira, sua empresa e sua reputação.
- **Relacionamentos íntegros:** são aqueles que se baseiam no respeito mútuo e que, por isso mesmo, nos fazem crescer. Relações nas quais uma pessoa visa manipular, explorar, usar ou aproveitar-se de outra não são íntegras – assim como também não é íntegro quem faz isso.

Intuição – aprenda a usar

Quem acha que intuição é algo que não merece ser levado a sério deveria ouvir o que Herbert Simon tem a dizer. O economista que ganhou o Prêmio Nobel em 1978 pesquisou o papel da intuição nas decisões tomadas no mundo dos negócios. E chegou à conclusão de que profissionais de destaque em suas áreas de atuação tomam decisões guiados pela combinação de intuição com pensamento lógico. Para Simon e outros estudiosos do assunto, como Malcolm Gladwell, a intuição é o produto de uma atividade mental subconsciente. Em outras palavras, é aquela voz interior que nos diz, sem nenhuma razão aparente, que aquele negócio ou projeto vai dar certo, que aquela oportunidade deve ser agarrada e que aquela pessoa é – ou não é – confiável.

Os empreendedores de sucesso são pessoas que aprenderam a ouvir e a confiar em sua intuição. Eles também a combinam ao raciocínio lógico – afinal, não basta intuir alguma coisa, é preciso transformar essa intuição inicial em uma ideia viável e concreta. Mas, em muitos casos, a intuição é o gatilho que aciona a criação de grandes negócios. Quando perguntaram a Robert Soros, filho do megainvestidor George Soros, de onde vinha o "faro infalível" que seu pai tinha para descobrir os melhores investimentos, ele respondeu: "Meu pai irá se sentar e dar a você teorias que explicam por que ele faz isso ou aquilo". Mas eu me lembro de ouvir isso quando criança e pensar: "Pelo menos metade disso tudo é besteira. Quer dizer, a razão pela qual ele muda sua posição no mercado ou algo do gênero é porque suas costas começam a matá-lo de dor. Não tem nada a ver com razão". Ou seja, para Soros, a dor nas costas é a forma com a qual sua intuição se comunica com ele. Não é apenas seu conhecimento do mercado, seus contatos e sua rede de informações que o guiam, mas também os sinais que sua intuição lhe envia.

Mas Soros não é o único. No início dos anos 1980, Howard Schultz era diretor de marketing da Starbucks, empresa de Seattle (EUA) que fornecia café a bares e restaurantes. Certa vez, quando estava sentado à mesa de um café em Milão, Schultz teve uma intuição tão forte que, segundo suas próprias palavras, chegou a tremer de emoção. Ele "sentiu" que aquele estilo de *coffee house* tinha tudo para se tornar um sucesso nos Estados Unidos e em outros países. Em sua mente, ele "viu" uma grande rede de *coffee houses* espalhadas pelo mundo. A intuição foi poderosa o suficiente para levá-lo a comprar a Starbucks e transformá-la na maior rede de *coffee houses* do planeta, com mais de 30 mil lojas espalhadas por todos os continentes.

"Descobri que alguns dos erros mais terríveis que cometemos ocorreram quando ignorei minha intuição, pressionado pelo que pareciam ser naquele momento evidências incontestáveis", disse Fletcher L. Byrom, ex-CEO da multinacional americana Koppers Inc. E Bill Gates, o fundador da Microsoft, também admitiu: "Muitas vezes você tem apenas que confiar na sua intuição".

Nossa intuição está sempre falando conosco. Mas nós nem sempre a ouvimos, ou por falta de confiança em nós mesmos ou porque perdemos o hábito de atentar e ouvir nossa voz interior. Aprender a relaxar e a dedicar algum tempo a nós mesmos pode nos ajudar a voltar a ouvir essa voz. O matemático francês Henri Poincaré disse certa vez que "a inspiração só vem para a mente preparada". Isso vale para a intuição: temos de preparar nossa mente para ouvi-la.

Você prepara sua mente quando:

- **Confia em si mesmo:** sem isso, você até pode ouvir sua intuição – mas não irá segui-la. Basta que alguém o desencoraje para que você passe a ignorar sua intuição.
- **Permanece alerta:** nem sempre nossa intuição nos diz o que queremos ouvir. Às vezes, desejamos intensamente alguma coisa e a intuição nos diz para não fazer. Nesse caso, é melhor ir com calma e tentar entender o que a intuição está tentando lhe avisar.
- **Não confunde intuição com crendices:** intuição não é misticismo, não é magia e não tem nada a ver com previsões ou presságios. É apenas uma mensagem que o seu inconsciente está tentando lhe transmitir.
- **Não confunde intuição com caprichos ou impulsos:** intuir não é agir por impulso. Na verdade, é o contrário: é agir em profunda conexão consigo mesmo. É fácil perceber a diferença. Se estiver obtendo resultados negativos, é porque você está agindo por impulso ou capricho, e não de forma intuitiva.
- **Consegue distanciar-se um pouco dos problemas e preocupações:** ouvir a intuição é ouvir sua voz interior. E não dá para fazer isso se sua mente estiver sempre ocupada com problemas e preocupações. Aprenda a relaxar e dê espaço para a intuição se manifestar.
- **Busca conhecimento e informações:** a intuição também precisa ser alimentada. Ao aprender e ao se informar, você estará fornecendo material para sua intuição agir.
- **Combina intuição e razão:** a intuição é a fagulha que pode dar origem a uma grande ideia. Mas para colocar essa ideia em prática você deve se valer do raciocínio lógico para analisar, avaliar, planejar, executar e viabilizar.

Empreender guiado pela intuição

Foi na infância que Luiz Seabra teve uma intuição que iria mudar sua vida. Aos 12 anos, ele ouviu a irmã dizer que seu sonho era ser esteticista. "Enquanto ela falava, eu tive um pensamento como se tivesse saído do coração, uma intuição. Disse: 'Eu vou produzir estes produtos que as pessoas vão usar'", recorda-se ele. Um longo caminho foi percorrido até que essa intuição se concretizasse. A oportunidade surgiu quando Seabra, já formado em economia, associou-se a uma pequena fábrica de cosméticos.

Assim nasceu a Indústria e Comércio de Cosméticos JeBerjeaut Ltda, que pouco depois teve seu nome mudado para Natura.

O laboratório funcionava num galpão, e seu capital não valia muito mais do que um carro usado. As dificuldades foram enormes, mas Seabra nunca deixou de acreditar na intuição que teve ainda criança – nem deixou de trabalhar duro para transformá-la em realidade. E, com certeza, ele não se arrependeu. A Natura chegou ao ano 2000 com um quadro de 3.100 funcionários e cerca de 300 mil consultoras espalhadas pelo país, tornando-se a maior empresa nacional de cosméticos. Em contínua expansão, a Natura adquiriu outras grandes marcas nacionais, como a The Body Shop, e oficializou no início de 2020 a aquisição da Avon Products, empresa sediada nos Estados Unidos e globalmente conhecida, criando a quarta maior empresa de cosméticos do mundo. Com sua intuição ao lado de sua capacidade de execução, Seabra é um dos poucos brasileiros na lista de bilionários divulgada anualmente pela revista *Forbes*.

O poder do entusiasmo

"Empreendedores também podem gerar um entusiasmo altamente contagioso dentro de uma organização. Eles programam um senso de propósito e, fazendo isso, convencem os outros de que eles estão onde está a ação."

KETS DE VRIES

"O entusiasmo é algo que diferencia a pessoa, que faz com que ela chame a atenção."

LUIZ SEABRA, FUNDADOR DA NATURA

Dizem que um famoso treinador de futebol era conhecido pelo incrível entusiasmo que conseguia inspirar em sua equipe. Às vezes, bastava sua presença para que as pessoas já começassem a se sentir motivadas. Certa vez lhe perguntaram qual era o segredo para manter a equipe tão entusiasmada. Que técnica ele usava? Como é que conseguia isso? O treinador respondeu: "É fácil. Elimino todo mundo que não seja entusiasmado".

Tem gente que acha que entusiasmar é o mesmo que criar um clima de oba-oba, no qual todos sorriem e todo mundo concorda com tudo. Ou, então, pensam que ser entusiasmado é agir como bobo da corte. Não é nada disso. Uma pessoa entusiasmada não é um bobo da corte que perdeu o senso crítico.

É alguém capaz de apontar problemas, sugerir mudanças e tomar decisões enérgicas – mas faz tudo isso sem deixar de transmitir uma energia motivadora. Ou seja, ele inspira as pessoas a acreditarem na força que cada uma delas têm. É um "energizador", uma barreira que impede que o desânimo se dissemine mesmo em face das maiores dificuldades, estimulando as pessoas a continuarem acreditando e a darem o melhor de si. Daí porque um profissional que possui um genuíno entusiasmo é tão valioso para uma empresa.

Os desanimados fazem o contrário. Sugam a energia alheia em vez de expandi-la. Contaminam os demais com seu pessimismo e estão sempre esperando pelo pior. Se uma situação já está complicada, eles têm o dom de torná-la ainda mais difícil. Às vezes chegam até a se antecipar aos problemas – não de uma forma positiva, ou seja, para evitá-los, mas apenas para sofrer com antecedência e azucrinar a vida dos outros. No fundo, o desanimado é uma pessoa que acreditou de tal forma em preconceitos e em crenças negativas que já não é mais capaz de enxergar a realidade. Ele simplesmente desistiu de lutar – às vezes, até antes da luta começar. Que empresa iria querer contratar alguém assim?

Se dois profissionais com currículos semelhantes estiverem disputando uma vaga, pode ter certeza de que o escolhido será o entusiasmado, e não o desanimado. Na verdade, mesmo que o entusiasmado não tenha um currículo tão bom quanto o desanimado, mesmo assim ele poderá levar vantagem na hora da contratação. Os testes de avaliação profissional estão dando uma importância cada vez maior à personalidade do entrevistado, e não apenas ao seu currículo. O desanimado não coloca em risco somente a sua própria performance, mas também a dos outros. Assim, pode-se entender a atitude do treinador que demitia quem não mostrasse entusiasmo. É melhor mesmo não os ter por perto.

A palavra entusiasmo vem do latim *em theos* e significa "Deus em você". É uma alusão ao fato de que, se você tem fé na vida, em você mesmo ou em um poder superior, essa fé irá reverberar sob a forma de uma contagiante energia positiva – o entusiasmo.

Pode-se dizer que existe uma "fórmula" para o entusiasmo. Não é uma fórmula mágica. Sua aplicação por pessoas que não são naturalmente entusiasmadas requer empenho. Mas seus resultados são mágicos. Uma "injeção" de entusiasmo pode fazer com que, de repente, algo que parecia ser insolúvel comece a ser visto sob uma nova luz. O problema mudou? Não. Nós é que saímos daquela perspectiva opressiva e limitante. Porque um dos efeitos do entusiasmo é que ele renova a esperança.

A fórmula é a seguinte:

convicção + motivação + disposição + bom humor = entusiasmo

Convicção: é ter certeza de alguma coisa e ser capaz de transmitir essa certeza aos demais. O entusiasmado o convence porque ele acredita tanto que você passa a acreditar também. Ou, se você não acredita inteiramente, no mínimo ele faz com que você comece a duvidar de seu próprio pessimismo.

Motivação: é o motivo para a ação. Entusiasmo sem motivação é apenas fogo de palha. Uma pessoa verdadeiramente entusiasmada é uma pessoa motivada, que sabe o que quer e confia na sua capacidade de chegar lá. Ela também passa por momentos de crise, como qualquer um. Mas acredita que há sempre uma luz no fim do túnel.

Disposição: é prontificar-se a agir. O entusiasmado está sempre se oferecendo como voluntário, tomando iniciativas, liderando. Acredita que pode melhorar as coisas e isso não o deixa ficar parado. Seu impulso é o de ir sempre para a frente.

Bom humor: há uma diferença entre ser sério e ser ranzinza. O entusiasmado pode ser uma pessoa séria e responsável, mas nem por isso deixar de ser bem-humorada. Não é a cara feia e o mau humor que tornam alguém sério, mas a responsabilidade com que ele encara a vida. O entusiasmado sabe distinguir o que merece ser levado a sério daquilo que não merece. Ele não vai perder seu tempo fazendo tempestades em copos d'água e deixando que pequenas mesquinharias estraguem o seu dia. É assim que ele mantém o bom humor.

Entusiasmo e escolha

A essa altura, muitos podem estar se perguntando: "É possível manter o entusiasmo quando somos obrigados a fazer o que não gostamos?". A resposta é não. Se você disser que alguém o obriga a fazer algo contra sua vontade, essa perspectiva não deixa nenhum espaço para o entusiasmo. Mas é possível encarar as coisas de outra maneira. Se você assumir o fato de que em determinado momento optou por fazer algo que não era exatamente o que gostaria, mas que naquela ocasião era a melhor alternativa para que pudesse continuar perseguindo os seus objetivos, então a coisa muda de figura. Você não está mais numa prisão, está numa fase de transição que, embora não seja das mais agradáveis, irá deixá-lo mais perto de suas metas. Não perder seus sonhos de vista é a melhor maneira de manter o entusiasmo.

Qual é o seu sonho? Descobrindo o seu espírito empreendedor   51

Empreender movido pela paixão: Abraham Kasinski

Abraham Kasinski é um exemplo de empreendedor entusiasmado. A primeira coisa que chama a atenção nessa carismática figura é sua inesgotável vitalidade e a paixão com a qual se entrega a seus empreendimentos. Definitivamente, a palavra aposentadoria não foi feita para ele. Depois de afastar-se da Cofap, empresa que fundou e dirigiu por várias décadas, Kasinski, já na casa dos 80 anos, dedicou-se a novos projetos com um entusiasmo de fazer inveja a muitos garotos de 20 anos. Não é por acaso, pois, que o título de seu livro de memórias é *Um gênio movido a paixão*.

De fato, nas páginas do livro, o que transparece é a paixão: pela vida, pelas pessoas, pelo desafio, pelo trabalho. Filho de um imigrante russo, ainda criança Kasinski já trabalhava com o pai em sua loja de pneus usados na Zona Leste de São Paulo. Com a morte do pai, ele assumiu a liderança do negócio com o irmão mais velho. E a força empreendedora advinda de sua paixão logo se fez notar: em 1950, a loja já era a maior importadora de autopeças do país. Mas isso não bastava. Kasinski sentia-se incomodado pela extrema dependência de produtos fabricados no exterior e temia que essa situação, cedo ou tarde, levasse o negócio à ruína. A solução, acreditava ele, era abrir uma fábrica e começar a produzir autopeças no Brasil. E foi dessa forma que nasceu a Companhia Fabricadora de Peças, ou Cofap.

No início, ninguém punha muita fé no negócio. Como convencer os mecânicos habituados a usar produtos estrangeiros a adotar as novas peças nacionais? Kasinski resolveu o problema com muito empenho e determinação: passou a viajar pelo país e a conversar pessoalmente com os mecânicos. E deu certo. O entusiasmo do empresário era tanto que acabou convencendo os mecânicos a adotar os novos produtos.

No início dos anos 1990, a Cofap tornou-se a maior indústria de autopeças da América Latina. Com faturamento anual de 1 bilhão de dólares, a empresa chegou a empregar 18 mil funcionários e exportar para 97 países. Problemas relacionados a disputas pela sucessão na Cofap levaram Kasinski a vender sua parte na empresa. Contudo, ele ainda tinha paixão de sobra para dedicar-se a novos interesses. Já octogenário, fundou uma fábrica de motocicletas em Manaus que produz 400 mil motos por mês. Visionário, continuou investindo em novidades: sua fábrica produz também veículos de três rodas, adaptados para uso comercial. Se existem histórias que podem nos injetar uma boa dose de ânimo, a de Kasinski com certeza é uma delas.

Paixão por impulsionar empreendedores: José Carlos Semenzato

Quem é fã do programa *Shark Tank Brasil* sabe como o jurado José Carlos Semenzato está comprometido a impulsionar o crescimento de novos empreendedores. Inclusive, é justamente essa a proposta da empresa que preside, a SMZTO Holding: identificar iniciativas promissoras e acelerar negócios. Fundada em 2010, a Holding fez decolar, entre outros, o Instituto Embelleze, de capacitação profissional em beleza, e a Espaçolaser, primeira marca do grupo a abrir o capital na Bolsa de Valores.

Embora ele mesmo, filho de um pedreiro e uma dona de casa, talvez tivesse se beneficiado de um empurrãozinho no início da carreira, Semenzato nunca o solicitou a ninguém. Foi à luta desde cedo. Aos 13 anos vendia salgadinhos, aos 16 era gerente de uma copiadora, aos 18 ensinava computação para alunos do ensino médio e, aos 23, já tinha fundado sua primeira empresa, a Microlins, escola de informática.

O que liga a trajetória da Microlins à atual posição de Semenzato no mercado é a decisão, tomada no terceiro ano de existência da empresa, de expandir sua presença por meio de franquias. A Microlins se tornaria uma grande rede profissionalizante, seria comprada em 2010 pelo Grupo Multi por 110 milhões de reais, e seu fundador teria o estalo: seu papel não era o de ficar à frente de empresas por anos a fio, mas sim o de entrar no momento certo e ajudá-las a crescer. Hoje, Semenzato é um convicto e apaixonado distribuidor de empurrõezinhos decisivos.

PARTE II
Trabalhando a imagem

*"Uma imagem não é simplesmente uma marca, um design ou um slogan.
É a personalidade cuidadosamente trabalhada de um indivíduo,
instituição, corporação, produto ou serviço."*

DANIEL J. BOORSTIN

Inventário da imagem

A imagem de uma pessoa é muito mais do que sua aparência física. É um conjunto que engloba também sua personalidade, seu comportamento, atitudes, valores e realizações – sua imagem é soma de tudo isso. Não é de se admirar, portanto, que a imagem seja tão valorizada hoje em dia. É ela que expressa quem você é e do que você é capaz – ou, pelo menos, é assim que deveria ser. Um equívoco muito comum é achar que a imagem se resume à aparência e que, portanto, basta manipulá-la para transmitir essa ou aquela imagem. Isso se chama fabricar – e não construir – uma imagem.

O problema desse expediente é sua artificialidade. O exterior não reflete o interior, e quando o conteúdo se manifesta, percebemos que compramos gato por lebre. É o caso daquela pessoa que é contratada porque aparenta ser competente e responsável, mas após algum tempo no emprego descobre-se que ela não é nada disso: simplesmente havia fabricado uma imagem que não correspondia ao conteúdo, ou seja, a quem ela realmente era. O estratagema pode tê-la ajudado a obter um emprego, mas não a ajudou a manter-se nele. Deu-lhe uma vantagem inicial, porém também a fez "queimar o filme" – e as chances de construir uma carreira sólida e bem-sucedida. como disse Goethe, o grande escritor alemão: "O comportamento é o espelho no qual todos mostram a sua imagem". Eis aí o grande risco de fabricar uma falsa imagem: suas atitudes logo mostrarão quem você realmente é.

Para construir uma boa imagem é necessário conhecer os seus pontos fortes e ressaltá-los por meio de suas atitudes. E não é só isso: suas atitudes devem expressar também os valores nos quais você acredita. Há pessoas que se acham competentes, porém não demonstram competência ao agir. Outras se acham honestas e virtuosas, contudo, não refletem isso em seus atos. Que tipo de imagem você acha que elas estão passando? Os outros não vão formar uma imagem de você com base em quem você pensa que é, mas com base em quem você demonstra ser.

Imagem e personalidade estão intimamente ligadas. Personalidade é o seu caráter, sua maneira habitual de ser e de agir – e isso, evidentemente, tem um peso decisivo na imagem que você transmite ao mundo exterior. A personalidade é um fator crucial para o sucesso porque ela é o filtro por meio do qual seus talentos, habilidades e competências irão se manifestar. Enquanto alguns traços de personalidade potencializam essas qualidades, outros têm o efeito oposto. Uma pessoa dinâmica, criativa e disposta a aprender expande seu próprio talento. Alguém arrogante, mesquinho e egocêntrico acaba obscurecendo o talento que tem. É por isso que as empresas estão dando uma importância cada vez maior à personalidade – e não só ao currículo – na hora de contratar seus funcionários. O fato foi devidamente observado pelo Dr. Robert Hogan, Ph.D. em psicologia e fundador da Hogan Assessment System, empresa de consultoria que possui entre seus clientes mais da metade das 100 companhias listadas pela revista *Fortune* como as maiores do mundo. Defensor da ideia de que é possível prever o sucesso que uma pessoa terá ao se conhecer sua personalidade, Hogan afirma: "Há cerca de 10 anos, pesquisadores acadêmicos redescobriram a personalidade e sua relação com o desempenho profissional. Recentemente [...], a comunidade empresarial parece ter redescoberto a importância do caráter como um fator determinante do desempenho profissional".

A inteligência medida pelos testes de QI, que costumava ser vista como o principal fator para prever o sucesso, já não é mais o único indicador das possibilidades de êxito profissional. Hoje sabemos que fatores como criatividade, integridade e sociabilidade, entre outros, desempenham papéis fundamentais na performance e na produtividade de um indivíduo. E é a personalidade, mais do que a inteligência, o indicador dessas qualidades, segundo a psicóloga e Ph.D. Joyce Hogan, da Universidade de Tulsa, em Oklahoma (EUA), que conduz pesquisas sobre o assunto. A relação entre personalidade e desempenho profissional foi o tema de um estudo pioneiro feito por Jon Bentz em 1985. Ao realizar uma pesquisa com gerentes que não obtiveram êxito em suas funções, Bentz concluiu que, independentemente de suas qualificações profissionais, todos apresentavam algum tipo de "problema" de personalidade que comprometia sua performance no trabalho (por exemplo: arrogância, vaidade, exibicionismo, individualismo etc.).

Portanto, para trabalhar a imagem é preciso trabalhar também a personalidade. Trabalhar a personalidade não significa deixar de ser quem você é. Significa valorizar suas qualidades positivas e mudar ou manter sob controle as características que não o estão ajudando a ser uma pessoa bem-sucedida. Ao aprimorar o seu modo único e individual de ser e de fazer, você está também criando um estilo. Cada empreendedor vitorioso tem o seu próprio estilo. Mas uma coisa eles têm em comum: todos criaram para si uma imagem de sucesso. É o que veremos nos exemplos a seguir.

Imagem de confiança e simplicidade: Antônio Ermírio de Moraes

Antônio Ermírio de Moraes cultiva a discrição e a simplicidade. Pouco afeito à vida de luxo e ostentação comum a pessoas de sua posição, ele costuma dizer: "O dia que alguém me vir dirigindo uma Ferrari, pode me colocar na camisa de força e mandar para o hospício, porque terei enlouquecido. Num país como o nosso, não se pode andar num carro desses por questão de *status*. O *status* tem de vir da inteligência".

Ele representa a terceira geração da família no comando do Grupo Votorantim, empresa criada por seu avô, o imigrante português Antônio Pereira Inácio, e ampliada nos anos seguintes por seu pai, o senador José Ermírio de Moraes. Contudo, a condição de herdeiro não o eximiu do trabalho árduo. Nos anos 1940, quando foi estudar engenharia nos Estados Unidos, ele viveu em um quarto de pensão, comendo sanduíches para economizar. Ao voltar ao Brasil, ouviu do pai a advertência de que o trabalho que lhe esperava nas empresas da família era apenas um teste. "Se não der certo, não vou contratá-lo", disse-lhe José Ermírio. Mas ele mostrou-se à altura do desafio.

Em 6 anos, fundou sua própria firma, a companhia Brasileira de Alumínio. Em 1962, assumiu o controle de todas as empresas e a Votorantim não parou de crescer. O sucesso profissional, porém, não mudou sua maneira simples de ser. Em seus mais de 50 anos no Votorantim, Antonio Ermírio quase nunca tirou férias e começa a trabalhar religiosamente às 7 horas da manhã.

Imagem de rebeldia e impetuosidade: Richard Branson

Ele gosta de quebrar recordes cruzando os mares em seu barco a vela, já voou pelo mundo em um balão e, em 2021, viajou para o espaço. Em seu *reality show*, os candidatos a uma vaga em uma de suas empresas tinham de cumprir tarefas nada ortodoxas, como, por exemplo, saltar de paraquedas. O empresário britânico Richard Branson construiu uma imagem de rebeldia e impetuosidade, que para muitos pode beirar a extravagância. Mas esse rebelde sabe muito bem o que quer. Vindo do nada, ele criou um bem-sucedido conglomerado empresarial e tornou-se um bilionário.

Branson sofre de dislexia, condição que causa problemas de aprendizado, por isso abandonou a escola antes mesmo de completar o colegial. Todavia, tratou de compensar essa desvantagem partindo para a luta logo cedo. Aos 15 anos, já ganhava a vida vendendo árvores de Natal. Aos 17, abriu sua primeira instituição filantrópica e, paralelamente a isso, encheu o porta-malas do carro com discos de vinil e começou a vendê-los de loja em loja. Em pouco tempo, reuniu os recursos necessários para abrir uma pequena loja de discos em Londres, chamada Virgin. A lojinha cresceu, deu origem a uma grande cadeia de lojas de discos, a uma gravadora e a várias outras empresas, incluindo uma companhia aérea, uma operadora de turismo, uma financeira e empreendimentos ligados às telecomunicações e aos transportes.

Na trajetória de Branson, a fama de empresário bem-sucedido cresceu com a fama de aventureiro – emissoras de TV do mundo inteiro acompanharam suas peripécias a bordo de um balão. "Se você expuser seu rosto e seu nome o suficiente, as pessoas começarão a reconhecê-lo", diz ele. "Uma garotinha certa vez me falou que eu poderia ficar famoso porque eu era 'a cara do Richard Branson'. Criar uma marca é tudo."

Ele sabe o que está dizendo. A marca Virgin chegou a abrigar mais de 200 empresas que empregavam cerca de 50 mil pessoas em 29 países. Em 2006, os rendimentos anuais do Virgin Group ultrapassaram a casa dos 20 bilhões de dólares. Sua habilidade ímpar para empreender de forma ousada levou Richard Branson a receber da então rainha da Inglaterra, Elizabeth II, o título de cavaleiro por "serviços prestados ao empreendedorismo".

Imagem de determinação e foco: Jorge Gerdau Johannpeter

Sob o comando de Jorge Gerdau Johannpeter estão 10 fábricas no Brasil e outras 16 no exterior. O negócio, que começou a partir de uma fábrica de pregos fundada pelo seu bisavô, deu origem ao Grupo Gerdau. "Sou um ser competitivo e fanático pela qualidade", diz Jorge, que começou a trabalhar na fábrica aos 14 anos, operando as máquinas de produzir pregos. Mais tarde, passou a estudar contabilidade à noite e trabalhar na empresa de dia. Nos anos 1960, ao lado do pai, coordenou o processo de crescimento da empresa, que adquiriu várias outras companhias e fábricas e ultrapassou as fronteiras estaduais – e, depois, as nacionais.

Jorge passou por todas as áreas do grupo até assumir a presidência em 1983. Naquela época, a empresa faturava 456 milhões de dólares. Em 2004, esse número subiu para 8,8 bilhões de dólares. Determinado e extremamente focado no trabalho, ele fez com que o grupo se tornasse o maior produtor de aço do continente americano, com uma capacidade instalada de 14,2 milhões de toneladas anuais. "Ao longo de 101 anos de história, nunca fechamos um balanço no vermelho nem atrasamos em um só dia o pagamento de qualquer promissória", orgulha-se o empresário. Além de sua atuação à frente dos negócios, Jorge é também o coordenador da Ação Empresarial Brasileira, um dos mais ativos movimentos do pensamento empresarial no país, participando, inclusive, de outras iniciativas sociais. Sua trajetória é internacionalmente reconhecida. "Enquanto muitas empresas de controle familiar viram a globalização trazer o mundo para o Brasil, a Gerdau levou seu estilo gerencial e seu conhecimento da indústria siderúrgica para o mundo", afirmou o influente jornal inglês *Financial Times*.

Imagem de ética e trabalho: José Alencar Gomes da Silva

José Alencar Gomes da Silva nasceu num povoado às margens da pequena Muriaé, em Minas Gerais. Décimo primeiro filho de um total de 15, aos 7 anos já trabalhava na loja do pai. Aos 15 anos, mudou-se para Muriaé e tornou-se balconista em uma loja de tecidos. Mas ganhava tão pouco que sequer tinha condições de alugar um quarto – a solução foi dormir em um catre, no corredor de um pequeno hotel. Mas as dificuldades não diminuíram sua disposição de vencer. Em pouco tempo, José Alencar tornou-se o melhor vendedor da loja. Esse título seria outra vez conquistado em seu próximo emprego, na Casa Bonfim de Caratinga.

Foi nessa cidade onde, à custa de muitos sacrifícios, ele abriu seu primeiro negócio – uma loja chamada A Queimadeira – quando tinha apenas 18 anos.

Morar na própria loja, dormir atrás das prateleiras num colchão de feno e comer marmita fazia parte do esforço para baixar os custos e tornar competitiva a lojinha que vendia quase tudo: tecidos, calçados, chapéus e guarda-chuvas. José Alencar decidiu que iria retirar o mínimo possível dos lucros da loja para suas despesas pessoais, e assim o fez: a quantia mensal que gastava consigo era tão reduzida que correspondia à metade do magro salário que ganhava quando era empregado. Todo o resto era reinvestido em seu negócio. Esse foi o ponto de partida para outros empreendimentos que, em 1967, iriam resultar na Companhia de Tecidos Norte de Minas – a Coteminas. Hoje, a empresa possui 11 fábricas, produz 110 mil toneladas de tecido e fatura anualmente cerca de 1 bilhão de reais. José Alencar iniciou também uma carreira política. Foi senador pelo estado de Minas Gerais, e sua imagem de seriedade e de respeito à ética lhe valeram o convite para ser Vice-presidente da República no governo Lula por duas vezes. Sobre a experiência que tirou de sua participação no governo, José Alencar diz: "As lições são muitas. A gente aprende todo dia na vida pública. Agora, eu poderia dizer que uma das mais importantes lições é a convicção, a consciência de que o trabalho honrado pode nos levar a um novo tempo no Brasil".

Imagem de pioneirismo e Visão: Leon Feffer

Aos 15 anos, o jovem Feffer fabricava velas e cigarros em casa para depois vendê-los nas ruas e ajudar a sustentar a família. Mais tarde, ao imigrar da Ucrânia para o Brasil, começou a trabalhar com um produto que seria a base de sua trajetória empreendedora: o papel. A princípio, Feffer o comprava nas fábricas e o revendia para as papelarias paulistanas. Visitava os clientes de bonde e armazenava a mercadoria no porão da casa alugada onde morava com os pais. Mas o espaço logo ficou pequeno, e ele transferiu o negócio para um local maior. Em pouco tempo, já estava expandindo sua área de atuação: montou uma loja e uma tipografia e começou a produzir papéis e envelopes.

Com o advento da Segunda Guerra Mundial, a importação de celulose, a matéria-prima para a fabricação de papel, ficou comprometida. Feffer, então, decidiu pesquisar novas alternativas. Com a ajuda de seu filho, Max Feffer, e do químico Benjamin Solitrenick, que trabalhou com a família entre 1955 e 1988, Feffer liderou, a partir de 1954, a pesquisa que mostrou a viabilidade de se produzir papel de alta qualidade com celulose de eucalipto. A empresa de Feffer, a Suzano Papel e Celulose, passou a ser responsável pelo início da produção mundial da celulose de eucalipto em larga escala, firmando-se como pioneira na produção de papéis que utilizam 100% desta fibra. A Suzano é, atualmente, uma das maiores produtoras de celulose e papel da América Latina. Sua capacidade de produção anual atinge aproximadamente 820 mil toneladas de papel de vários tipos e 1,1 milhão de toneladas de celulose de eucalipto. Feffer deixou sua marca na história também como empreendedor social: ele foi o idealizador do Albert Einstein, um dos melhores hospitais do Brasil. "Não se vive só de pão e não se vive só daquilo que se faz para si. Devemos também fazer alguma coisa para os outros", dizia ele.

Imagem de responsabilidade e iniciativa: Viviane Senna

O desejo de dar vida ao sonho do irmão, o piloto Ayrton Senna, morto em um acidente automobilístico, fez com que Viviane Senna encarasse um dos maiores desafios de sua vida: criar uma fundação voltada para a educação. "Em março de 1994, Ayrton conversou comigo. Ele queria realizar alguma coisa sistemática que ajudasse crianças e jovens a ter oportunidades para se desenvolverem. A desigualdade social, especialmente refletida nas novas gerações, o incomodava", relembra Viviane. "Ficamos de falar mais depois, mas não deu tempo. Após o acidente, minha família decidiu que deveríamos realizar o sonho de Ayrton. Em agosto daquele ano, demos início à estruturação do Instituto. Após um ano e meio passei a me dedicar integralmente à presidência da organização, que crescia rapidamente com novos projetos e ações". Foi assim que nasceu o Instituto Ayrton Senna, cujo objetivo era direcionar para projetos sociais os fundos arrecadados por meio de contratos de utilização das marcas Senna e Senninha e da imagem do piloto.

Psicóloga de formação, Viviane revelou-se uma empreendedora social de primeira linha. Desde sua fundação, o Instituto Ayrton Senna já investiu mais de 160 milhões de reais e atendeu mais de 8 milhões de crianças em 1.360 municípios, melhorando a formação de 410 mil educadores. E tudo isso por meio de nova forma de trabalhar na área social, trocando a filantropia assistencialista por uma abordagem empresarial. "A lógica de nosso trabalho baseia-se no princípio de que todos nascem com potenciais e precisam de oportunidades para desenvolvê-los, tornando-os uma realidade concreta. Ayrton é um exemplo claro do potencial que se realizou porque ele recebeu oportunidades. Diante disso, assumimos como missão ajudar a criar essas oportunidades", explica Viviane. E conclui: "Assim como Ayrton, o Instituto também acredita que todo mundo nasce para ser campeão na vida".

Criando uma impressão positiva

Você sabe que imagem transmite? As opiniões que os demais têm a seu respeito correspondem às que você tem de si mesmo? Muita gente não faz a menor ideia da imagem que está passando. Outros sentem orgulho ao afirmar que não ligam para o que os outros podem pensar. É claro que devemos ter independência e confiança suficientes para não nos tornarmos escravos das opiniões alheias. Contudo, é preciso lembrar que, para obter um emprego ou uma promoção, para fechar um negócio, atrair investidores, ascender profissionalmente e até mesmo para iniciar um relacionamento amoroso, temos de vender uma boa imagem de nós mesmos.

Vender uma boa imagem não tem a nada a ver com fazer de tudo para agradar. Ao contrário: quem faz isso acaba passando uma imagem de insinceridade e falta de personalidade. Vender uma boa imagem é ter certeza de que você está transmitindo suas melhores qualidades. E isso é feito por meio da segurança, da honestidade, da convicção, do entusiasmo e da confiabilidade que você transmite. Robert Woodruff, o homem que presidiu a Coca-Cola durante décadas e a transformou em um império, foi direto ao cerne da questão quando disse: "O vendedor precisa conhecer e estudar a si próprio. Sua personalidade precisa ser autêntica. Não pode ser ardilosa e superficial. Os maiores vendedores têm sido capazes de projetar a si mesmos – isso se chama vender-se". E isso não se refere apenas a quem trabalha com vendas diretas. Seja qual for sua área de atuação, para ter sucesso é preciso vender uma boa imagem de si mesmo. Por mais que alguém tenha um currículo brilhante, dificilmente vai conseguir convencer um futuro empregador de que é a pessoa certa para trabalhar em sua empresa mostrando-se inseguro, desanimado e não confiável. A única coisa que conseguirá com isso é levantar dúvidas quanto à sua competência e determinação. Talvez essa imagem não corresponda à realidade. Mas, se é essa a imagem que você está passando, é por ela que você será julgado.

É assim que as coisas funcionam, e há bons motivos para isso. Você já ouviu dizer que a primeira impressão é a que fica? Pois trata-se da mais pura verdade. São naqueles segundos iniciais em que se estabelece o primeiro contato entre você e a pessoa que irá investir em sua ideia ou contratá-lo para um emprego que as coisas realmente essenciais são decididas. Uma série de fatores – muitos deles subjetivos e inconscientes – serão combinados para fazer com que a outra pessoa extraia, processe e registre a primeira impressão dela a seu respeito. E essa primeira impressão é tão poderosa que irá determinar todo o curso dos acontecimentos: se existirá empatia ou antipatia, receptividade ou rejeição, abertura ou indiferença. É claro que o fechamento de um acordo levará mais do que alguns segundos para ocorrer. Acordos são feitos mediante negociações. Mas só é possível chegar à negociação se, antes, o outro tiver registrado uma impressão favorável a seu respeito naqueles minutos, ou segundos, iniciais. Nos últimos anos, neurocientistas e psicólogos têm se dedicado a estudar o mecanismo que nos leva a tomar decisões intuitivas num piscar de olhos; a decidirmos, em segundos, se gostamos ou não de determinada pessoa e a formarmos uma imagem mental, ou até mesmo uma opinião, de algo ou de alguém, a partir de nossas impressões iniciais. Esse mecanismo vem sendo chamado de *"adaptive unconscious"*, ou inconsciente adaptador. O termo foi cunhado por Timothy Wilson, professor da Universidade de Virgínia (EUA) e autor do livro *Strangers to ourselves: discovering the adaptive unconscious* (em tradução livre, "Estranhos para nós mesmos: descobrindo o inconsciente adaptador"). De acordo com Wilson, o inconsciente adaptador pode ser definido como processos mentais inacessíveis à consciência, mas que influenciam julgamentos, sentimentos, comportamentos e decisões. O professor e Ph.D. Frank Bernieri, da Oregon State University, nos EUA, que também estuda o assunto, diz: "A primeira impressão é uma reação emocional, e não racional. Por isso ela é tão profunda e poderosa". Segundo Bernieri, todos os aspectos da personalidade de uma pessoa estão imbuídos em seu comportamento, de forma que um perfeito desconhecido pode captar esses aspectos de forma rápida e instintiva.

Os estudos mencionados anteriormente indicam que as impressões iniciais são muito mais poderosas do que poderíamos imaginar, pois estão ligadas a um mecanismo de defesa e proteção que o ser humano desenvolveu para sobreviver como espécie. Nossos antepassados que viviam nas cavernas tinham apenas uma fração de segundo para decidir se um estranho que se aproximava era amigo ou inimigo – a demora para chegar a uma conclusão poderia significar a diferença entre a vida e a morte. Hoje, de modo geral, não estamos expostos aos mesmos perigos que nossos ancestrais, mas esse mecanismo de proteção continua em ação, enviando-nos sinais instantâneos sobre pessoas ou situações. É possível que esses sinais nem sempre correspondam à verdade – podemos ter uma má impressão em relação a alguém que, na realidade, não é assim tão ruim quanto nos pareceu à primeira vista. O problema é que é muito difícil mudar essa impressão, já que nossa tendência é confiar em nossos instintos. Assim sendo, em vez de tentar lutar contra isso ou de queixar-se que a vida é injusta, uma pessoa orientada para o sucesso preocupa-se em causar uma boa impressão logo de cara. Mesmo porque, às vezes, essa impressão inicial que alguém registra a seu respeito pode ser sua única chance. Como você poderia convencer um funcionário de recursos humanos que, por algum motivo, teve uma impressão desfavorável a seu respeito durante uma entrevista de emprego que ele está errado e que fará um bom negócio ao contratá-lo? Ou como convencer um investidor que não simpatizou com você de que o seu projeto é excelente?

Para complicar um pouco mais, muitas vezes nem ao menos percebemos que causamos uma impressão desfavorável, e muito menos os motivos pelos quais isso aconteceu. Pensamos: "Mas meu projeto era perfeito!", ou "Eu tinha todas as qualificações necessárias para aquele cargo", ou, ainda, "Com certeza eu estava pronto para aquela promoção", sem nos darmos conta de que o problema é de outra natureza. Antes mesmo que nossos projetos, ideias, méritos e qualificações fossem avaliados, nossa personalidade já o foi.

As primeiras impressões podem estar erradas, mas elas deixam sua marca mesmo assim. Portanto, não perca tempo tentando provar a uma pessoa que ela se enganou a seu respeito. Em vez disso, preocupe-se em causar uma boa impressão desde o início.

A boa notícia é que você pode – e deve – ter mais controle sobre a primeira impressão que você provoca em alguém. Ao lerem estas linhas, muitos dirão: "Mas eu não sou carismático, não nasci com uma personalidade 'magnética'". É verdade que algumas pessoas parecem ter o "dom" de causar uma impressão favorável naturalmente, sem esforço algum. Contudo, isso ocorre porque elas aprenderam a lidar com uma série de fatores que contribuem para transmitir uma imagem favorável. Aqui estão alguns deles:

- **Cuide da aparência.** Use a roupa certa para o lugar certo.
- **Prepare-se com antecedência.** Obtenha informações sobre a empresa ou sobre a pessoa com quem você irá falar.
- **Ouça com atenção.** Demonstre interesse pelo que o outro está dizendo.
- **Demonstre convicção.** Acredite no que você está dizendo.
- **Use bem a linguagem.** Seja objetivo e conciso, mas também seja simpático, na medida certa. Evite falar como um "robô", despejando informações como um autômato. Evite também a prolixidade, isto é, estender-se tanto na conversa a ponto de perder o foco. Há pessoas que repetem milhares de vezes as mesmas palavras e expressões, sem se dar conta disso. Mas quem está ouvindo sempre se dá conta, e o efeito pode ser irritante. Para perceber seus vícios de linguagem, fale algum tempo diante de um gravador e depois escute com atenção.
- **Cuidado com os extremos.** Não seja excessivamente frio e distante, nem excessivamente íntimo e pessoal. Um pouco de espontaneidade não faz mal a ninguém.
- **Controle sua expressão corporal.** Não dá para demonstrar entusiasmo com os ombros caídos e o rosto desanimado. Uma postura muito tensa

indica nervosismo. Uma postura relaxada demais, do tipo "largada", pode ser interpretada como falta de educação ou desinteresse. Tiques nervosos, como roer unhas, passar a mão no cabelo o tempo todo e outros, dizem muito a seu respeito e costumam indicar insegurança. Tente evitá-los.

- **Tenha atenção ao objetivo.** Lembre-se de que causar uma impressão positiva não é o mesmo que tentar impressionar. O objetivo não é "dar uma de bacana", mas apenas expressar com convicção e sinceridade o que você tem de melhor.

Aprender a dominar esses fatores requer especial atenção à comunicação e aos relacionamentos, o que será visto em mais detalhes ao longo deste livro. Contudo, existe um fator sem o qual os outros simplesmente não funcionam: trata-se da autoestima.

Quando a pessoa e a marca se confundem: Eliana

Quem era criança no início dos anos 1990 se lembra de Eliana como presença constante na tela da TV. Quem assiste TV hoje, independente da idade, também. A apresentadora do *Festolândia* e do *Bom Dia & Cia*, uma atração que completou 30 anos em 2023, é a mesma do *Eliana & Alegria*, do *Eliana na Fábrica Maluca*, do *Eliana no Parque* e do programa de auditório criado em 2009 e que continua a ocupar as tardes de domingo do SBT neste início dos anos 2020. O nome dele? Eliana, pura e simplesmente. Depois de 30 anos de carreira, só o prenome já basta.

"Nada veio fácil", alertou ela em depoimento ao jornal *Extra*. "Vivemos num país machista, patriarcal, no qual a valorização da carreira feminina ainda está aquém da masculina." De fato, ela é a única mulher a comandar um horário na disputada grade de programação dos domingos. E hoje falando para adultos, depois de uma década e meia como apresentadora infantil. "Precisei entender esse novo lugar, onde poderia ser uma mulher adulta em cena, pois falava agora para outras mulheres."

Não que ela se fie num desafio por vez: do *reality show Ideias à Venda*, do Netflix, à administração de sua marca de licenciamento, que tem mais de 160 itens, e até mesmo um bloco popular do Carnaval de Salvador, Eliana não para. "Amo os desafios", disse ao portal Metrópoles. "Também cuido dos meus negócios e sou minha própria empresária há anos."

Autoestima e autoconfiança

"A 'autoimagem' é a chave da personalidade e do comportamento humano.
Mude sua autoimagem e você mudará sua personalidade e seu comportamento."

Maxwell Maltz

Nossa imagem pública, isto é, a imagem que transmitimos aos outros, está ligada à nossa autoimagem – ou seja, à imagem que temos de nós mesmos. E a autoimagem está ligada à autoestima. Problemas com a autoestima afetam irremediavelmente a imagem, bem como as chances de chegar ao sucesso.

Autoestima é a capacidade de se aceitar e de se valorizar. Em outras palavras, é a capacidade de gostar de si mesmo. Quem tem uma autoestima muito baixa sabota o seu próprio potencial e só enxerga o que tem de pior – às vezes até de forma exagerada e distorcida. É isso que ele pensa de si, é assim que ele age e, consequentemente, é assim que os outros irão enxergá-lo.

Imagine uma pessoa com boa autoestima sendo elogiada por ter realizado um trabalho bem-feito. Ela se mostra à vontade com os elogios, porque sabe que merece. Agradece, compartilha os méritos – se houver méritos a serem compartilhados – e pronto. Já alguém com baixa autoestima reagiria assim: "Não sei por que estão me elogiando, logo eu. Detesto chamar a atenção. Elogios me fazem ficar envergonhado. E, depois, eu não fiz nada demais. Vai ver que eu dei sorte". E o pior é que ele não apenas pensa assim, mas chega a falar assim na frente dos outros! Ou, então, quando alguém elogia sua roupa, a pessoa diz: "Faz tempo que não tenho dinheiro para comprar roupas. Só comprei essa porque estava em liquidação. E ainda por cima está com um defeito bem aqui, está vendo?". Não, ninguém estava vendo defeito algum – só passaram a ver depois que foi mostrado. Essas pessoas não apenas rejeitam elogios como também se esforçam para provar que não os merecem. Isso não é modéstia. Modéstia é aceitar congratulações de forma discreta. Recusá-las e sentir-se indigno delas é falta de autoestima.

No extremo oposto do espectro estão aqueles que são demasiadamente arrogantes e vaidosos, que se acham o centro do universo. Eles sequer esperam por elogios, porque nunca perdem a oportunidade de se autoelogiarem. Acreditam que estão sempre certos, que tudo o que fazem é perfeito e que, portanto, são melhores do que os outros. Não se engane pensando que alguém assim possui uma boa autoestima. Na verdade, é o contrário. Sua autoestima é tão frágil que eles não são capazes de lidar com críticas e com opiniões contrárias, não conseguem encarar suas fraquezas e não têm coragem de admitir os erros nem de avaliar corretamente a sua performance. Por isso, preferem esconder o lixo sob o tapete e viver de ilusões.

Os sinais de que estamos com baixa autoestima nem sempre são evidentes para nós mesmos. Muitas vezes usamos uma série de desculpas para justificar a má opinião que temos a nosso respeito. Outras vezes, ela se manifesta sob a forma de sentimentos e sensações negativas. Costumamos associar a causa desses sentimentos e sensações a fatores externos, sem perceber que é nossa reação moldada pela baixa autoestima que realmente está produzindo ou ampliando o efeito negativo. Em outras ocasiões, associamos isso à nossa personalidade, dizendo coisas como: "Não tenho sorte", ou "Nada dá certo para mim". Mais uma vez deixamos de perceber o verdadeiro problema: se nossa personalidade está assim tão negativa, é porque ela foi contaminada pela falta de autoestima.

Se você se identificar com algumas das características listadas a seguir, é porque está precisando de uma dose urgente de autoestima:

- **Inadequação:** sentir-se desajeitado ou deslocado em todos, ou quase todos, os lugares.
- **Perfeccionismo em excesso:** achar que nada do que você faz é bom o bastante e torturar-se com padrões de perfeição impossíveis de ser alcançados. Não se permitir errar.
- **Dúvidas constantes:** não confiar em si mesmo e se deixar paralisar pelas dúvidas.
- **Necessidade de agradar:** viver em função das expectativas dos outros como forma de obter atenção, reconhecimento e afeto.
- **Medo de se expor:** insegurança para expressar suas opiniões e até mesmo a sua vontade.
- **Incapacidade de lidar com críticas:** seja por tomá-las como um ataque pessoal, seja por ignorá-las completamente – ainda que tenham algum fundamento.
- **Deixar-se explorar:** não saber impor limites à conduta dos demais, permitir que os outros tirem proveito de seu trabalho e de sua amizade.
- **Extroversão forçada:** exagerar no entusiasmo para disfarçar o fato de que você não se sente bem consigo mesmo.
- **Rabugice:** estado perpétuo de irritação motivado pela insatisfação generalizada.
- **Dependência:** precisar dos outros para tudo por achar que não consegue fazer nada sozinho.

- **Negativismo:** sensação constante de incapacidade e impotência.
- **Falta de propósito e de motivação:** desânimo, sensação de não saber quem você é e para onde está indo.

Autoestima requer equilíbrio. Quem tem autoestima sabe avaliar as críticas sem se deixar abater. Reconhece suas fraquezas e aprende a lidar com elas. Admite os erros e os usa como aprendizado. É capaz de se dar um puxão de orelha quando necessário, mas sem se torturar inutilmente. Admira os méritos dos outros sem se sentir inferiorizado. E é capaz de congratular-se intimamente por suas vitórias, de apreciar suas próprias realizações sem que isso o torne arrogante ou pretensioso. Enfim, é uma pessoa que sabe se dar o devido valor, e que por isso potencializa suas chances de chegar ao sucesso.

A melhor coisa que você pode fazer por si mesmo é aprender a controlar a insegurança e aumentar sua autoestima. Ou, como disse o médico e escritor Maxwell Maltz: "A venda mais importante que você tem que fazer na vida é vender você para você mesmo". Existem algumas regras de ouro para ajudá-lo a obter êxito nesse processo. Preste atenção:

As regras de ouro para manter a autoestima em alta

Aceite a si mesmo. Não se concentre apenas na aparência

Pouca gente está satisfeita com a aparência que tem. Até mesmo modelos e estrelas de cinema costumam reclamar de seu visual. O fato é: algumas coisas podem ser mudadas, como o peso, a cor do cabelo, o formato do nariz, o modo de se vestir. Mas muitas coisas não. É saudável ter uma certa preocupação com a aparência; o que não é saudável é transformar isso em obsessão e motivo de infelicidade. Se quiser se tornar atraente, invista em sua personalidade e desenvolva o seu próprio estilo. Torne-se uma pessoa interessante, que sabe manter uma conversa agradável e sabe tratar os outros bem. E não perca seu tempo tentando agradar pessoas superficiais, que valorizam apenas o aspecto exterior: elas não valem a pena.

Pare de ser o seu pior inimigo. Não faça a si o que você não faria aos outros

Se um amigo lhe contar que está passando por dificuldades no trabalho, o que você lhe diria? Provavelmente lhe diria para não desanimar, para ter fé nele mesmo que as coisas vão se resolver. Mas se é você que está passando por dificuldades, o que é que você diz a si próprio? Que deve se preparar para o pior, que a situação não tem saída e que é tudo culpa sua porque você não merece ser feliz? O que você ganha tratando tão mal a si mesmo? Mude esse hábito já! A vida tem sua dose de dificuldades. Não se torne uma pedra no caminho de seu próprio sucesso.

Descubra e valorize seus pontos fortes

Todos têm seus pontos fortes e fracos, até os ricos e bem-sucedidos. E se o mundo os vê como vencedores é porque eles souberam valorizar e tirar partido do que têm de melhor, em vez de fazer o contrário. O empresário Herb Greenberg, cuja história você leu na primeira parte deste livro, disse: "Todo mundo tem suas forças e fraquezas – faz parte da condição humana. Os verdadeiros vencedores são aqueles que conhecem sua força e se mostram capazes de criar situações nas quais possam expressar suas habilidades únicas. Essas pessoas não estão apenas fazendo sucesso. Estão fazendo sucesso nos seus próprios termos".

Encare seus pontos fracos como desafios, e não como desculpas

Chega de remoer suas fraquezas e de usá-las como desculpas para não sair do lugar. A forma mais saudável de lidar com elas é reconhecendo-as e tentando superá-las como for possível. Por exemplo, se você não sabe se comunicar, esse é um ponto fraco que pode ser melhorado.

Com suficiente determinação, você poderá aprender a fazer isso. Talvez você acabe desenvolvendo o talento de um grande comunicador. Ou talvez essa não venha a ser a área na qual você irá se destacar mais. Mas pelo menos a comunicação deixará de ser uma barreira em sua vida. Contudo, é preciso ter bom senso para não transformar um processo de aperfeiçoamento em uma busca pela perfeição impossível. Ninguém é perfeito. Mas isso não quer dizer que não podemos tentar melhorar o que deve ser melhorado.

Mantenha seu saldo positivo: relembre e valorize suas conquistas

Você é daqueles que só contabiliza os insucessos? Que lembra de tudo o que deu errado nos últimos 20 anos ou mais, mas que nunca conta as vitórias e conquistas? Então é necessário equilibrar sua contabilidade imediatamente. Em vez de repassar as dificuldades em sua mente como um filme repetido, pense em como você conseguiu sair delas. Relembre suas vitórias uma a uma, desde a infância. Reviva novamente o prazer que sentiu nesses momentos. E se achar que não tem nada para comemorar, pense de novo. Conquistas não são apenas promoções, grandes realizações, prêmios e homenagens. Terminar o dia com a certeza de que fez um trabalho bem-feito é uma conquista. Acordar de manhã disposto a dar o melhor de si é uma conquista. Saber que você atravessou uma semana difícil sem se deixar abater é outra conquista. Todos nós temos nossas lutas e vitórias cotidianas. Aprenda a valorizá-las.

Cada pessoa é única. Não se compare aos outros

Existe uma grande diferença entre inspirar-se no exemplo de alguém e comparar-se a alguém. No primeiro caso, olhamos para os outros com o olhar e a atitude de quem está tentando aprender. Buscamos compreender como as pessoas superaram desafios e de que forma usaram sua criatividade e suas energias para tornarem-se bem-sucedidas. No segundo caso, estamos usando as pessoas como medida do nosso sucesso ou insucesso, muitas vezes sem saber se o sucesso que invejamos é real ou apenas aparente. Todos têm sua importância e sua razão de existir. Seja você mesmo a medida de seu sucesso.

Orgulhe-se de suas raízes e de sua história de vida

Muitas pessoas de sucesso começaram a vida na pobreza ou em condições extremamente difíceis – parte das histórias que você viu nesta e na primeira parte são apenas alguns exemplos. Mas, longe de envergonharem-se de suas origens, os empreendedores vitoriosos orgulham-se delas. Eles valorizam as lições que aprenderam nos tempos difíceis e entendem que as adversidades os ajudaram a forjar o seu caráter e a tornar suas conquistas ainda mais impressionantes. Não desvalorize suas origens e sua história de vida, porque assim você desvalorizará a si mesmo. No livro *Você é a sua melhor marca*, o autor, Jussier Ramalho, que passou a infância e a adolescência na penúria, mas se tornou um bem-sucedido empreendedor, diz: "Não podemos escolher as condições de nosso nascimento, mas podemos lutar para melhorar as condições nas quais passaremos o resto de nossas vidas". Aceite esse fato e orgulhe-se de onde você veio. Só assim poderá se orgulhar de quem você é e até onde chegou.

Mantenha relacionamentos saudáveis

Relacionamentos abusivos e baseados na exploração são um verdadeiro veneno para a autoestima. Como é que você pode se valorizar se permite que os outros o desvalorizem? Se vivemos relacionamentos assim no passado, é possível que passemos a confundir isso com amor e afeto. O resultado é que continuamos a manter os tipos de relações pela vida afora. É preciso se libertar desse círculo vicioso. Ofensas são ofensas, desrespeito é desrespeito. Não tente tapar o sol com a peneira e arranjar desculpas para o comportamento abusivo que outras pessoas têm em relação a você. Pare de dizer coisas como: "Ele estava nervoso", ao referir-se àquele patrão que gritou com você, ou "Ela falou sem pensar", ao referir-se àquela namorada que o ofendeu. Entenda que você merece ser respeitado e exija respeito. Posicione-se com firmeza. Deixe claro que você não vai aceitar esse tipo de tratamento. E se mesmo assim a conduta do outro não mudar, mude você. Trate de investir em relacionamentos mais saudáveis, baseados na consideração e no respeito mútuo. Entenda que você merece ser amado e respeitado, e não se contente com menos do que isso.

Dê uma chance a si mesmo: aprenda com os erros e pare de se punir

Errar é humano. Você já ouviu isso um milhão de vezes. Mas será que adiantou? Erros acontecem e não definem a vida de ninguém. É o que aprendemos com nossos erros que nos define. Aprender não é se culpar, se lamentar e se torturar. Não é se xingar nem ficar repetindo a si mesmo as mesmas acusações como uma vitrola quebrada. Aprender significa entender o que aconteceu e por que aconteceu, o que deveria ter sido feito e o que não poderia ter sido feito. Depois disso, há que se ver se é possível corrigir a situação e, se não for, paciência. Aceite as consequências e console-se sabendo que, da próxima vez, você estará mais atento e mais experiente. Por fim, é necessário desculpar-se caso outras pessoas tenham sido afetadas pelo seu erro. E pronto, acabou-se. Extraídas as lições, não há mais nada a fazer a não ser abandonar o assunto e seguir em frente. Qualquer coisa além disso não é aprendizado – é parar o tempo e ficar congelado no erro, o que o torna ainda pior.

Saiba sempre quem você é

Conhecer a si mesmo é fundamental para manter uma boa autoestima. Tem gente que pode dizer: "Mas eu me conheço e não gosto do que vejo". Quem diz isso não se conhece de verdade, ficou só na superfície. Está se olhando através das lentes do desejo de agradar, da necessidade de "fazer parte", dos erros, das expectativas alheias, das comparações, dos ideais fantasiosos de perfeição e das crenças negativas. E, se for assim, é bem provável que não goste mesmo do que está vendo: você está se enxergando por meio de um espelho que distorce a imagem. O autoconhecimento é ir além disso. O que há lá no fundo? Quem você realmente é? Do que gosta e do que não gosta? O que quer da vida? Que valores preserva? Que sonhos persegue e de que forma os persegue?

Manter essas respostas claras em sua mente é a melhor forma de se valorizar e de parar de sofrer por causa de uma imagem distorcida que você próprio criou.

Cultive o bom humor

Manter o bom humor é ter uma visão positiva da vida. É o contrário do sarcasmo, aquele humor sardônico que muitas vezes encobre o desdém. Ser bem-humorado não é andar por aí contando piadas. É saber dar às coisas o seu devido valor e não gastar energias irritando-se com mesquinharias. É sair daquele pequeno mundo paranoico e claustrofóbico no qual tudo gira em torno de nós, tudo conspira contra nós, e aprender a rir de si mesmo de vez em quando. É incrível o tempo que gastamos nos desesperando com coisas insignificantes, quando na verdade deveríamos apenas rir delas e tocar o barco. E quando as coisas são realmente sérias, é aí que, mais do que nunca, precisamos recorrer ao bom humor. Não se trata de encarar levianamente o que é sério — isso é inconsequência, e não bom humor. O bom humor nos impede de ver apenas o lado negro da situação e nos ajuda a preservar energias para trabalhar na solução do problema. E, é claro, faz com que nos tornemos pessoas mais simpáticas e agradáveis, o que com certeza contribui para melhorar nossa imagem, expandir os relacionamentos e, com isso, criar oportunidades.

Não estabeleça objetivos fantasiosos. Descubra sua vocação

Cada um de nós nasceu para realizar um propósito. Há pessoas que se tornam famosas nos esportes, nas ciências, nas artes, nos negócios. Outras não se tornam famosas, mas obtêm reconhecimento e realização fazendo bem o que gostam de fazer. Não é a fama que define a realização, mas a sensação de que você está cumprindo o seu propósito, de que você encontrou sua vocação. Encontrar a vocação é recuperar a autoestima, pois isso elimina aquele incômodo sentimento de que perdemos o rumo e estamos desperdiçando nossas vidas. Mas para encontrar a vocação é preciso se aceitar e parar de perseguir objetivos fantasiosos. Suponha que você queira ser um grande jogador de futebol. Para atingir esse objetivo, é preciso ter certas aptidões naturais. Sem elas, não há treino ou prática que resolva. Suponha que você não tenha essas aptidões naturais. O que vai fazer? Passar a vida perseguindo uma fantasia? Sentir-se frustrado e inferiorizado porque não nasceu para ser um novo Pelé? Fantasia não é vocação, nem sonho, nem objetivo. É uma meta irreal e inalcançável, que muitas vezes serve de desculpa para não fazermos nada: enquanto perdemos tempo fantasiando com o que não podemos fazer, deixamos de fazer aquilo que realmente podemos. A vocação é necessariamente algo para o qual temos talento. Se não temos talento para determinada coisa, então ela não é nossa vocação, é apenas uma fantasia. A realização máxima a que podemos aspirar como seres humanos é descobrir nosso talento, aquilo para o qual nascemos, e expressá-lo por meio de nossa vida e de nosso trabalho – seja ele qual for. Descobrir seu talento e encontrar sua vocação requer autoconhecimento. Você deve se conhecer o suficiente para saber o que é que você faz muito bem e com muito prazer, aquilo que lhe dá uma sensação de realização e propósito. Essa é a sua vocação.

Assertividade e convicção

Um elemento importantíssimo para construir uma imagem positiva e aumentar a autoestima é a assertividade. Trata-se da capacidade de expressar pensamentos, opiniões e sentimentos de forma clara e objetiva, sem hesitação e também sem agressividade. Uma pessoa assertiva transmite uma imagem de segurança e autoconfiança. Ela não se deixa manipular para aceitar ou fazer o que não pode ou não quer. Por isso, a pessoa assertiva não se sente mal consigo mesma por ter concordado com algo contra a vontade e não se compromete aceitando compromissos que não pode cumprir.

Para deixar mais claro o que é a assertividade, veja as características de quem **não** a tem:

- Diz sim quando gostaria de dizer não.
- Mesmo sabendo que está com a razão, acaba cedendo por sentir-se pressionado, culpado ou intimidado.
- Concorda com tudo o que os outros dizem porque tem medo de se expor.
- Não concorda com nada e não se dá ao trabalho de explicar o motivo.
- Explica demais e não convence ninguém.
- Tem a sensação de que ninguém o escuta e de que não é levado a sério.
- Está sempre fazendo coisas que não queria e não gostaria de fazer e nem sabe por quê.
- Tem a sensação de que os problemas dos outros sempre estouram em suas mãos.
- Provoca bate-bocas quando tenta se justificar.
- Conhece suas justificativas, mas não consegue explicá-las aos outros.
- Tem a impressão de sempre levar a pior numa discussão.
- Depois de uma discussão, fica pensando no que poderia ter dito e não disse.

Agora vamos ver o que a assertividade não é. Ela não é uma forma beligerante de se impor, desconsiderando a opinião dos outros e tentando impor a sua opinião na base da força. Também não se trata de falar tudo o que lhe passar pela cabeça, nem de dizer "a verdade", doa a quem doer. Assertividade é defender seu ponto de vista de forma clara e honesta, sem desvalorizar ou desqualificar as pessoas com quem você está falando e sem atacá-las. A pessoa assertiva expõe sua opinião sem transformar a discussão em bate-boca e, ao fazer isso, abre as portas para o diálogo e a compreensão.

Uma das principais dificuldades que as pessoas enfrentam ao tentarem se expressar de forma assertiva é aprender a lidar com a manipulação. Imagine a seguinte situação: seu chefe quer que você execute uma longa e complicada tarefa sem lhe oferecer os meios adequados e num prazo impossível de ser cumprido. Ele lhe diz: "Essa tarefa é fundamental para o nosso departamento. Precisamos de gente que vista a camisa da empresa. Se você não quiser vestir a camisa, é só avisar. Posso contar com você?". O que você faz? Diz não e se queima por ter recusado ou diz sim e depois se queima por não poder fazer?

A situação indica que seu chefe está com problemas de organização. Ele deixou algo urgente para a última hora e não providenciou os meios necessários para que isso fosse feito. Ou seja, ele está tentando passar a "batata quente" para as suas mãos. E está fazendo isso por meio da chantagem emocional, manipulando o seu receio de ser demitido ou de ser malvisto por seus superiores. O que ele realmente está dizendo é: "O problema agora é seu. Trate de resolvê-lo se quiser continuar trabalhando aqui". Obviamente, você não pode dizer tudo isso a ele. Mas também não pode cair na armadilha. A solução é falar de forma assertiva.

Observe esta resposta: "O senhor tem razão, essa tarefa é muito importante. Por isso mesmo deve ser feita da melhor maneira possível. Sem tais e tais condições, a execução da tarefa ficará comprometida, e nenhum de nós dois quer isso. Como podemos resolver a questão?". A resposta começa achando-se um ponto de concordância – "O senhor tem razão, a tarefa é importante". Se começasse com uma negativa ("Não vai dar", "Não posso fazer", "Isso é impossível"), você provocaria reações negativas. Mas ao dar razão ao seu chefe logo de início, você o está desarmando e o deixando mais predisposto a ouvi-lo. Ao prosseguir, você usa o próprio argumento dele para fortalecer o seu – "por ser importante, a tarefa deve ser feita em tais condições". Você o adverte de que, sem isso, o resultado será prejudicado, e ao observar que "nenhum dos dois quer isso", fará com que ele também se comprometa com o resultado e assuma sua responsabilidade, pois cabe ao chefe prover as condições para que a tarefa seja feita. Isso é reforçado mais uma vez no final, quando você devolve a pergunta a ele. Em "O que podemos fazer?", o "podemos" indica que você está disposto a fazer sua parte, mas que para isso é necessário que ele faça a dele.

Em resumo, para se expressar de maneira assertiva, observe os seguintes pontos:

Jamais comece a falar usando expressões negativas, pois isso obrigará o outro a se defender, dando início a uma discussão. Comece sempre com frases como: "Entendo o seu ponto de vista", ou "Percebo onde você quer chegar" e outras do gênero.

Evite expressões como "eu acho que", "em minha opinião" etc. Se você "acha" alguma coisa, o outro também "acha", e enquanto cada um está tentando fazer valer a sua opinião, ninguém tem tempo para ouvir a voz da razão. Use fatos para expressar suas opiniões, pois eles são bem mais difíceis de contestar. Veja o seguinte diálogo:

– Temos de lançar esse novo produto imediatamente. Chega de testes! Precisamos recuperar os investimentos imediatamente.

– Entendo o seu ponto de vista. Realmente temos de lançar o novo produto o quanto antes. Mas veja o que aconteceu com a empresa tal: lançou um produto que não funcionava direito, teve de fazer um recall e o custo disso tudo foi de tantos milhões. Nós não queremos que isso aconteça conosco, não é mesmo? Vamos conversar com o departamento técnico para ver como é possível apressar o processo sem comprometer a qualidade do produto.

Use os argumentos do outro para fortalecer os seus. Se a pessoa está alegando que o objetivo do que ela está propondo é aumentar o lucro, otimizar a produtividade, reduzir custos ou quaisquer outros benefícios, aproveite a deixa: "É claro que nós queremos aumentar os lucros. Por isso mesmo precisamos...".

Se o outro se referir a você negativamente, não morda a isca. Se possível, ignore e reverta o jogo. Exemplo:

– Já poderíamos ter feito isso antes se você não fosse tão teimoso.

– Todos nós queremos encontrar a melhor solução. Naquele momento, porém, a situação era assim e assim. Agora o quadro mudou por tais e tais motivos.

Se não for possível ignorar a observação pessoal, exponha sua argumentação de forma concisa, atendo-se aos fatos e sem se prolongar demais. Não retribuía um insulto com outro. Em vez disso, faça com que a pessoa que o está criticando seja mais objetiva em sua crítica. Saia imediatamente do terreno pessoal. Exemplo:

– *Você está ficando cada vez mais preguiçoso. Seu último relatório estava cheio de falhas.*

– *Todos nós sabemos o quanto esses relatórios são importantes. Só na semana passada eu fiz cinco. Quando fiz esse, o departamento financeiro ainda não havia me passado todos os números. É a isso que você está se referindo? Se você achou algum outro problema, me mostre para que eu possa corrigir agora mesmo.*

A resposta acima começa com uma concordância para desarmar o outro ("todos nós sabemos o quanto esses relatórios são importantes"). Não foi necessário dizer "eu não sou preguiçoso", ou "essa acusação é injusta". Em vez disso, foi dito que "só na semana passada eu fiz cinco relatórios" – fato esse que rebate a acusação de "preguiçoso" de forma muito mais efetiva do que qualquer negação. O motivo da falha é explicado claramente em apenas uma frase ("quando fiz esse relatório, o departamento financeiro ainda não me havia passado todos os números"). A resposta termina com uma solicitação para que o outro seja mais específico em suas críticas e uma declaração que expressa a disposição de cooperar ("Se você achou algum outro problema, me mostre para que eu possa corrigir agora mesmo").

Mantenha o tom amigável, mesmo – e principalmente – se o outro estiver usando um tom mais agressivo. Aprenda a se controlar. Controlar-se não é engolir sapos, é expor sua argumentação com calma e equilíbrio – e é exatamente por isso que ela funciona. Cuide de sua imagem. Se outro perder a calma, deixe que ele se exponha como uma pessoa descontrolada, e não você.

Mantenha o foco. Não deixe que a conversa se prolongue desnecessariamente, desviando-se do assunto que deve ser tratado. Se for a outra pessoa que estiver divagando, faça observações firmes, porém educadas, como: "Essa sua história é genial. Mas conforme você estava dizendo no início...".

Use verbos na primeira pessoa do plural ("nós") de vez em quando para engajar a outra pessoa em sua argumentação e para lembrá-la sutilmente da responsabilidade que ela deve ter. Essa é, também, uma forma de dar ao outro uma saída honrosa, de levá-lo a concordar sem que ele se sinta constrangido ou humilhado. Use frases como: "Nós não queremos que isso aconteça, não é mesmo?", ou "Vamos encontrar a melhor solução".

Para desenvolver a assertividade, é importante que você esteja atento às manipulações. Elas assumem várias formas: podem apelar para os seus medos ou para as suas ambições, podem conter ameaças veladas ou lisonjas descaradas. Podem até apelar para os seus sentimentos mais sinceros, como no caso da namorada que diz: "Se você me ama, fará isso por mim". Fazer coisas que possam prejudicá-lo de alguma forma ou levá-lo a sentir-se mal consigo mesmo não é prova de amor nem prova de lealdade à empresa. É um direito seu dizer não, e para fazer isso sem provocar traumas, brigas e bate-bocas é necessário posicionar-se assertivamente.

A assertividade funciona na maioria dos casos, pois apela para a razão e a sensatez das pessoas. Mas pode não funcionar se você estiver lidando com criaturas irracionais, sem o mínimo de bom senso. Se o chefe do exemplo anterior for assim, ele ouvirá sua argumentação e dirá: "Sei lá o que podemos fazer, dê um jeito, se vire!". Caso essa seja a postura habitual dele e de seus superiores, então é preciso encarar o fato de que talvez você não esteja no lugar certo e que é hora de mudar. Se mesmo sendo assertivo e dando o melhor de si no trabalho você não está chegando a lugar algum, só lhe resta procurar outro ambiente no qual suas qualidades sejam reconhecidas e estimuladas. Talvez não seja possível mudar agora, mas você pode começar a preparar sua transição. Não permitir que o emprego se transforme numa prisão também é uma forma de ser assertivo diante da vida.

A autoconfiança e o empreendedorismo de Caito Maia

A imagem icônica do roqueiro de óculos escuros costuma sugerir mais rebeldia do que empreendedorismo. Mas, em se tratando de Caito Maia (Antonio Caio na certidão de nascimento), o tino para os negócios se revelaria mais duradouro. Desde cedo, queria ser músico e trabalhou durou para conseguir custear os estudos em uma das mais renomadas escolas de música dos Estados Unidas, a Berklee College of Music. Sua banda Las Ticas Tienen Fuego não teve combustível para ir além dos anos 1990 (embora tenha concorrido a um prêmio no MTV Video Music Brasil), mas quem disse que isso iria abalar a autoconfiança de Caito?

O ex-roqueiro é o fundador da Chilli Beans, líder de mercado em toda a América Latina no segmento de relógios, óculos de sol e acessórios. A empresa, criada em 1997, abriu seu primeiro quiosque em 2000. Hoje o fundo de investimentos Gávea é seu sócio, tendo pago um valor estimado em 100 milhões de reais por menos de 30% das ações. Tão impressionante quanto esses números é o fato de que esse histórico de sucesso no mundo do varejo veio de um fracasso no mesmo segmento: a falência da Blue Velvet, empresa que precedeu a Chilli Beans. Em vez de desistir do ramo, Caito redobrou o esforço de aprendizado de gestão financeira, já que o problema na ocasião foi de falta de controle de fluxo de caixa. Hoje, com faturamento anual de 700 milhões de reais, ele é um líder admirado e investidor cobiçado, como bem sabem os participantes do programa *Shark Tank Brasil*, do Sony Channel, de cujo júri ele faz parte.

Como controlar as preocupações

As preocupações do dia a dia podem corroer nossa autoestima. Se estamos sempre preocupados, tensos e ansiosos, como é possível passar uma boa imagem de nós mesmos? A primeira coisa a fazer é entender que nossa reação ao problema nos afeta mais do que o problema em si. A segunda coisa a fazer é entender que a preocupação constante é um hábito e, como tal, pode ser mudado. É claro que existem situações que realmente nos deixem preocupados. Preocupar-se é algo absolutamente normal – mas só até certo ponto. Há pessoas que não sabem viver sem preocupações e, sem elas, nem sequer saberiam como preencher o seu tempo e dar sentido às suas vidas. Aqui já não se trata mais de algo normal: é um hábito que já virou vício. Quando nos preocupamos, temos a ilusão de que estamos fazendo alguma coisa. Mas talvez não estejamos fazendo nada além de sofrer e gastar inutilmente nossas energias.

Preocupações podem e devem ser controladas se quisermos levar uma vida mais feliz e produtiva e transmitir uma imagem de determinação e autoconfiança. Aqui estão algumas formas de lidar com elas.

- **Viva o presente:** pare de se mortificar pelo que já passou, porque isso não pode ser mudado. E pare de se desesperar pelo que pode acontecer, porque isso nem sempre pode ser controlado.
- **Mude o que pode ser mudado, aceite o que não pode e saiba distinguir um do outro:** algumas coisas são inevitáveis e não podem ser mudadas, como a morte, por exemplo. Outras podem ser mudadas com esforço e determinação. Aceite o inevitável e canalize suas energias para aquilo que pode ser mudado.
- **Não crie tempestade em copo d'água:** evite tornar as coisas piores do que são. Assuma um distanciamento crítico em relação ao problema e

procure enxergar sua verdadeira dimensão – e não só a dimensão da sua preocupação.

- **Não encare as dificuldades como castigo:** em vez de pensar que a vida o está punindo, pense no que a vida está tentando lhe ensinar.
- **Saiba pedir ajuda:** não seja tão orgulhoso a ponto de pensar que pode dar conta de tudo sozinho. Desabafe com um amigo de vez em quando. Talvez ele não possa ajudá-lo materialmente, mas poderá prestar-lhe um grande auxílio apontando soluções nas quais você não havia pensado, fazendo-o enxergar o problema por outro ângulo, reforçando sua autoestima ou simplesmente escutando-o.
- **Controle suas expectativas:** evite os extremos. Nutrir expectativas fantasiosas pode lhe render decepções e preocupações. Esperar pelo pior é antecipar-se aos fatos e preocupar-se com algo que talvez jamais venha a acontecer. Seja otimista, mas com os pés no chão.
- **Aprenda a relaxar:** conforme disse Albert Einstein, "nenhum problema é resolvido no mesmo estado de espírito em que foi criado". Desanuviar a mente ajuda a encarar o problema sob novas perspectivas. Você pode perceber que a solução estava bem na sua frente, a preocupação é que não o deixava enxergá-la.
- **Invista sua energia em soluções, e não em lamentações:** desabafar é uma coisa, lamentar-se e choramingar é outra. Não se deixe paralisar pela autopiedade. Ela só serve para aumentar a preocupação e a sensação de impotência, além de ser péssima para sua autoestima e sua imagem.
- **Antecipe o que pode ser antecipado e tenha jogo de cintura para lidar com imprevistos:** algumas preocupações podem ser evitadas se você se antecipar aos problemas. Quando alguém vai fazer uma viagem de carro, deve antes encher o tanque e levar o veículo na oficina para uma revisão. Podem ocorrer alguns imprevistos na viagem, mas com certeza você não terá problemas com o combustível nem com defeitos que já foram solucionados pelo mecânico. Adote a mesma postura diante da vida.
- **Todo mundo tem problemas. Não se envergonhe dos seus:** não aumente suas preocupações preocupando-se também com o que os outros vão pensar.
- **Pense em termos de responsabilidade, e não de culpa:** misturar preocupação e culpa é uma boa forma de aumentar tanto uma quanto outra – e de não solucionar coisa alguma. Enquanto perde tempo com isso, você está se eximindo da responsabilidade de agir.

- **Não confunda alhos com bugalhos. Mantenha o foco:** levar preocupações da casa para o trabalho e vice-versa não funciona. Você não consegue trabalhar direito nem dar a devida atenção à sua família. Às vezes é difícil separar as coisas, mas você pode conseguir se mantiver o foco e se concentrar no que está fazendo.

- **Entenda que nenhuma situação é permanente:** não encare as coisas como se fossem o fim do mundo. Você já passou por dificuldades antes e conseguiu superá-las. Por que não conseguirá dessa vez? Por pior que seja sua situação no momento, ela não é permanente – quase nada é. Fases ruins são apenas fases, e como toda fase também vão passar.

- **Não assuma preocupações alheias:** você já percebeu que algumas pessoas tentam despejar seus problemas em nós? Elas começam a falar sem parar, queixam-se, lamentam-se, angustiam-se. Depois vão embora sentindo-se melhor, ao passo que nós já não nos sentimos tão bem assim. E nem poderíamos, depois de receber essa dose maciça de energia negativa. Cuidado: se perceber que algo assim está acontecendo, mude de assunto, convide o chorão para fazer alguma atividade que o distraia e, se nada disso funcionar, invente algum compromisso e caia fora. Oferecer consolo e apoio moral a um amigo não tem nada a ver com tornar-se o depositório dos infortúnios alheios.

- **Recorra à fé, ao pensamento positivo e à força interior:** busque apoio e conforto em suas crenças espirituais para aumentar sua confiança e sua força interior. Se não tiver nenhuma religião ou crença espiritual, acredite em você e na sua capacidade de superar desafios. Mesmo quem não tem religião pode ter fé em si e na vida. E a fé é uma poderosa arma contra as preocupações. Elas não podem intimidá-lo se você acreditar que é capaz de vencê-las.

- **Busque exemplos inspiradores:** não faltam histórias de pessoas que venceram toda a sorte de desafios, que triunfaram mesmo em meio às condições mais adversas. Às vezes são trajetórias de pessoas que ficaram famosas. Outras vezes, são relatos que você ouve ao conversar com o porteiro do prédio ou com o cobrador do ônibus. Não importa. O que importa é extrair disso o alento necessário para prosseguir. Você poderá se surpreender ao perceber que, com muito menos recursos do que você dispõe, há pessoas que conseguiram superar o inimaginável.

O autoconhecimento como superpoder: Abilio Diniz

Mais velho dos 6 filhos de Floripes e Valentim Diniz, Abilio começou a ajudar o pai aos 12 anos de idade, época em que a futura rede de supermercados Pão de Açúcar era tão somente uma doceria, inaugurada em 1948. O *upgrade* ocorreria em 1959, quando entraria em operação na Avenida Brigadeiro Luís Antônio, em São Paulo, a primeira unidade do que hoje é o Grupo GPA: mais de 800 lojas, incluindo as marcas Extra e Compre Bem, além de operações no Uruguai, na Colômbia e na Argentina. Entre a década de 1960 e junho de 2012, com um hiato nos anos 1980, toda a empreitada esteve sob o comando de Abilio – nesse meio-tempo, em 1971, ele criou sob a bandeira Jumbo o primeiro hipermercado do Brasil. O GPA é atualmente controlado pelo grupo francês Casino.

Hoje, Abilio acumula a presidência do conselho de administração da BRF e um assento no conselho do Grupo Carrefour, é sócio majoritário das Casas Bahia, escritor com dois livros publicados e apresentador de TV, tendo comandado em novembro de 2022 a série de entrevistas *Caminhos com Abilio Diniz*, na CNN Brasil, na qual recebia empresários e outras personalidades.

As conquistas profissionais de Abilio são notórias e inegáveis, mas pouca gente sabe o quanto o empresário dá valor aos aspectos humanos da vida: uma rotina equilibrada, o tempo com a família e a introspecção necessária para o autoconhecimento. Hoje com mais de 85 anos, ele segue se exercitando regularmente, pois sabe como isso afeta a sua disposição e energia. No podcast *Mesa Pra Quatro*, gravado em 2021, ele citou o autoconhecimento com uma de suas dicas para o sucesso: "Quando você se conhece melhor, você tem mais facilidade de se dar bem com os outros". Para isso, vale até buscar profissionais quando necessário: "Fazer terapia é um ato de coragem, e não de fraqueza", diz o bilionário.

Superação

Pessoas com uma boa autoestima confiam em sua capacidade de superar obstáculos – por mais insuperáveis que eles possam parecer. Elas podem hesitar e recear como qualquer ser humano, mas isso não as impede de ir em frente e vencer. Todo mundo possui capacidade de superação – sem ela, a raça humana há muito teria sido extinta do planeta. Basta lembrar como nossos ancestrais conseguiram sobreviver à era do gelo, enfrentar animais selvagens munidos apenas de lanças e reconstruir cidades destruídas por guerras, pestes e catástrofes naturais.

Se todos possuem a capacidade de superação, por que nem todos a utilizam? Porque muita gente não se conhece o suficiente – ou não confia em si o suficiente – a ponto de saber do que é capaz. Se você é uma dessas pessoas, a primeira coisa a fazer é reverter o seu estado mental. Faça de sua mente uma aliada, e não uma inimiga. Já vimos que a questão não é o problema em si, mas a forma como reagimos a ele. O segredo, então, é reagir de forma positiva, ou seja, trocar o "Não posso resolver isso" pelo "Como posso resolver isso?". Essa mudança de mentalidade vai gerar uma atitude mais útil e produtiva diante das dificuldades, por mais extremas que elas possam ser. O psiquiatra Viktor Frankl passou por uma dessas situações extremas, do tipo que sequer em pesadelos é possível conceber. Durante a Segunda Guerra Mundial ele foi prisioneiro de um campo de extermínio nazista e sobreviveu ao Holocausto. Com base em sua experiência, Frankl disse: "Tudo pode ser tirado de uma pessoa, exceto a última das liberdades humanas – a de escolher a própria atitude num dado conjunto de circunstâncias e a de escolher o próprio caminho". É esse o princípio da superação.

Veja a seguir alguns exemplos de como isso funciona na prática.

Maestro João Carlos Martins

A carreira de pianista de João Carlos Martins não poderia estar indo melhor. Internacionalmente aclamado, elogiado pelo público e pela crítica do mundo todo, parecia que seu sucesso não tinha limites. Um dia, porém, quando jogava futebol com os amigos, João Carlos acabou sofrendo um acidente que o impediria de tocar piano. Mas ele não estava disposto a desistir de sua grande paixão. Com muito empenho e determinação, enfrentou um longo processo de fisioterapia para recondicionamento muscular, conseguiu superar o problema e voltou a brilhar nos palcos.

Então as mãos voltaram a incomodá-lo, e mais de uma vez ele teve de lidar com sequelas resultantes de uma agressão sofrida durante um assalto, com lesões causadas pelo esforço repetitivo e com uma doença que provoca a contração dos nervos da palma da mão.

João Carlos fez de tudo para superar as dificuldades e continuar a tocar. A certa altura, porém, padecia de dores insuportáveis. "O sofrimento físico era tão insuportável que eu acabei me retirando do convívio social", relembra ele em seu livro *A saga das mãos*. "Quando não estava tocando, ficava fechado em meu quarto, incomunicável". Por fim, foi forçado a deparar-se com uma escolha final: ou se submetia a uma cirurgia para seccionar o nervo da mão, o que acabaria com as dores e também com sua carreira de pianista, ou continuava tocando em meio a dores excruciantes. João Carlos teve de optar pela cirurgia. Antes, porém, concluiu a gravação das obras completas de Bach – ele é o único pianista do mundo a realizar esse feito.

Depois da operação, João Carlos mergulhou num período de depressão, no qual chegou até a cogitar a possibilidade de se matar. No final, porém, seu espírito de vencedor prevaleceu. Ele começou a estudar regência e deu início a uma nova e bem-sucedida carreira, dessa vez como maestro. E revelou também uma veia empreendedora: obteve patrocínio para fundar e manter duas orquestras – uma delas formada por jovens da periferia – e voltou a apresentar-se nos palcos internacionais. Hoje ele se dedica a concertos e a ações sociais, levando a música clássica a pessoas que nunca haviam assistido a uma apresentação de orquestra. O ponto culminante de seus concertos dá-se quando ele se dirige ao piano e, usando apenas três dedos, dedilha com intensa emoção as obras que o tornaram famoso. Sobre sua fantástica história de superação, o maestro diz: "Não deixo uma tragédia me consumir. Minha regra é superar a tragédia".

E isso vale não apenas para a esfera pessoal como também no empreendedorismo social. "Certo dia um rapaz com um violino me pediu dinheiro na rua porque estava com fome. Eu disse: 'Vou formar uma orquestra jovem e você vai ser violinista'. Hoje cerca de 10 mil crianças fazem parte do meu projeto", disse numa palestra em 2017. Se os projetos sociais ocupam parte de seu tempo hoje, a grande lição que João dá a seus pupilos é seu próprio exemplo de superação. Ao tocar o Hino Nacional na cerimônia de abertura da Paraolimpíada, em 2016, ou ao voltar a tocar com as duas mãos com auxílio de uma luva biônica, em 2020, João mostra que nada é obstáculo para a força de vontade e a confiança no sonho.

Walt Disney

Fundador da maior empresa de mídia do planeta, Walt Disney tornou-se uma duradoura referência cultural capaz de influenciar gerações. Tornou-se também um exemplo de tenacidade e de superação. O império de Disney nasceu num modesto estúdio, que também lhe servia de residência. Com muita persistência, o jovem desenhista, que mal tinha o que comer, conseguiu fechar um contrato com uma empresa que passaria a distribuir suas animações. Com a criação de um novo personagem, o coelho Oswald, parecia que o negócio ia deslanchar de vez. Mas não foi isso o que aconteceu. Por causa de um contrato malfeito, Disney acabou perdendo os direitos sobre seu personagem, além dos desenhistas e das encomendas do estúdio. Quando seu irmão e sócio lhe telefonou desesperado, perguntando o que fazer, a resposta que ouviu foi: "Fique calmo. Já encontrei a solução". E encontrou mesmo. A solução chamava-se Mickey Mouse.

O sucesso foi instantâneo e o estúdio enfim decolou. Disney ganhou um Oscar – o primeiro jamais concedido a uma animação, e um dos muitos que ele iria ganhar ao longo de sua carreira. Só que o destino lhe reservava outro revés. Por causa de um sócio desonesto, o estúdio ficou à beira da falência. Para variar, Disney tinha a solução. Era um projeto no qual poucos acreditavam, mas, ao transformar a velha história da Branca de Neve no primeiro longa de animação sonoro e a cores, Disney mais uma vez deu a volta por cima. O desenho gerou os fundos necessários para a construção de um novo estúdio e outros sucessos vieram em seu rastro.

Contudo, com a eclosão da Segunda Guerra Mundial, o estúdio começou a fazer água. Não deixa de ser emblemática a forma como Disney superou o fracasso pela terceira vez. Ele tinha duas escolhas: ou criava um grande sucesso, ou teria de vender sua empresa. Decidiu-se pela primeira opção e lançou Cinderela. E, assim como ocorre com a famosa personagem, ele também foi da pobreza à riqueza. Anos depois de sua morte, a empresa por ele fundada ainda está no topo, e hoje fatura cerca de 22 bilhões de dólares por ano.

Encarando o desafio

Para superar é necessário encarar os desafios em vez de fugir deles. Precisamos de desafios na medida certa para que possamos sacudir a poeira da acomodação e crescer como pessoas e como profissionais. Desafios significam oportunidades: eles nos mantêm alertas, nos fazem explorar ao máximo nossa capacidade e nos proporcionam a dádiva da superação.

Há uma história que ilustra bem esse ponto de vista. Conta-se que os japoneses adoram consumir peixe fresco. Contudo, o aumento incessante da demanda começou a causar o esgotamento dos peixes nas águas litorâneas do Japão. Isso levou os japoneses a desenvolver navios pesqueiros cada vez maiores e mais sofisticados, e a buscar os peixes em águas cada vez mais distantes. Havia um problema, porém. Embora pudessem armazenar enormes quantidades de peixe, os frigoríficos desses navios não podiam garantir o seu frescor. Peixe congelado não é a mesma coisa, protestavam os consumidores. A solução encontrada foi a instalação de tanques nos navios, de modo a manter os peixes vivos durante a viagem. O resultado, contudo, não foi o esperado. No cativeiro, os peixes ficavam apáticos e pouco se movimentavam, chegando a seu destino semimortos – nada que se parecesse com os tão apreciados peixes frescos. O que fazer? Dessa vez, a resposta foi realmente engenhosa. Um dia, alguém teve a ideia de introduzir pequenos tubarões nos tanques. Para sobreviver, os peixes eram obrigados a nadar e a se movimentar durante toda a jornada. É bem verdade que alguns eram comidos pelos tubarões. Mas a perda era pequena se comparada aos lucros obtidos com a venda dos peixes – que agora, sim, chegavam ao Japão verdadeiramente frescos.

A conclusão é evidente. Se até *mesmo* os peixes precisam de desafios para se manter ativos, o que seria de nós se nos limitássemos a viver seguros e apáticos em nossos tanques, sem nenhum estímulo, nenhuma dificuldade a ser superada? Todo mundo quer fugir do estresse, mas poucos param para pensar que um pouco de estresse pode ser benéfico – e mesmo necessário – para que possamos responder às mais diversas situações. O estresse surge quando nos vemos forçados a nos adaptar a determinadas condições, sejam elas internas ou externas. O chamado "estresse positivo", ou *eustresse*, libera a quantidade certa de adrenalina para que o indivíduo possa enfrentar os problemas e reagir. Já o *distresse*, ou "estresse negativo", libera adrenalina em excesso e acaba provocando o colapso físico e emocional. Muitas vezes, o que separa o tipo positivo do negativo é a percepção que temos das coisas. Se um problema é visto como algo avassalador, diante do qual nada podemos fazer, estaremos acionando o processo que torna o estresse negativo. Se, ao contrário, o problema for visto como um estímulo, como um desafio a ser vencido, então o estresse desencadeado poderá ser positivo. Lembre-se disso na próxima vez em que um tubarão aparecer no seu tanque.

Construindo sua reputação

"A reputação de um guerreiro é fundamental. Quando o guerreiro assume uma responsabilidade, mantém sua palavra. Os que prometem e não cumprem perdem o respeito próprio, têm vergonha de seus atos e sua vida consiste em fugir. Gastam mais energia dando desculpas para desonrar sua palavra do que o guerreiro usa para manter seu compromisso."
CÓDIGO DE HONRA DOS SAMURAIS

Construir uma imagem é o primeiro passo para começar a ser reconhecido. Contudo, para consolidar uma imagem é preciso também construir uma reputação. A imagem é a ideia que os outros têm de você. Já a reputação é a avaliação social que as pessoas fazem de você. É a reputação que irá demonstrar se a imagem que transmite é consistente ou apenas uma ilusão. Não existe uma boa imagem sem uma boa reputação – ela é seu bem mais valioso. É ela que mantém sua credibilidade, que pavimenta o seu caminho para o sucesso, que lhe abre novas portas e oportunidades. A reputação indica o conceito que os outros têm de nós. Quanto mais elevado for esse conceito, maiores são nossas chances de ascensão. E, é claro, maior é a nossa responsabilidade de fazer jus a esse conceito.

No mundo dos negócios, a reputação é tão importante que, de acordo com pesquisa realizada pela Universidade de Oxford, da Inglaterra, em 2002, ela pode responder por até 40% do valor de mercado de uma empresa. Em um discurso realizado na Universidade de Harvard, Alan Greenspan, presidente do banco central americano, afirmou: "No mundo de hoje, onde ideias gradativamente substituem elementos físicos na geração de valor econômico, a competição pela reputação torna-se uma força significativa impulsionando a economia. Bens manufaturados podem ser facilmente avaliados antes do fechamento de uma transação. No entanto, para aqueles que vendem serviços, a única garantia a ser oferecida é a própria reputação".

O assunto é tão relevante que a Associação Brasileira de Anunciantes (ABA) decidiu acrescentar a seus princípios fundamentais a defesa do conceito de que a reputação é essencial para alcançar e manter o sucesso nos negócios. Segundo a entidade, a reputação traz retorno para os acionistas, constrói e preserva marcas e faz com que a empresa seja reconhecida e admirada até em setores alheios à sua área de atuação. Internamente, a reputação faz com que a empresa atraia e retenha profissionais de talento, cujo desempenho contribui para aumentar ainda mais sua reputação.

Como profissional e como cidadão, você também tem uma reputação a zelar. E, para isso, é importante ficar atento a alguns aspectos fundamentais da construção e da manutenção de uma reputação positiva:

- Honestidade, integridade, responsabilidade e competência são os pilares de uma boa reputação. Sem isso, o máximo que se obtém é uma fama passageira.
- Não prometa o que não pode cumprir e sempre cumpra o que prometeu. Faltar com a palavra empenhada prejudica qualquer reputação.
- Não basta ter boas qualidades para construir uma reputação, é preciso que os outros saibam que você tem essas qualidades. Não desperdice oportunidades de mostrar iniciativa e de demonstrar sua capacidade.

- As únicas reputações que se constroem com palavras são as de arrogante ou de presunçoso. A verdadeira reputação se constrói com ações, atitudes e realizações.
- Sua reputação indica o grau de confiança que os outros depositam em você. Por isso, certifique-se de que suas atitudes sejam sempre pautadas pela ética. Nada abala mais a confiança do que a desonestidade.
- Não divulgue qualquer informação que possa prejudicar a reputação de alguém. Além de ferir sua própria reputação, isso o torna um alvo fácil do mesmo tipo de atitude. E se a informação se mostrar infundada, quem a divulgou adquire a fama de caluniador.
- É difícil manter uma boa reputação associando-se a pessoas de má reputação. Trabalhar numa empresa sem credibilidade também não ajuda a reputação de ninguém. Se você perceber que trabalha num lugar assim, mude de emprego o quanto antes para evitar o contágio. Isso vale também para suas companhias. Selecione-as bem para que sua reputação não seja contagiada pela má fama das pessoas com quem anda.
- Não caia no erro de pensar que, agora que sua reputação está feita, não é mais necessário preocupar-se com ela. Como disse Benjamin Franklin: "O vidro, a porcelana e a reputação quebram-se com facilidade, mas nunca se consegue emendá-los muito bem". O empenho para manter uma boa reputação não é pequeno, mas é menor do que o esforço necessário para reconstruir uma reputação abalada.
- Por mais difícil que seja o momento pelo qual você está passando, jamais ceda à tentação de fazer qualquer coisa que comprometa sua reputação. Os maus momentos passam, mas os danos à reputação podem permanecer para sempre. E quando novas dificuldades surgirem, será muito mais difícil superá-las com a credibilidade abalada.
- Não é apenas o seu desempenho profissional que o ajuda a construir sua reputação. Sua personalidade também conta – e muito. Traços negativos de personalidade, como arrogância, autoritarismo, egocentrismo, irritabilidade e outros, podem afetar negativamente o modo como os outros percebem o seu talento e a sua eficiência, comprometendo, assim, a sua reputação.

Por fim, lembre-se de que, se a boa reputação abre portas, a má reputação as fecha. Antes mesmo de você procurar um empregador, um investidor ou um cliente, sua reputação já o precedeu.

Alex Atala

Até a inauguração do D.O.M. (*Deo Optimo Maximo*, em latim), em 1999, o Brasil nunca havia tido um restaurante com duas estrelas no prestigiado Guia Michelin. O estrondoso êxito do estabelecimento coroou uma carreira que já vinha em ascensão na década de 1990. Atala chamara a atenção pela primeira vez ao renovar o cardápio do tradicional (e extinto) restaurante Filomena e, antes do D.O.M., já havia inaugurado o Namesa, outro restaurante de ótima reputação (e que existe até hoje). Curioso é que nem sempre se imaginaria que Atala fosse seguir tal rumo. Rapaz de espírito rebelde, saiu da casa dos pais ao 14 anos, foi *punk* e DJ da boate Rose Bom Bom, célebre no *underground* paulistano. Mas o destino dá um jeito de empurrar as pessoas para seu caminho: numa viagem de mochilão pela Europa, seguiu a dica de um amigo, fez um curso profissionalizante de gastronomia e ali, nas cozinhas do Velho Mundo, pôs o pé na ocupação futura. Em 2005, deu uma aula na Espanha sobre os sabores da Amazônia e impressionou os dois maiores chefs do mundo na época: Ferrá Adrià e Juan Mari Arzak. Começou ali a sua reputação de originalidade, excelência e valorização dos sabores verdadeiramente brasileiros.

Não é exagero dizer que Atala é o chef brasileiro mais famoso do mundo, com reconhecimento não só do guia Michelin e do influente The World's 50 Best Restaurants como também do Netflix, que dedicou a ele um episódio da segunda temporada do aclamado *Chef's Table*. Hoje, além do consagrado D.O.M., Atala também é dono do Dalva e Dito, cuja proposta é a culinária afetiva, ou seja, trazer para o universo da gastronomia internacional referências tradicionais do Brasil, e do Bio, um restaurante com uma proposta focada na saúde e na sustentabilidade. Sua reputação segue sendo de excelência, inovação e brasilidade.

Marketing pessoal

O estágio final do processo de construção da imagem consiste em aprofundar as técnicas para vendê-la. Esse conjunto de técnicas recebe o nome de marketing pessoal. Ele pode ser definido como uma estratégia individual para atrair e desenvolver oportunidades, contatos e relacionamentos úteis do ponto de vista pessoal e profissional, bem como para dar visibilidade às suas características positivas, habilidades e competências. Dar visibilidade significa torná-las reconhecidas e solicitadas pelos outros, levando-os a formar parcerias com você, investir em suas ideias, contratá-lo, promovê-lo ou, ainda, indicar os seus serviços a terceiros.

O marketing é um elemento vital para todas as empresas de sucesso. Por melhores que sejam os produtos e serviços que ofereçam, elas não vão conseguir chegar a lugar algum se isso não for divulgado da maneira certa, para as pessoas certas, no momento certo. É o marketing que define as vantagens de produtos ou serviços, suas características diferenciais e seu público-alvo e, com base nisso, estabelece as melhores estratégias para divulgá-los e vendê-los. O marketing pessoal faz a mesma coisa, só que, nesse caso, o produto é você. As estratégias de marketing pessoal são individuais porque, embora existam algumas técnicas elementares, é necessário que essas técnicas sejam personalizadas, ou seja, adaptadas ao seu estilo e aos seus objetivos. Construir uma imagem de competência e confiabilidade é o primeiro passo. Mas para tornar o marketing pessoal mais efetivo você deve direcioná-lo para objetivos mais específicos. Como isso é feito é o que veremos a seguir.

Destaque-se da multidão

Descubra o seu diferencial, as suas características únicas e individuais, aquilo que você faz melhor e invista nisso. Desenvolva um perfil personalizado, pois um perfil genérico não irá ajudá-lo a sair do anonimato. Ninguém vai muito longe sendo pau para toda obra, porque pau para toda obra existe em toda parte. Quanto mais você for conhecido como "o melhor em tal coisa" – em vez daquele que faz um pouco de tudo, mas não brilha em nada do que faz –, mais você irá se destacar.

Encontre o seu nicho

Qual é o melhor lugar para você desenvolver o seu diferencial? Onde você terá mais chances de mostrar o seu potencial? Você deve descobrir em que área, em que empresa, em que departamento e em que função você terá mais oportunidades de brilhar – ou em que mercado, se o seu objetivo é ter um negócio próprio – e ir atrás disso (seguindo o processo de transformar sonhos em metas mostrado na primeira parte).

Atraia as atenções desde já

Não espere pelas condições ideais ou pelo emprego ideal para começar a se destacar. Mesmo que no momento você esteja envolvido em um trabalho do qual não gosta, empenhe-se e dê o melhor de si. A boa reputação e boa vontade que você vai conquistar agindo assim o ajudarão a atrair novas oportunidades, o que o deixará mais próximo de seus objetivos. O seu chefe, colegas e clientes se encarregarão de falar bem de você, contribuindo com o seu marketing pessoal.

Apareça e cresça

O ditado popular diz: "cresça e apareça". Mas, do ponto de vista do marketing pessoal, o certo seria "apareça e cresça". Não seja como a ostra que esconde a pérola no interior da concha e gruda-se a uma rocha sob as águas. Em vez disso, remova a pérola, dê um bom polimento e trate de exibi-la. Quanto mais você mostrar e divulgar o seu talento, mais será reconhecido. Quanto mais você for reconhecido, mais chance terá de crescer.

Crie oportunidades

Não é apenas no trabalho que você deve investir no marketing pessoal, mas em toda a parte – é assim que as oportunidades são criadas. Jussier Ramalho, cuja história você lerá logo a seguir, superou uma série de dificuldades até se tornar palestrante e empreendedor de sucesso. Ele atribui seu êxito à forma como soube usar o marketing pessoal a seu favor. Mestre em cavar oportunidades, certa vez Jussier foi convidado a assistir a uma série de palestras. Ele então começou a se apresentar às pessoas que chegavam para o evento, puxar conversa e distribuir cartões de visita que traziam no verso um breve resumo de sua história. Jussier não era um dos palestrantes desse evento, mas, mesmo assim, saiu de lá com 15 contratos para fazer suas próprias palestras. As oportunidades estão em toda a parte. Mexa-se. Não perca nenhuma chance de vender o seu peixe.

Pesquise

As pesquisas são um valioso instrumento usado pelo pessoal de marketing para detectar tendências, conhecer a opinião do consumidor e descobrir o que pode ser melhorado. Faça suas próprias pesquisas. Informe-se sobre a atuação de sua empresa como um todo, e não apenas de seu departamento. Informe-se sobre o mercado no qual ela atua, sobre a concorrência e as novidades no setor. Descubra se os clientes estão satisfeitos e como deixá-los mais satisfeitos ainda. Informe-se sobre as vagas em aberto e o perfil necessário para preenchê-las. E tenha iniciativa suficiente para usar todas essas informações a seu favor.

Recicle-se

Vivemos num mundo no qual a busca por novidades é constante e os avanços tecnológicos vão se sucedendo numa velocidade vertiginosa. Empresas e profissionais que não se renovam são rapidamente rotulados de ultrapassados, e o que é ultrapassado é rapidamente rotulado de ineficiente. É preciso acompanhar as novidades e as tendências, especialmente em sua área de atuação. Leia muito, faça cursos, assista palestras e conferências, converse com pessoas bem-informadas. Não perca nenhuma oportunidade de se atualizar e de reciclar os seus conhecimentos.

Encontre novos meios de ficar em evidência

Você sabe como são feitos os currículos hoje em dia ou continua seguindo um modelo de 10 anos atrás? Você divulga seu perfil na internet? Utiliza redes sociais com objetivos profissionais? Tem seu próprio *site* ou *blog*? Já pensou em dar aulas sobre temas relacionados ao seu trabalho? Já pensou em dar palestras? Em se oferecer para treinar novos funcionários? Em escrever artigos, ou até mesmo um livro, sobre assuntos que você domina bem? Se ainda não pensou nisso, é hora de começar a pensar. Fazer um bom trabalho não basta. Para chegar ao sucesso, é preciso que o mundo saiba que você faz um bom trabalho.

Expanda sua rede de relacionamentos

Quanto mais pessoas o conhecerem e souberem de suas qualificações profissionais, mais você será lembrado, comentado e recomendado. O marketing pessoal não é apenas fazer propaganda de si mesmo, mas fazer com que os outros também façam propaganda de você.

Torne-se sua própria marca

Tornar-se sua própria marca é criar um nome. Você sabe que criou um nome quando ele vira sinônimo de qualidade. Quando, em vez de dizer "vamos contratar um arquiteto", ou "um gerente", ou "um vendedor", as pessoas dizem: "Vamos contratar fulano". O que faz com que as pessoas escolham um produto em vez de outro parecido é a marca. Determinadas marcas estão associadas à qualidade e à confiabilidade, e isso não se deve apenas à propaganda. Se você comprar um produto motivado pela propaganda e ele não suprir suas expectativas, você não o comprará mais. Por outro lado, não adianta ter o melhor produto do mundo e não conseguir vendê-lo porque ninguém conhece sua marca. Você se torna sua própria marca consolidando sua reputação e divulgando sua imagem.

Em um livro no qual ensina como passar de empregado a uma marca pessoal e diferenciada, o especialista em administração Tom Peters diz: "Independentemente de sua idade, posição ou área de atuação, todos nós precisamos entender a importância de criar uma marca. Nós somos os CEOs de nossa própria empresa, a 'Eu Mesmo.com'". Essa empresa foi fundada no dia em que você nasceu. Cabe a você torná-la conhecida e levá-la ao sucesso.

Lições de marketing pessoal: Jussier Ramalho

Jussier Ramalho é o protótipo do empreendedor brasileiro. Desde muito jovem, ele teve de driblar todo o tipo de dificuldades para conseguir abrir seu caminho na vida. Com muita criatividade e determinação, Jussier superou, uma a uma, adversidades que foram de uma infância passada na pobreza ao preconceito social, da falta de acesso à educação à instabilidade econômica. Um de seus primeiros empregos foi como vendedor de doces numa feira no interior do Rio Grande do Norte. A concorrência era acirrada. Mais de uma dúzia de *vans* alinhava-se lado a lado, vendendo os mesmos produtos. Jussier logo percebeu que todos os vendedores faziam a mesma coisa: ficavam junto a seus veículos esperando o freguês chegar. Ele logo tratou de inovar. Começou a abordar os fregueses, a cumprimentá-los e a levar seus doces até eles. Em pouco tempo, tornou-se o vendedor mais bem-sucedido da feira. As pessoas passavam pelas outras *vans* e perguntavam: "Onde está o menino dos doces?". Mesmo com pouca idade e naquelas condições humildes, ele já havia começado a criar uma marca.

O mesmo aconteceu em seus outros empregos e iniciativas. Com sua preocupação em ouvir o cliente e fazer o que ninguém mais estava fazendo, ele conseguiu se destacar onde quer que trabalhasse, de vendedor de carros a corretor de imóveis. Passados alguns anos, Jussier enfim conseguiu reunir os recursos para abrir seu próprio negócio. Mas a iniciativa não foi adiante por causa do Plano Collor. Sem um tostão, ele teve de recomeçar, dessa vez abrindo uma banca de jornal. Mesmo sem nunca ter trabalhado com isso, Jussier fez a banca prosperar a ponto de tornar-se quase que um polo cultural. A banca divulga roteiros culturais, organiza eventos dos mais variados e patrocina diversas iniciativas filantrópicas. Seus clientes não dizem: "Eu vou até a banca de jornal". Eles dizem: "Eu vou na banca do Jussier".

Seu segredo é promover sua boa reputação por meio da qualidade dos serviços que presta. Para fazer isso, ele jamais se acomoda. Está sempre inovando. Sua banca tem ar-condicionado e, nos dias de chuva, funcionários vão buscar os clientes nos carros munidos de guarda-chuvas. O atendimento impecável fideliza o cliente: ele não apenas volta como também recomenda a banca para outras pessoas, atraindo assim novos clientes. O sucesso foi tanto que permitiu a Jussier reunir capital para se tornar um empreendedor imobiliário. Ele é, ainda, um palestrante requisitado, que se apresenta pelo Brasil afora. E escreveu um livro no qual conta sua história e ensina como utilizar o marketing pessoal. Não é por coincidência que a obra se chama *Você é sua melhor marca*. Jussier realmente soube como transformar seu nome numa marca de sucesso. No livro, ele diz: "Se conquistei algumas coisas na vida é porque venci, e continuo vencendo, o combate comigo mesmo, com minhas dúvidas e inseguranças, com minhas fraquezas e hesitações. Esse é o primeiro passo para começar a fazer de você a sua melhor marca. Livre-se dos preconceitos e passe a se considerar um grande produto junto aos diferentes segmentos nos quais você se relaciona, inclusive sua família e amigos. Confie em você".

Roberto Medina e a força de uma marca

"Todos numa direção/Uma só voz, uma canção." Os versos de abertura do tema do Rock in Rio, de Eduardo Souto Neto e Nelson Wellington, já indicam que ser meramente um publicitário de grande êxito não bastava para Roberto Medina. No início dos anos 1980, sua agência Artplan, fundada em 1967, já havia criado campanhas publicitárias de peso, e o próprio Medina já pusera seu nome no *show business* ao trazer Frank Sinatra para cantar no estádio do Maracanã, no Rio de Janeiro. Mas como deixavam claros aqueles versos, Medina queria liderar algo maior, que tivesse peso e unisse toda uma geração. Ao organizar o primeiro Rock in Rio, em 1985, a expectativa não era de que desse lucro de imediato, e Medina diz ter perdido 8 milhões de dólares. Ganhou, porém, um espaço definitivo na mente do público brasileiro, trazendo ao país artistas como Queen, Rod Stewart e AC/DC, numa época em que astros do *rock* internacional raramente tocavam por aqui.

Quase 40 anos se passaram, e o Rock in Rio conquistou o feito de ser uma marca internacionalmente reconhecida. Além das 9 edições na cidade-sede, o festival aconteceu 9 vezes em Portugal, 3 na Espanha e uma em Las Vegas. Tendo iniciado a vida como um produto da Artplan, hoje é uma empresa em si, em parceria com a empresa de eventos internacional Live Nation. E mesmo sendo uma marca consagrada, ela não para de crescer. A próxima etapa de sua história é o braço paulistano, The Town, festival que dá seu pontapé inicial em 2023. Outra geração, uma só voz, uma canção.

Marketing em prol de uma causa social: Renato da Costa Bomfim

Em meio a tantas habilidades de um empreendedor, as capacidades de realização e entrega do melhor para quem realmente necessita são, sem dúvida, as maiores. No Brasil, na década de 1950, um médico ganhou importância singular entre as pessoas com deficiência física: o ortopedista Renato da Costa Bomfim. Seu sonho de fundar a AACD – Associação de Assistência à Criança Deficiente – havia surgido 10 anos antes, na década de 1940, durante uma viagem aos Estados Unidos, época em que epidemias de poliomielite debilitavam milhares de pessoas, assim como ocorreria no Brasil.

Com uma visão de empreendedorismo social até então inédita no Brasil, Bomfim construiu um centro de reabilitação para o tratamento de pessoas com deficiência física que já nasceu moderno, com corredores largos, salas amplas, rampas de acesso e outras adaptações. Mas não investiu apenas em infraestrutura: a AACD também quis garantir aos pacientes o acesso à educação e ao mercado de trabalho, a fim de reintegrá-los à sociedade. A educação segue sendo um dos pilares da instituição, assim como a iniciação às artes e aos esportes, entre outras atividades, sempre estiveram ligadas ao tratamento ali oferecido.

Para concretizar o seu sonho, Bomfim soube engajar as pessoas de forma a liderá-las em prol de objetivos comuns. Esse espírito resultou no surgimento dos primeiros voluntários da AACD, trabalho reconhecidamente tido como referência no Brasil. Em paralelo, figuras notórias da sociedade brasileira eram conquistadas em abordagens pessoais de Bomfim ou de seus amigos. Sua estratégia para comover esse público era convidá-lo a conhecer de perto a realidade das pessoas atendidas pela instituição. Bonfim faleceu em 1976, mas o seu legado mudou a história de milhões de pessoas com deficiência no Brasil e perdura até hoje.

PARTE III
Comunicação e relacionamentos

"Comunique tudo o que puder a seus parceiros. Quanto mais souberem, mais compreenderão. Quanto mais compreenderem, mais se importarão."
SAM WALTON

"Negócios nada mais são do que uma porção de relacionamentos humanos."
LEE IACOCCA

A fórmula da comunicação

A comunicação e os relacionamentos são os dois lados de uma mesma moeda. E essa moeda é essencial para todos os que buscam o sucesso pessoal e profissional. É por meio da comunicação que se constroem relacionamentos, e é por meio dos relacionamentos que novas oportunidades se abrem. A troca de experiências e a cooperação mútuas resultantes da interação expandem nossa visão do mundo, potencializam as chances de atingirmos nossos objetivos e nos fazem crescer como seres humanos e como profissionais.

Há pessoas que optam por um caminho mais individualista e solitário. Em vez de trabalharem suas eventuais dificuldades de se comunicar e se relacionar, preferem desdenhar a importância disso em nome de uma suposta autossuficiência. Sua lógica é: "Não estou aqui para fazer amizades. Estou aqui para realizar tarefas e cumprir metas". E, às vezes tarde demais, acabam descobrindo que isso não basta. Uma pesquisa bastante reveladora feita pela Lens & Minarelli, empresa especializada no reposicionamento de executivos no mercado de trabalho, mostra que não cultivar relacionamentos é um erro fatal para a carreira de qualquer profissional. Ao entrevistarem executivos que foram demitidos de grandes empresas, os pesquisadores descobriram que 68,3% dos entrevistados foram pegos de surpresa pela demissão: simplesmente não esperavam que isso fosse acontecer com eles. Esse dado revela a armadilha na qual muitos executivos podem cair ao pensarem que atingir as metas estabelecidas, ou até mesmo ultrapassá-las, é suficiente para que seus empregos estejam garantidos.

Na verdade, outros fatores, como a habilidade de se comunicar e de cultivar relacionamentos, também contam – e muito – para a permanência no emprego e a ascensão profissional. A pesquisa concluiu que, ao focarem sua atenção exclusivamente na busca por resultados, os executivos demitidos acabaram negligenciando as relações interpessoais. E foi isso que lhes custou o emprego.

Sejam quais forem os seus objetivos – encontrar trabalho ou obter uma promoção, abrir seu próprio negócio ou expandir o que você já tem –, saber comunicar-se e relacionar-se são fatores decisivos para que você os alcance. Observe os exemplos a seguir.

A comunicação como porta para o sucesso: Silvio Santos

O homem que é considerado por muitos o maior comunicador do Brasil foi um dia apelidado de "Peru que fala". Por incrível que pareça, Silvio Santos era tão tímido que ficava vermelho quando precisava falar em público – daí a origem do apelido. Sua história nos mostra que a timidez pode ser superada, e que comunicar-se com eficiência é algo que pode ser aprendido e aprimorado até mesmo pelos mais tímidos e introvertidos. Mostra também como o poder da comunicação é capaz de abrir as portas para o sucesso.

Senor Abravanel, o nome de nascimento de Silvio Santos, cresceu em uma modesta família de imigrantes que vivia no Rio de Janeiro. Aos 14 anos, decidiu que estava na hora de começar a ganhar algum dinheiro. Seu primeiro passo foi observar como agiam os camelôs no centro da cidade: suas táticas de venda, onde compravam a mercadoria, o que faziam. E percebeu algo que o ajudaria ao longo de toda sua vida: o grande segredo era saber como comunicar-se com o público. Em questão de dias, o adolescente estreante já vendia muito mais do que todos os outros camelôs veteranos.

Aos 18 anos, Silvio Santos trabalhava como locutor de rádio, mas achava que poderia ganhar muito mais com o comércio. E ideias não lhe faltavam. Como tinha de usar diariamente a barca Rio-Niterói, logo lhe ocorreu que poderia instalar um sistema de alto-falantes para que os passageiros pudessem ouvir música – e Silvio, é claro, divulgava anúncios publicitários entre uma canção e outra. A ideia expandiu-se, e logo ele já estava vendendo bebidas na barca. Seu trabalho de locutor o levou a São Paulo, e lá ele percebeu outra oportunidade para um excelente negócio. Um amigo lhe dissera que havia se associado a um negócio que consistia na venda de cestas de Natal contendo presentes-surpresa, que o cliente pagaria em parcelas ao longo do ano. Ocorre que o sócio, que lhe vendera o negócio, não conseguia administrá-lo, as pessoas não recebiam o que compravam e o empreendimento, que funcionava num porão, tinha virado uma fonte de dores de cabeça. Muitos podem pensar que só um louco entraria num negócio assim. Mas Silvio Santos pensava diferente. Assumiu o negócio, pagou as dívidas, fez contratos com fabricantes de brinquedos e utilidades domésticas e passou a vender dezenas de milhares de cestas... E assim nasceu o Baú da Felicidade, que até hoje é a espinha dorsal de seus empreendimentos.

A atuação de Silvio Santos como empresário, locutor e apresentador de *shows* de uma caravana circense – além de sua fantástica habilidade de lidar com o público – acabaram convergindo para a televisão. Em 1961, fez sua estreia em um programa noturno na TV Paulista, atual TV Globo. E o resto é história. Hoje, o fundador e proprietário do SBT não é apenas um rico empresário: é sinônimo de comunicador e empreendedor de sucesso.

O segredo é ser um bom ouvinte: Alair Martins

Na infância, Alair Martins era um menino de roça que trabalhava como peão no sítio dos pais. Mas o menino tinha seus sonhos. Percebendo que aquele trabalho não tinha futuro, ele convenceu a família a abrir um pequeno armazém de secos e molhados na cidade de Uberlândia, no interior de Minas Gerais. Inaugurado em 1953, o armazém Borges e Martins foi a escola onde ele aprendeu trabalhando. E muito: de segunda a sábado, das seis e meia da manhã até as onze da noite, e domingo até o meio-dia, lá estava Alair atrás do balcão do armazém. O esforço rendeu frutos inimagináveis. O modesto armazém transformou-se no Grupo Martins, o maior distribuidor atacadista da América Latina. Os números confirmam essa liderança: o grupo atende mais de 180 mil clientes, dispõe de uma frota de 2,5 mil caminhões e distribui cerca de 20 mil produtos. Com isso, a empresa fundada por Alair mudou o conceito de atacado, tornou-se referência nacional e superou até concorrentes dos grandes centros distribuidores do país.

Atento às novas oportunidades de negócios, Alair diversificou a atuação de sua empresa, consolidando-a em outras áreas. Hoje, o Grupo Martins comercializa itens de consumo que vão de alimentos a eletroeletrônicos, da construção civil a produtos veterinários e farmacêuticos, além de possuir marcas próprias em diversos segmentos. Em 2008, o empresário recebeu o prêmio Empreendedor do Ano – a maior e mais prestigiada premiação do empreendedorismo mundial – em reconhecimento à sua trajetória de sucesso.

Aos que perguntam como foi que um menino da roça conseguiu chegar tão longe, a resposta de Alair enfatiza uma característica básica de quem domina a arte da comunicação: ser um bom ouvinte. "Sempre gostei de ouvir, ouvir, ouvir. Isso contribuiu muito para o nosso crescimento", explica ele. "Tenho prazer em estar sempre aprendendo".

A arte de construir relacionamentos: Romeu Chap Chap

O construtor cujo nome virou sinônimo de empreendedorismo e qualidade começou a erguer seus primeiros sobrados quando ainda era estudante de engenharia. Mas o sucesso obtido pela construtora que leva seu nome é apenas uma faceta de sua trajetória. Romeu Chap Chap é também um mestre na arte de criar, cultivar e expandir relacionamentos, conciliando interesses diversos sob uma mesma bandeira: a questão da habitação no Brasil.

Essas habilidades ganharam mais destaque quando Chap Chap tornou-se presidente do Secovi, o Sindicato da Habitação, que na época era uma pequena entidade regional, desconhecida e sem qualquer expressão. Chap Chap passou a investir na comunicação, abrindo com autoridades, imprensa e público um diálogo marcado pela transparência e pela honestidade. Foi um trabalho lento e persistente, cujo objetivo era tornar o Secovi uma instituição conhecida, respeitada e, principalmente, ouvida. E funcionou. A entidade ganhou acesso ao poder público – enquanto esteve à frente do Secovi, Chap Chap discutiu questões relativas à habitação com cinco presidentes da República, além de ministros, governadores e diversas outras autoridades –, sempre levando propostas cujo intuito é melhorar o problema da habitação no Brasil. Chap Chap não conquistou apenas visibilidade, mas também credibilidade. Mesmo depois de deixar a presidência do Secovi, continua sendo procurado pela imprensa e por autoridades para dar sua opinião sobre assuntos ligados à habitação.

No depoimento que escreveu para o livro *Romeu Chap Chap – Uma vida em construção*, Silvia Carneiro, que trabalhou a seu lado durante vários anos, resume da seguinte maneira a principal lição que aprendeu com o mestre: "Relacionamento é tudo e saber relacionar-se é uma obrigação".

Comunicar para divulgar e vender: Washington Olivetto

Todo mundo conhece a propaganda do garoto da Bombril. O moço tímido e desajeitado que anuncia os produtos da marca não só faz parte do cotidiano de milhões de brasileiros que assistem à TV como também se tornou um recordista: segundo o Guiness Book, é o garoto-propaganda que está há mais tempo no ar. Por trás desse fenômeno da comunicação está o publicitário Washington Olivetto, ele próprio outro recordista. Aos 19 anos, conquistou seu primeiro prêmio internacional e, desde então, não parou mais. Além das dezenas de prêmios que acumula, Olivetto foi eleito o publicitário do século pela Associação Latino-Americana de Publicidade.

Todo esse sucesso se deve a muita criatividade, uma boa dose de ousadia e à habilidade de se comunicar com o público. Em constante sintonia com o momento, Olivetto é capaz de criar mensagens que vão além da simples propaganda: elas tornam-se parte da memória popular.

A história de como Olivetto obteve seu primeiro emprego é uma boa mostra de seu estilo muito pessoal de se comunicar. Ele estava a caminho de uma das duas faculdades que cursava na época – e nas quais nunca chegou a se formar – quando o pneu de seu carro furou bem na porta de uma pequena agência chamada HGP. Ele então resolveu entrar na agência. "Disse ao dono que tinha furado o pneu e que o meu pneu não furava duas vezes na mesma rua", conta Olivetto. "Portanto, ele devia me dar uma oportunidade porque senão era ele quem perderia a oportunidade. O sujeito riu e me deu uma chance. Eu tinha 18 anos".

Sua ascensão foi meteórica. Depois de uma bem-sucedida passagem pela DPZ, ele saiu para fundar a W/GGK, que mais tarde tornou-se a W/ Brasil – uma das agências de propaganda mais premiadas do mundo, com filiais nos Estados Unidos, Portugal e Espanha. Outro comercial memorável de Olivetto é o da menina que compra seu primeiro sutiã. Criado para a Valisere em 1987, está entre as duas únicas propagandas brasileiras que fazem parte da lista mundial dos cem melhores comerciais de todos os tempos. "A questão não é ter sucesso, é ter prestígio", ensina Olivetto. Sobre o segredo de criar um canal de comunicação tão eficiente com o público, ele diz: "Se quero fazer publicidade boa, tenho que fazer uma publicidade que se pareça com a vida. Para isso, tenho que entender da vida".

Os três Vs da comunicação

Para desenvolver e aprimorar sua habilidade de se comunicar de maneira eficaz, é preciso entender primeiro quais são os elementos que compõem a comunicação. "Como assim?", você pode estar pensando. "Comunicar não é apenas passar uma mensagem?" Sim, comunicar é passar uma mensagem. Mas comunicar-se *de maneira eficaz* é um pouco mais do que isso. É fazer que sua mensagem seja compreendida, aceita e gere um retorno positivo. E de que forma isso é feito? Muitos acham que é feito por meio da fala. Se souber "falar bem", você saberá como se comunicar. É verdade, mas apenas em parte. Há várias outras coisas em jogo no processo de comunicação. Não são apenas as palavras que você diz que transmitem uma mensagem. Seu corpo "fala", sua aparência "fala", seu estado de espírito "fala", seu tom de voz "fala"... Tudo isso afeta o que você está dizendo, tornando sua mensagem mais poderosa ou enfraquecendo-a, enfatizando suas palavras ou contradizendo-as.

Pioneiro no estudo da linguagem corporal, Albert Mehrabian, Ph.D em psicologia e professor emérito da Universidade da Califórnia, estuda o assunto há mais de 40 anos. Ele classificou os elementos que interagem quando uma mensagem é transmitida durante uma conversa frente a frente e, com base em suas pesquisas, atribuiu a cada um deles uma porcentagem relativa à sua importância na transmissão da mensagem. A classificação é a seguinte:

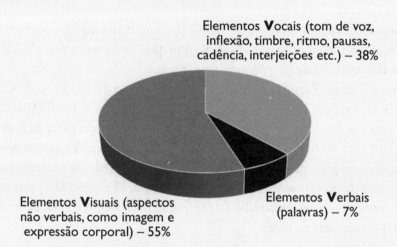

Os três Vs da comunicação

Elementos **V**ocais (tom de voz, inflexão, timbre, ritmo, pausas, cadência, interjeições etc.) – 38%

Elementos **V**isuais (aspectos não verbais, como imagem e expressão corporal) – 55%

Elementos **V**erbais (palavras) – 7%

I – Os elementos visuais

Os elementos visuais referem-se, principalmente, às expressões faciais e corporais de quem está transmitindo a mensagem. E sua importância deve-se ao fato de que eles podem reforçar ou simplesmente desacreditar o que está sendo falado. Observe o seguinte diálogo:

Líder: Esta tarefa é crucial para que possamos atingir nossas metas. Posso contar com você?
Funcionário: Sim, é claro. Farei o melhor possível.

Agora visualize a cena. Ao dar sua resposta, o funcionário ostenta uma expressão desanimada no rosto. Ele está "afundado" na cadeira, com os ombros caídos, e seu olhar parece fitar o vazio. A resposta que ele verbalizou foi: "Sim, é claro. Farei o melhor possível". Contudo, sua expressão corporal passou uma mensagem oposta. Seu corpo estava "dizendo" algo como: "Sei lá. Não estou nem um pouco interessado nisso. Na verdade, gostaria de estar em outro lugar...". Essa falta de sintonia entre o verbal e o visual é forte o suficiente para ser percebida pela outra pessoa. E embora o funcionário tenha dito que fará o melhor possível, o chefe ficará com a impressão de que ele está apenas falando por falar, e que sua intenção é, na verdade, empenhar-se o mínimo necessário – ou nem isso.

O mesmo ocorre quando alguém diz que gosta de você, mas sua expressão parece indicar frieza e distanciamento, ou quando um vendedor afirma que você está fazendo uma excelente compra, mas sua expressão sugere que ele está impaciente para livrar-se do cliente o quanto antes.

Você provavelmente não ficaria convencido de que eles estão dizendo a verdade, porque suas expressões contradizem suas palavras. Eis por que os elementos visuais são responsáveis por 55% da eficácia com que uma mensagem é transmitida.

A questão é: de que forma podemos ter controle sobre nossa linguagem corporal, se apenas o rosto humano possui cerca de 80 músculos, capazes de produzir milhares de expressões faciais? A resposta é mais simples do que parece. O grande segredo é ter convicção na mensagem que você está passando. Robert Woodruff, o homem que presidiu a Coca-Cola durante décadas, disse certa vez: "Nenhum ato de vendas é bem-sucedido a menos que alguma coisa do vendedor esteja presente. Sua integridade pessoal, sua crença em si mesmo e em seu produto precisam ser parte essencial de cada acordo". E isso não se aplica apenas à venda de produtos. Ao se comunicar, você também está vendendo a sua imagem e as suas ideias. Se sua convicção for forte o suficiente, ela irá transparecer em suas palavras e gestos, em sua linguagem verbal e corporal, em seu sorriso e em seu olhar e até em seu aperto de mãos. Acredite em você e em suas palavras, e todo o seu corpo expressará isso.

II – Os elementos vocais: como dizer

Não é só o que você diz que conta, mas também a forma como você diz. É a isso que se referem os elementos vocais, responsáveis por 38% da eficácia de uma mensagem verbal. O tom e a inflexão de sua voz também podem enviar sinais que contradizem ou reforçam o que você está dizendo. Por exemplo, se alguém diz:

- *"É lógico que isso vai funcionar"*, num tom de voz irônico, provavelmente está sugerindo o oposto.
- *"Eu sei que vou conseguir"*, num tom de voz hesitante, não irá convencer ninguém.
- *"Eu estou calmo"*, num tom de voz irritado, é porque decididamente não está tranquilo.
- *"Eu sou uma pessoa simples"*, num tom de voz arrogante, passará a impressão de que não é tão humilde quanto afirma ser.
- *"Adorei o seu presente"*, num tom de voz desanimado, fará o outro pensar que não gostou tanto assim.

Se o ritmo da fala for monocórdio, o ouvinte perderá o interesse. Se for exageradamente enfático, pode soar agressivo. Algumas interjeições aqui e ali indicam que você está prestando atenção ao que o outro diz. Interjeições em excesso soam como tiques nervosos ou trejeitos irritantes. Um tom de voz descontraído ajuda a quebrar o gelo. Descontração exagerada pode ser interpretada como desrespeito. E, é claro, como você não está falando sozinho, mas com outra pessoa, também é importante adequar o ritmo e o tom de sua voz ao de seu interlocutor, o que significa fazer pausas no momento certo para que o outro possa expressar suas opiniões e ter o cuidado de não "atropelar" suas falas, interrompendo seu raciocínio e deixando-o com a sensação de que você não está prestando atenção no que ele diz.

O primeiro passo para aprender a ajustar seu tom de voz à mensagem que quer transmitir é ter consciência dele. Experimente gravar sua voz e depois ouvi-la. Repare na dicção (na clareza com que você pronuncia as palavras), no ritmo, na entonação, nas pausas etc., e comece a fazer os ajustes que achar necessários. Use o gravador para treinar e, depois, passe a usar o que você aprendeu para melhorar a forma com que você se expressa vocalmente. Talvez no início seja difícil controlar o ritmo e o tom de sua voz, mas lembre-se: isso também é uma questão de hábito. Quanto mais você praticar, mais fácil e espontâneo ficará.

III – Os elementos verbais: o que dizer

A fórmula dos três Vs nos mostra que o elemento verbal contribui para apenas 7% da eficácia de uma mensagem. Mas não pense que, por ter um peso menor, o sentido daquilo que você diz não é tão importante assim. O que a fórmula dos três Vs nos diz é que aspectos mais subjetivos da comunicação, como as expressões faciais e corporais e o tom e o ritmo de sua voz, podem reforçar, enfraquecer ou até mesmo contradizer a forma como a outra pessoa decodifica e assimila o que você está dizendo.

Por mais que você domine os elementos visuais e vocais, se não dominar também os elementos verbais, estará apenas fazendo um "discurso vazio". Algumas pessoas podem até se impressionar com a sua "eloquência", mas quando pararem para pensar no conteúdo de sua mensagem chegarão à conclusão de que você não disse coisa alguma – só "enrolou". Já outras pessoas mais perspicazes perceberão imediatamente que, embora você pareça se expressar muito bem, na verdade não está conseguindo chegar a lugar algum – nem tampouco convencê-las de alguma coisa. E se estiver lidando com um experiente funcionário de recursos humanos ou com um calejado homem de negócios, mesmo que você tenha pleno controle de sua expressão corporal e da entonação de sua voz, de nada adiantará se acharem que o que você diz não faz sentido. Ao ouvi-lo, eles avaliarão não apenas sua aparência e a forma como você apresenta seu discurso, mas também cada uma de suas palavras. É como se eles estivessem preenchendo automaticamente um questionário mental: "Essa pessoa sabe do que está falando? Consegue ir direto ao ponto? Seu discurso tem fundamento ou ela quer apenas me enrolar? Está prendendo minha atenção o suficiente para que eu continue a ouvi-la ou está me fazendo perder tempo?".

Mesmo que você tenha sido "aprovado" nos outros quesitos, é nesse momento que os 7% correspondentes ao papel da palavra na eficácia da transmissão de uma mensagem podem representar a diferença entre o sucesso e o fracasso. Afinal, ao atribuir um peso diferente ao papel que cada um desses elementos exerce, a fórmula dos três Vs não está de modo algum sugerindo que algum deles pode ser desprezado ou descartado.

Na realidade, é a forma eficaz e coerente de combinar os três elementos – de modo que cada um reforce e potencialize os demais – que garantirá o sucesso com que sua mensagem é transmitida.

Eis aqui alguns fatores que dificultam a comunicação verbal de uma mensagem e as formas de superá-los:

- **Timidez:** lembre-se do que foi dito sobre autoestima na parte anterior e confie em si mesmo. Não se deixe paralisar pelo medo do que os outros vão pensar. As pessoas podem ou não pensar alguma coisa, quer você fale, quer fique calado. Então, o que você tem a perder?

- **Arrogância:** se a timidez é um problema, a arrogância também é. Ninguém gosta daqueles que agem como donos da verdade e impõem aos demais um discurso autoritário. Nesse caso, a mensagem também se perde: as pessoas estão mais ocupadas antipatizando com quem está falando do que ouvindo-o. É perfeitamente possível falar com firmeza sem resvalar na arrogância. É tudo uma questão de equilíbrio.

- **Nervosismo e ansiedade:** um pouquinho de nervosismo não é assim tão grave. Se o receio de falar alguma bobagem o deixa nervoso, isso pode ajudá-lo a ficar mais alerta e focado no que você está dizendo. Se, por outro lado, você estiver excessivamente relaxado, a tendência a se descuidar e a falar o que não deve é maior. O segredo é controlar a ansiedade e o nervosismo e não deixar que eles o controlem.

- **Despreparo:** só tem um jeito de superar isso: preparando-se. Informe-se com antecedência e reúna todos os dados necessários para embasar o que você vai dizer.

- **Desconhecimento:** mantenha-se sempre atualizado, não só sobre sua área de atuação, mas sobre o mundo em geral. Você não precisa saber tudo a respeito de todos os assuntos – ninguém sabe. Mas também não precisa se alienar. Um pouco de conhecimentos gerais é essencial para qualquer conversação.

- **Vocabulário limitado/mau uso do idioma:** é para resolver esses problemas que existem livros, cursos e escolas. Ter um bom domínio do idioma é fundamental para se comunicar bem. Nunca é tarde para aprender.

- **Falta de objetividade:** saiba de antemão qual é o objetivo de sua mensagem. Divida-a em alguns itens principais e siga esse roteiro. Uma mensagem com começo, meio e fim é composta por uma afirmação inicial, pelos argumentos que embasam essa afirmação e pela conclusão, que reforça a afirmação inicial. Tudo o que se desviar disso irá reduzir a objetividade de sua mensagem.

- **Incapacidade de sintetizar:** esse item é um desdobramento do anterior. Geralmente, as pessoas pouco objetivas têm dificuldade em sintetizar as informações que devem transmitir. Sintetizar significa resumir, reduzir à essência. Explicações em excesso não irão tornar sua mensagem mais clara, ao contrário: só a deixarão mais confusa.

- **Distrações:** às vezes nos desviamos tanto do objetivo de nossa mensagem que acabamos esquecendo o que deveríamos dizer. E o resultado é uma pergunta do tipo: "Mas o que era mesmo que eu estava dizendo?", sinal de que nem você presta muita atenção no que diz. Outras vezes, a distração acontece por causa de observações e interrupções dos outros. Apartes devem ser benvindos, pois sem eles não existe diálogo – nem comunicação eficaz. Mas se você perceber que os comentários estão se prolongando demais, e que têm pouca ou nenhuma relação com o que você está dizendo, não hesite em usar a tradicional fórmula para lidar com as interrupções indesejadas: "Sua contribuição é muito importante, mas eu ainda não acabei. Você poderia deixá-la para o final, por favor?".

- **Falta de convicção:** lembre-se de tudo o que já foi dito a esse respeito. Se nem você acredita no que está dizendo, como é que os outros irão?

Processando a informação

Até agora temos falado em como nos comunicar, como emitir mensagens. Mas esse é apenas um aspecto da comunicação. O outro consiste em analisar e processar o que foi comunicado a você. Afinal, trata-se de um processo dinâmico e interativo: somos tanto emissores quanto receptores de mensagens.

Uma comunicação é bem-sucedida quando resulta na mais extensa análise possível, por parte de quem ouve, das palavras que foram ditas. É claro que nem todos pensam assim. Para alguns, a única coisa que conta é convencer alguém de alguma coisa, de preferência o mais rápido possível e sem que o outro tenha tempo de pensar. Os que veem a comunicação dessa forma não estão preocupados em partilhar ideias, exercer uma influência positiva e duradoura e obter cooperação por meio da conscientização. Ao contrário: como sabem que sua mensagem é pouco consistente, quanto menos o ouvinte refletir no que foi dito, melhor para eles. Seu intuito não é promover a participação e o engajamento consciente, mas provocar uma decisão impulsiva que o favoreça. Aqui, o objetivo não é comunicar, é manipular, e os que agem dessa maneira sujeitam-se a queimar sua reputação. Só que isso também não os preocupa. Sua intenção é apenas obter uma vantagem imediata, mesmo que o preço disso seja a perda da credibilidade. Assim, quando o receptor da mensagem perceber que comprou gato por lebre, será tarde demais: a compra já foi feita, o negócio já foi fechado, o acordo já foi selado, o voto já foi dado a este ou aquele candidato... Por isso, saber selecionar as informações que recebemos não é só uma forma de as aproveitar melhor: é uma questão de sobrevivência.

Uma boa forma de fazer isso é checando a fonte da informação, isto é, sua origem. A fonte tem boa reputação? É digna de crédito? A informação pode ser confirmada por mais de uma fonte? Desconfie de informações cuja fonte de origem é desconhecida – em muitos casos, podem não passar de boatos.

Esse é um princípio básico do bom jornalismo, afinal, quem tem a responsabilidade de divulgar informações para muitas pessoas – e de exercer uma forte influência sobre a opinião pública – deve ter a certeza de que o que está sendo divulgado corresponde à verdade. No entanto, não são apenas os jornalistas que podem recorrer a esses métodos. Ainda que em menor escala, você também exerce influência sobre as pessoas ao seu redor. E essa influência é maior do que você imagina. Até aqueles que ocupam as posições mais humildes da empresa podem propagar informações infundadas que se espalham como fogo em mato seco, comprometendo reputações e afetando negativamente uma série de pessoas e até mesmo a empresa. A transmissão irresponsável de informações desabonadoras e não comprovadas é o que se chama de fofoca.

Não se iluda. Não há nada de inocente numa fofoca. Aliás, os prejuízos que ela causa já foram até mensurados: cerca de 345 milhões de reais por ano, só na Inglaterra. A estimativa resultou de uma pesquisa feita pela consultoria de recursos humanos Office Angels com trabalhadores ingleses. Dos cerca de 28,9 milhões de trabalhadores britânicos, um percentual equivalente a 13% admitiu gastar pelo menos duas horas semanais fofocando com os colegas, revelou a pesquisa. Nos cálculos da consultoria, os britânicos gastam 7,4 milhões de horas semanais nessa atividade. Como o salário médio na Inglaterra é de 11,71 libras por hora, o estudo concluiu que as empresas perdem mais de 86 milhões de libras por ano – ou seja, algo em torno de 345 milhões de reais – devido às interrupções causadas pelo hábito de fofocar. As perdas, porém, não são só financeiras. Perde-se a eficiência ao se tomar decisões baseadas em informações não confiáveis, e perde-se a reputação ao se retransmiti-las de modo inconsequente. Além disso, as fofocas contaminam os relacionamentos, dificultando a cooperação e o trabalho em equipe.

É um equívoco achar que o fofoqueiro é uma pessoa bem-informada. Bem-informado é quem possui informações relevantes e úteis sobre a empresa, o departamento, o mercado, as tarefas a serem executadas. Espalhar por aí que tal pessoa está se divorciando ou que fulano e beltrana estão saindo juntos não é ser bem-informado: é ser intrometido. Por isso não se comprometa. Não dê trela aos fofoqueiros de plantão. Ao ser abordado por um deles, mude de assunto ou arranje alguma desculpa para se afastar.

A fofoca não se restringe à difusão de boatos ou de supostos fatos sobre a vida pessoal dos outros. Falar mal de alguém que não está presente também é uma forma de fofocar. Nesse caso, porém, a maledicência do fofoqueiro acaba se voltando contra ele. A American Psychological Association publicou um estudo sobre o "efeito bumerangue" da fofoca. Quando você fala de alguém – por exemplo: "Meu chefe é um idiota", ou "Fulano é um incompetente" –, as pessoas que o estão ouvindo tendem a associar a você os traços que estão sendo mencionados. Os psicólogos chamam isso de "transferência espontânea de características". Ou seja, ao fazer fofocas, suas palavras podem ser inconscientemente interpretadas como uma descrição da sua própria personalidade.

Por fim, é preciso lembrar que as palavras têm um peso, e não é nada fácil – se não for impossível – apagar da mente das pessoas o que foi dito de forma impensada. As desculpas "Falei sem pensar" ou "Eu estava nervoso e perdi a cabeça" não bastam para reverter a situação. Os outros sempre vão achar que você disse exatamente o que queria dizer, e que o fato de estar sob pressão serviu apenas para liberar suas inibições e fazê-lo se mostrar como realmente é. Não faltam histórias de pessoas que perderam seus cargos e sua credibilidade pelas palavras ofensivas ou desdenhosas ditas num momento de raiva, de descontrole ou de pouco discernimento. Jamais esqueça isso: você é responsável por tudo o que diz e por todas as informações que transmite. Se a informação for incorreta, não adianta culpar quem a transmitiu a você: é sua responsabilidade conferi-la antes de passá-la adiante.

Para checar como você está lidando com as informações que recebe e como está transmitindo suas mensagens, pergunte-se:

- De que forma estou recebendo as informações? Estou conseguindo usá-las com o máximo proveito?
- Realmente me esforço para analisar as informações que recebo ou me limito a classificá-las descuidadamente, com base em opiniões que já formei antes de recebê-las?
- Tenho dificuldade em lembrar o que foi dito numa reunião ou numa conversa sobre negócios?
- Costumo conferir as fontes de origem das informações que recebo?
- Sou cuidadoso ao retransmitir informações ou passo adiante tudo o que escuto?
- Faço comentários negativos sobre pessoas que não estão presentes? Tenho o hábito de criticar alguém na frente de terceiros?

- Costumo falar sem pensar e depois me arrepender do que digo?
- Já me envolvi em problemas por ter dito o que não devia? Dou corda a pessoas que falam da vida alheia?
- Revelo coisas comprometedoras e depois peço aos outros que não digam que fui eu quem contou?
- Interrompo o que estou fazendo para ouvir as últimas novidades sobre a vida de alguém?

Essas perguntas são apenas o ponto de partida para uma reflexão pessoal. Se não gostou de algumas das respostas que você deu, utilize-as como incentivo para promover mudanças positivas. A história a seguir, atribuída a Sócrates, o célebre filósofo grego, poderá indicar-lhe o caminho.

Os três crivos de Sócrates

Um dia, quando Sócrates conversava com seus discípulos em Atenas, um homem aproximou-se e, puxando-o pelo braço, lhe disse:

— Precisamos conversar em particular. Tenho uma coisa urgente para lhe contar.

Sócrates respondeu:

— Espere um pouco. Você já passou isso que vai me dizer pelos três crivos?

— Como assim? Que crivos? — espantou-se o homem.

— O primeiro é o crivo da verdade. Você tem certeza de que o que vai me contar é verdade?

— Certeza não tenho, mas muita gente está falando, então...

— Bem, se não passou pelo crivo da verdade, deve ter passado pelo da bondade. O que você está prestes a me dizer é algo bom, não?

O homem hesitou.

— Bom não é. Muito pelo contrário.

— Se talvez não seja verdade e com certeza não é bom, resta o terceiro crivo. Há alguma utilidade no que você quer me contar?

O homem pensou um pouco.

— Não sei bem, acho que não...

— Neste caso, se sua história não é verdadeira, nem boa, nem útil, não perca seu tempo contando-a, pois nenhum proveito pode-se tirar dela — disse o filósofo, encerrando a conversa.

Construindo relacionamentos

Você já parou para pensar por que nos comunicamos? Qual é o objetivo máximo da comunicação? A resposta mais óbvia é: porque precisamos nos expressar.

E por que precisamos nos expressar?

Porque temos uma mensagem para transmitir aos demais.

E por que transmitir uma mensagem aos demais?

Porque queremos que eles saibam algo.

E por que queremos que eles saibam algo?

Porque assim podemos obter compreensão e cooperação.

E por que obter compreensão e cooperação?

Porque não podemos fazer e resolver tudo sozinhos.

A última resposta nos dá uma pista do objetivo máximo da comunicação. As pessoas se comunicam para que possam interagir. Como disse o poeta inglês John Donne em seu famoso poema "Por quem os sinos dobram", "Nenhum homem é uma ilha isolada, cada homem é uma partícula do continente, uma parte da terra". Seja na vida pessoal, seja no trabalho, precisamos dos outros, de sua compreensão e de sua cooperação, para que possamos atingir nossos objetivos e nos realizarmos como pessoas e como profissionais. Conforme foi dito no início desta parte, é por isso nos comunicamos: para criar e cultivar relacionamentos.

A todo momento estamos interagindo com alguém, seja com a esposa ou com os colegas de trabalho, com o chefe ou com os clientes, com os amigos ou com os conhecidos, com o jornaleiro da banca ou com o diretor da empresa. Muitas dessas interações são superficiais e até mecânicas. No entanto, para criar e cultivar relacionamentos é preciso dar um passo a mais: é preciso gerar empatia. A empatia é uma sensação subjetiva e difícil de definir, mas talvez possa ser explicada como a capacidade de fazer com que as pessoas se sintam acolhidas, ou seja, sintam que você as compreende e se preocupa com elas. É essa a argamassa que sustenta qualquer relação verdadeira, duradoura e produtiva.

Já foi dito que a empatia é a comunicação que vai do coração para o cérebro, e essa é mais do que uma frase de efeito. É uma realidade que a ciência já começou a comprovar. No início, acreditava-se que o coração apenas respondia a comandos emitidos pelo cérebro. Mas uma série de estudos sugere que essa é uma comunicação de mão dupla, ou seja: o coração também influencia o cérebro – e muito. Entre os pioneiros nesses estudos estão os pesquisadores John e Beatrice Lacey. Ao longo de 20 anos de pesquisas, eles observaram que o coração se comunica com o cérebro de maneira a afetar significativamente o modo como percebemos o mundo e reagimos a ele. Estudos posteriores indicaram que a atividade cerebral é naturalmente sincronizada com a atividade cardíaca. E mais: a atividade cardíaca é alterada de acordo com as diferentes emoções que experimentamos – logo, nosso estado mental também é. Emoções negativas afetam o ritmo cardíaco e as "mensagens" que o coração envia ao cérebro por meio de impulsos eletromagnéticos. Consequentemente, nossa capacidade de compreender, discernir e reagir também é afetada negativamente, e não apenas isso. Quando duas pessoas estão conversando, os sinais eletromagnéticos gerados pelo ritmo cardíaco de uma delas influenciam a atividade cerebral da outra, e vice-versa. Ou seja, as emoções negativas que você está transmitindo irão afetar negativamente a percepção, a compreensão e a reação dos outros.

É fácil entender como isso funciona na prática. Se ao falar com alguém você estiver experimentando emoções ruins – por exemplo, raiva, irritação ou ansiedade –, terá mais dificuldades em ouvir e compreender o outro, em perceber suas motivações e encontrar a melhor forma de se comunicar efetivamente com ele. Por sua vez, a pessoa com quem você está falando será "contagiada" pelas emoções negativas que você transmite e reagirá de acordo. Conclusão: não há empatia, conexão ou entendimento. Naturalmente, o oposto também é verdadeiro. Se você estiver experimentando emoções positivas, será mais fácil abrir um canal de comunicação que permita o diálogo, o entendimento e a empatia.

É esse tipo de visão mais ampla dos relacionamentos humanos que recebe o nome de inteligência social, definida por Edward Thorndike, o grande educador americano, como a habilidade que cada indivíduo tem de entender e lidar com outras pessoas, isto é, a habilidade de ser bem-sucedido nas interações sociais. O conceito foi ampliado pelo psicólogo e Ph.D pela Universidade de Harvard Daniel Goleman, autor do *best-seller Inteligência emocional*. Segundo Goleman, o fator decisivo para que uma pessoa atinja o sucesso não é apenas o seu QI (quociente de inteligência), mas também o seu QE (quociente emocional), isto é, a habilidade de entender e de lidar com as próprias emoções e com as dos outros. "A formação acadêmica não oferece praticamente nenhum preparo para as tempestades ou oportunidades que a vida impõe", diz Goleman. "Apesar de um alto QI não ser garantia de prosperidade, prestígio ou felicidade, nossas escolas e cultura concentram-se na capacidade acadêmica, ignorando o desenvolvimento da inteligência emocional. As emoções são um campo com o qual podemos lidar, da mesma forma como matemática ou física, com maior ou menor talento, e exige seu conjunto exclusivo de aptidões. Essas aptidões são decisivas para a compreensão de por que um indivíduo prospera na vida, enquanto outro, de igual capacidade intelectual, não passa da estaca zero."

E por que os que possuem maior inteligência emocional levam vantagem? "As pessoas com prática emocional bem desenvolvida têm mais probabilidade de se sentirem satisfeitas e serem eficientes, dominando os hábitos mentais que fomentam sua produtividade", responde Goleman. "As que não conseguem exercer controle sobre a vida emocional travam batalhas internas que sabotam sua capacidade de se concentrar no trabalho e pensar com clareza."

Além disso, compreender e lidar com seus sentimentos e com os dos outros é também um elemento chave para criar empatia e melhorar a qualidade de seus relacionamentos. Embora algumas pessoas pareçam fazer isso de forma quase que espontânea, é importante observar que elas não nasceram assim. Saber cultivar relacionamentos não é uma característica genética: é uma habilidade que pode ser aprendida. Existem hábitos, comportamentos e atitudes que são verdadeiros venenos para os relacionamentos – afastam as pessoas em vez de aproximá-las, geram antipatia em vez de empatia e obstruem a comunicação. Portanto, a primeira coisa a fazer é observar se você possui algumas dessas características e tratar de mudá-las, pois, como sabemos, todo veneno tem o seu antídoto. São venenos para os relacionamentos:

- **Autocentrismo:** centrar-se apenas em si mesmo, seja por arrogância, seja por timidez. Pode manifestar-se de várias formas: queixar-se da vida constantemente, gabar-se e contar vantagens, falar apenas dos seus interesses ou problemas... Seja como for, o foco é sempre você, e nunca o outro.
- **Prejulgamento:** formar uma opinião antes mesmo de ouvir o que as pessoas têm a dizer. Ninguém se sente aberto ao diálogo quando percebe que já foi julgado e condenado por antecipação.
- **Desinteresse:** negligenciar os demais, mostrar-se desatento, ignorar os gestos de cortesia, não se preocupar em ouvir.
- **Utilitarismo:** só procurar as pessoas quando precisa de um favor.
- **Impessoalidade:** agir com frieza e manter os outros a distância. Incapacidade de compartilhar emoções e sentimentos.
- **Criticismo:** criticar as pessoas o tempo todo, por qualquer motivo ou até sem motivo. Tem gente que consegue criticar até quando está elogiando. É o caso de frases como: "Essa roupa cai muito bem em você. Agora só falta emagrecer um pouco...".

- **Descontrole emocional:** estar sujeito a explosões de cólera e descontar o mau humor nos outros.
- **Descrédito:** menosprezar as pessoas e minar a autoestima delas. Observações como: "Duvido que você consiga", "Você sempre faz tudo errado", "Aposto que não vai dar certo" e outras do gênero contribuem apenas para desencorajar.
- **Ironia:** ridicularizar os outros. Em alguns casos, a ironia sugere sagacidade, mas não quando é usada com a finalidade específica de zombar de alguém. Desculpar-se dizendo que foi só uma brincadeira não basta para curar sentimentos feridos.
- **Dependência:** usar as pessoas como muletas, sufocá-las com atenções e solicitações excessivas. A dependência afasta os que são emocionalmente saudáveis e atrai os manipuladores, que tentarão tirar proveito disso.
- **Presunção:** tomar como garantidos o afeto, o respeito e a lealdade dos outros. Presumir que esses sentimentos são imutáveis e que não é preciso fazer nada para cultivá-los.
- **Falta de senso crítico:** ausência do que popularmente chamamos de "desconfiômetro". Achar que está agradando quando não está, não perceber que está sendo inconveniente ou indelicado.
- **Desconsideração:** passar por cima das opiniões, sentimentos e interesses dos outros, sem buscar a conciliação.
- **Manipulação:** usar os pontos fracos das pessoas para induzi-las a fazer alguma coisa em vez de motivá-las para obter a cooperação. Cedo ou tarde, o manipulado vai se voltar contra o manipulador.
- **Deslealdade:** negar seu apoio, enganar, trair a confiança dos outros por meio da mentira, da desonestidade ou não cumprindo o que prometeu.
- **Desrespeito:** abusar da boa vontade dos demais, usar palavras ofensivas, humilhar ou explorar as pessoas.
- **Beligerância:** levar tudo a ferro e fogo, estar sempre disposto a partir para a briga, achar que todos estão contra você, usar a agressividade para se defender antes mesmo de ser atacado.
- **Intolerância:** rejeitar as diferenças, rechaçar os que não pensam como você, fechar-se a outros pontos de vista e a outras formas de ver o mundo.
- **Controle:** tentar controlar as pessoas, não dar espaço para que os outros ajam por conta própria.
- **Dissimulação:** fingir ser o que não é só para agradar.

E alguns dos antídotos contra esses venenos de relacionamentos são:

- **Aceitar os outros como eles são.** Nada é mais desgastante do que tentar modificar as pessoas ou moldá-las conforme nossos gostos e necessidades. Além de ser inútil, faz com que você seja visto como intolerante ou manipulador. Em vez de tentar forçar os outros a serem o que eles não são, preocupe-se em descobrir como as pessoas podem contribuir sendo como são. E lembre-se: a única pessoa que você pode mudar com sucesso é você mesmo.

- **Admitir os próprios erros.** Poucas "pragas" são piores do que os donos da verdade. Os que nunca admitem seus erros acabam afugentando os demais ou oprimindo-os com sua arrogância. Um pouco de humildade faz com que a pessoa pareça mais humana e acessível, o que é um requisito básico para um relacionamento saudável.

- **Mostrar curiosidade e interesse pelas pessoas e pelo mundo em geral.** Ninguém que seja do tipo "bitolado", que só fala de determinado assunto – sobre o trabalho, por exemplo –, consegue formar um amplo círculo de amizades. A fama de "chato" o persegue e, na maioria das vezes, acaba o limitando a relacionamentos superficiais, com pessoas como ele.

- **Ter consciência social.** Esse é um desdobramento natural do interesse pelas pessoas. Se você se interessa pelos outros, interessa-se também pelos problemas da sociedade na qual está inserido e, sempre que pode, não se recusa a intervir para ajudar a melhorar as coisas.

- **Ser sensível às necessidades e aspirações alheias.** Veja as pessoas não apenas como patrões, colegas, sócios, funcionários, clientes, mas como seres humanos. Leve em conta as características que as tornam humanas: seus sonhos e desejos, seus gostos e preferências, seus receios e inseguranças.

- **Saber colocar-se no lugar dos outros.** Essa é uma característica essencial para criar empatia. Não é apenas uma questão de ouvir o outro, mas de ouvir de um modo solidário e compreensivo, a ponto de imaginar como seria estar em seu lugar.

- **Estar atento às regras de convívio social.** Gentileza, cortesia e educação não devem ser poupadas nem ser usadas de forma discriminatória. Seja gentil e educado sempre e com todo mundo: da moça que faz a faxina no escritório ao diretor da empresa. E, é claro, não se esqueça das regras básicas. Nada de economizar "bom dia", "como vai", "por favor" e "obrigado".

- **Ter autocontrole.** Conforme vimos, suas emoções afetam diretamente a reação dos outros. Aprenda a se controlar e a não despejar nos demais suas frustrações e irritações. Se estiver com raiva ou de mau humor, esfrie a cabeça antes de conversar com alguém.
- **Encorajar, apoiar, ajudar.** Seja uma pessoa prestativa. Saiba ajudar sem se intrometer indevidamente, apoiar sem tolher a iniciativa dos outros e criticar sem desencorajar ou humilhar. Use o bom senso e o discernimento para distinguir uma coisa da outra.
- **Respeitar para ser respeitado.** Ouça e aceite as opiniões dos outros. Aceitar não é o mesmo que concordar. Você pode ter uma opinião divergente, mas, ainda assim, aceitar o fato de que cada um tem o direito de possuir sua própria opinião. A democracia não é apenas um *slogan* político. É algo que deve ser praticado também em nosso círculo de relacionamentos. Conceder a todos o direito de se expressar é sinal de respeito pelos demais.
- **Ser autêntico.** Não é dizer: "Sou grosso mesmo, os outros que se danem" – isso é apenas má educação. Autenticidade é expressar suas melhores características e ter consciência daquelas que precisam ser aperfeiçoadas – além de, é claro, tratar de aperfeiçoá-las.
- **Aprender com os outros.** Um relacionamento saudável é algo dinâmico, que cresce conosco e que nos faz crescer. É uma troca: aprendemos com os outros e os outros aprendem conosco. No que diz respeito às relações humanas, não existe aprendizado teórico. Quanto mais investimos nos relacionamentos, mais aprendemos a nos relacionar.

Acreditando no poder dos relacionamentos: Chaim Zaher

E se o porteiro se tornasse dono da escola? Bem, pode acontecer. O imigrante libanês naturalizado brasileiro Chaim Zaher, que ainda na infância foi viver em Araçatuba, no interior de São Paulo, foi porteiro, inspetor e vendedor de matrículas no cursinho onde trabalhava. Hoje, mais de 6 mil professores em mais de 30 países atendem a mais de 300 mil alunos nas escolas do Grupo SEB, fundado por ele: Maple Bear (originária do Canadá e da qual o grupo detém 70%), Luminova (voltada para a população de baixa renda), Carolina Patrício, Concept, Colégio Einstein, entre outras, a maior parte voltada para um ensino *premium*, frequentemente bilíngue. Em entrevista à *Forbes*, o empresário diz: "Sempre dediquei grande parte de meu tempo entrevistando novos professores e novos executivos e, tão importante quanto, convivendo e trabalhando com eles para conhecê-los com mais detalhes".

Por mais gigantesco que seja, o SEB é uma empresa familiar, da qual Thamila, filha de Chaim, é diretora-executiva. Para que funcione, opina Zaher, "dialogar francamente é fundamental, definir papéis, com uma hierarquia clara e metas para todos. [...] Convivo com o melhor dos mundos: família e empresa juntos, relações que se somam, nunca se subtraem".

O êxito levou à expansão dos negócios. Hoje o SEB é dono também de faculdades e universidades no Brasil, como Dom Bosco, Estácio e Ibmec. Desde outubro de 2020, Zaher tem também um braço na comunicação, o Grupo Thathi, dono de um portal, uma rádio, uma TV aberta em Ribeirão Preto e geradoras de SBT, Record e Band em cidades do interior de São Paulo.

Os passos certos para negociar

Boa parte do tempo em que estamos interagindo com outras pessoas estamos também negociando. Negociar é tentar chegar a um acordo para atingir determinados objetivos. E fazemos isso com muito mais frequência do que pensamos – às vezes, até sem perceber. Negociamos tarefas cotidianas com a esposa ou o marido ("Eu vou ao supermercado hoje, você vai na semana que vem"), com os filhos ("Você pode ir brincar, mas só depois que terminar a lição"), com os amigos ("Eu te empresto meu carro e você enche o tanque antes de devolver"), com os colegas ("Eu cubro o seu plantão hoje, você cobre o meu amanhã"). Negociamos ao comprar alguma coisa, ao pechinchar no preço, ao pedir prazos mais favoráveis. E, é claro, negociamos empregos, aumentos, promoções, condições de trabalho, vendas, distribuições de tarefas, acordos financeiros, parcerias e investimentos.

A negociação é também a melhor forma de resolver divergências e unir diferentes pontos de vista, interesses e personalidades em torno de um objetivo comum – motivo pelo qual um profissional que se revela um bom negociador sempre se destaca. De acordo com Carlos Alberto Júlio, autor do livro *A magia dos grandes negociadores*, a negociação "é um exercício de convivência, a maneira mais democrática de resolver conflitos". E isso é especialmente importante quando é necessário fortalecer a união e obter a cooperação de um grupo conflitante, de modo que o trabalho em equipe se torne não apenas viável, mas produtivo e eficiente.

Saber negociar é uma necessidade. Quem não sabe está em grande desvantagem. Pode acabar sendo induzido a aceitar acordos desfavoráveis por alguém que possui mais habilidade na arte de negociar. E pode também comprometer o seu trabalho e a execução de suas metas por não conseguir obter cooperação, solucionar conflitos e fechar acordos e parcerias. Embora algumas pessoas pareçam ser negociadoras natas, a habilidade de negociar é algo que pode ser desenvolvido e aperfeiçoado. Isso é confirmado por especialistas no assunto, como o professor americano William Ury, considerado um dos maiores entendidos em negociação no mundo. Autor de um livro sobre o tema que deu origem ao programa de negociação da Universidade de Harvard, o professor Ury diz: "Existem aqueles que são negociadores natos, mas podem melhorar. E há aqueles que não são tão bons, mas que podem desenvolver técnicas que vão levar a resultados muito bons".

Muitas das coisas que você já viu neste livro (como a assertividade e a empatia, por exemplo) irão ajudá-lo a preparar-se para uma negociação. Mas existem algumas técnicas e considerações específicas para sair-se bem ao negociar – e é isso que veremos a seguir.

Para começar, há duas coisas fundamentais que você deve saber:

1. **Jamais se coloque em posição de desvantagem**
   Não se deixe intimidar pelo poder da pessoa com quem você irá negociar. Ao negociar com alguém rico e influente, capaz de lhe conceder ou não um emprego, de investir ou não no seu negócio, de realizar ou não uma grande compra, não aja como se estivesse pedindo um favor. Se fizer isso, ele vai perceber e não hesitará em tirar todo o proveito possível da situação, às suas custas. Em vez disso, encare as coisas como uma troca. O outro tem algo que você quer, mas você também tem algo a oferecer: seu valor como profissional, a qualidade do produto que você vende, o potencial do negócio no qual ele poderá investir e assim por diante.

2. **Negociar com sucesso não é obter vantagens indevidas, que depois podem se voltar contra você**
   Se a outra pessoa achar que foi enganada, ela poderá desfazer o acordo, sabotar os termos da negociação, não fazer nenhum negócio com você no futuro e ainda queimar sua reputação, o que irá prejudicá-lo em outras negociações. Uma negociação tem êxito quando todas as partes envolvidas se sentem satisfeitas. É isso o que se chama de política do "ganha-ganha": conseguir chegar a um acordo final capaz de conciliar os diferentes interesses que estão em jogo.

Para te ajudar a chegar nesse resultado, elaborei a seguir um rápido guia de como agir em cada fase da negociação.

Pré-negociação

Conheça bem o que você está vendendo. Se for uma ideia para um novo negócio ou uma proposta de parceria para um negócio já existente, reúna todas as informações disponíveis e prepare-se para responder todo tipo de pergunta: viabilidade do negócio, lucratividade, público-alvo, mercado, investimentos necessários, diferencial, comparações com a concorrência, bem como todos os atrativos que ele oferece. Se você estiver vendendo os seus serviços ou o seu produto, concentre-se nas vantagens e nos diferenciais. E se estiver propondo a solução de um conflito, prepare de antemão uma argumentação sólida e convincente para embasar a sua proposta.

Conheça bem quem está comprando. Informe-se sobre as pessoas com que você vai negociar, a empresa na qual você deseja trabalhar ou o perfil de quem está envolvido no conflito que você está tentando solucionar. Selecione as informações e os argumentos que forem mais atraentes a essas pessoas. Isso requer um pouco de sensibilidade e de psicologia, pois os interesses alheios nem sempre são óbvios. Não vai adiantar muito enfatizar apenas os aspectos financeiros para um investidor que não busca somente mais uma fonte de renda, mas o prazer e a satisfação de encarar um novo desafio. Da mesma forma, também não vai adiantar fazer um belo discurso em prol da união para pessoas que precisam de iniciativas concretas a fim de resolver seus conflitos.

Decida de antemão até que ponto você está disposto a ceder. Negociar implica dar e obter concessões. Por isso, a flexibilidade é essencial. Contudo, é preciso evitar a armadilha de submeter-se à pressão: ceder no que não pode ou não quer. O segredo é estabelecer antes os limites que você é capaz de aceitar e, então, fazer propostas acima desse limite, para depois negociar até chegar ao nível desejado. Durante a negociação, a outra pessoa se sentirá estimulada ao pensar que está obtendo vantagens – enquanto você estará chegando exatamente ao ponto em que queria chegar.

Prepare-se antecipadamente para rebater possíveis objeções. Não seja pego de surpresa. Faça uma lista de todos os argumentos contrários que você poderá ouvir e prepare-se para rebatê-los.

Controle os nervos. Negociadores experientes farejam de longe os desesperados e, é claro, tiram vantagem disso. Acalme-se. Uma postura serena contribuirá para valorizar a você mesmo e as suas propostas. Mesmo que seja extremamente importante obter sucesso em uma determinada negociação, achar que sua vida depende disso é puro exagero – a menos que você esteja negociando a própria vida numa situação extrema, como um assalto, por exemplo. Se a negociação não der certo, confie em sua capacidade de encontrar alternativas. Por mais que essa negociação seja crucial para você, não aja como se sua vida dependesse disso. Prepare-se mentalmente para agir com tranquilidade e firmeza.

Negociação

Comece prendendo a atenção do outro desde o início. Lembre-se da fase de preparação: o que você pode dizer para capturar o interesse da pessoa com a qual você está negociando?

Procure compreender antes de tentar se fazer compreendido. Isso aumentará a boa vontade da outra pessoa em relação a você e também lhe dará um mapa de suas expectativas, necessidades e desejos. Adaptar seus argumentos a esse mapa é a melhor forma de se fazer compreendido.

Ninguém tem tempo a perder. Seja direto e conciso. Tenha seus objetivos em mente e não perca o foco. Evite aprofundar-se em detalhes, a menos que o outro solicite. E, mesmo ao entrar em detalhes, mantenha a concisão.

Adapte-se ao perfil da pessoa com a qual você está negociando e aja de acordo. Algumas pessoas costumam ir direto ao ponto. Outras gostam de conversar um pouco para relaxar. Um bate-papo pode ser necessário para quebrar o gelo, mas não deixe que o tema da negociação fique em segundo plano. Do contrário, a pessoa pode olhar o relógio e dizer: "foi ótimo conversar com você, mas agora tenho que correr para um compromisso urgente". E lá se vai a negociação.

Não abuse das fórmulas genéricas. Cada pessoa é de um jeito. O que pode agradar a uma, pode irritar à outra. O "faça aos outros o que você quer que façam a você" não conta nas negociações. Aqui, o que vale é: "faça aos outros o que eles gostariam que fosse feito". Você sabe o que eles gostariam? Preste atenção e descubra.

Não se envolva em conflitos de egos. Se a outra pessoa for vaidosa ou presunçosa, não entre em uma competição com ela. Apenas use isso a seu favor.

Faça suas concessões aos poucos e nos momentos certos. Se ceder rápido demais, o outro perceberá que aquilo que foi concedido não era assim tão importante para você e irá aumentar a pressão. Para valorizar o objeto de sua negociação, a outra pessoa deve sentir que as concessões estão sendo conquistadas, e não simplesmente entregues de bandeja.

Não se envergonhe de perguntar. Faça quantas perguntas forrem necessárias. É uma característica do bom negociador a habilidade de fazer perguntas estratégicas a fim de obter as informações que precisa.

Cuidado com o canto das sereias. Segundo a mitologia, as sereias eram criaturas encantadoras que seduziam os marinheiros com seu canto. Hipnotizados, eles acabavam batendo seus navios contra as rochas. Tenha a certeza de que o que lhe está sendo oferecido é um benefício concreto, e não apenas algo aparentemente sedutor, mas no fundo irrelevante ou pernicioso.

Não aceite a primeira proposta que lhe for oferecida. Se você já planejou antecipadamente as concessões que está disposto a fazer, a outra pessoa provavelmente fez a mesma coisa. Se por um golpe de sorte a primeira proposta for exatamente a que você tinha em mente, será que não é possível conseguir um pouco mais? Faça algumas sondagens. Não custa tentar. Sinta o terreno em que está pisando antes de tomar uma decisão.

Fique atento à imposição de condições que possam alterar o resultado. O que conta não é apenas atingir determinado objetivo por meio da negociação, mas também a forma como esse objetivo será atingido. Suponha que a outra pessoa concordou em se associar a você e também concordou em investir a quantia que você estava esperando, mas exigiu contrapartidas impossíveis ou extremamente difíceis de serem cumpridas. Ou, então, o outro lhe diz que o emprego é seu, mas lhe impõe atribuições e carga horária inviáveis. Quem será que se saiu bem nessa negociação? Examine cuidadosamente as condições impostas ou sugeridas antes de cantar vitória. Lembre-se: as condições também devem ser negociadas.

Cuidado com os acertos "por debaixo dos panos". Se alguma coisa não pode ser oficializada por meio de um contrato, que garantias você tem de que será cumprida? E se não pode ser oficializada, será que é honesta?

Lidar com indecisos é uma arte que exige paciência e firmeza. Quando lhe pedirem tempo para pensar, crie uma sensação de urgência. Sutilmente, dê a entender que sua proposta é tão boa que já existem outros interessados, ou que o *timing* para começar o negócio é perfeito, ou que suas concessões têm prazo limitado e por aí afora. Outra boa tática consiste em guardar uma carta na manga para essas ocasiões, uma última concessão ou vantagem destinada a estimular uma decisão rápida. Algumas negociações podem levar tempo, ou até mesmo se desdobrar em várias outras até que se chegue a um acordo final. Mas se você perceber que está sendo enrolado, não perca seu tempo. Procure outras pessoas para negociar. E o faça de maneira ética: diga à pessoa que, devido às circunstâncias, você se vê obrigado a analisar outras propostas.

Lidar com os inflexíveis é outro desafio. Se nenhum dos seus argumentos e táticas funcionar, lembre-se: impor não é negociar. Se o outro não ceder em nada, ele não está negociando, está apenas exigindo. Não aceite qualquer coisa movido pelo desespero, nem pense que "isso é melhor do que nada" – se "isso" significa um grande problema, ele não é melhor do que nada, é pior. Além disso, a inflexibilidade do outro será reforçada por sua aceitação e ditará o tom do relacionamento que irá se desenvolver entre vocês. Será mesmo que você não pode conseguir algo melhor? Pense nisso: respeito próprio e autoestima não são negociáveis.

Não seja você o inflexível. Mesmo que o resultado da negociação não seja exatamente o que você esperava, avalie a proposta antes de recusá-la sumariamente. Analise que vantagens ela lhe traz e que portas poderá lhe abrir. Esteja atento ao conselho do ex-primeiro-ministro britânico Benjamin Disraeli: "A primeira coisa mais importante é saber lutar para obter ou manter uma vantagem. A segunda é saber quando abrir mão de uma vantagem". Se a proposta for inaceitável, paciência, parta para outra. Mas pese bem os prós e os contras antes de tomar sua decisão.

Pós-negociação

Certifique-se de documentar. Tudo o que foi decidido na negociação deve ser devidamente colocado no papel, de acordo com todas as exigências legais e o mais rápido possível.

Leia com atenção antes de assinar contratos e documentos. Verifique se o que está escrito corresponde ao que foi negociado. Se algo lhe parecer incorreto ou pouco claro, peça mudanças no texto do documento. Confira se o documento estipula penalidades para o descumprimento dos termos do acordo, e que penalidades são essas. Caso tenha alguma dúvida, não hesite em perguntar. E se as explicações não o deixarem satisfeito, consulte um advogado para ter certeza do que está assinando. Não fique envergonhado achando que as pessoas podem pensar que você não confia nelas. Todos os bons negociadores agem da mesma forma.

Cumpra o que foi negociado. O momento para voltar atrás já passou. É sua reputação e o seu sucesso que estão em jogo.

Sempre prepare uma saída amigável. Negociações, acordos e contratos não são garantias absolutas de que tudo correrá conforme o esperado. Se as circunstâncias mudarem, contratos podem ser desfeitos. Mas, é claro, isso também precisa ser negociado. Aja com honestidade e transparência. Busque uma saída amigável e evite conflitos desgastantes.

Negociações – resumo

Faça	Não faça
Preparar-se com antecedência.	Confiar no improviso.
Analisar, pensar, perguntar.	Dizer sim ou não logo de cara.
Planejar concessões e fazê-las aos poucos.	Colocar todas as cartas na mesa de uma vez só.
Avaliar as condições.	Pensar só no objetivo final.
Bater um papo rápido para quebrar o gelo, se for o caso.	Prolongar-se em conversas irrelevantes e perder o foco.
Ouvir e compreender.	Falar sem ouvir, tentar ser compreendido antes de compreender.
Demonstrar interesse.	Demonstrar desespero.
Usar as características do outro a seu favor.	Implicar com as características do outro.
Ser conciso. Dar detalhes só quando for solicitado.	Entrar em detalhes antes que eles sejam solicitados.
Estar convencido dos benefícios ao aceitar a proposta.	Deixar-se seduzir por falsas vantagens ao aceitar a proposta.

Depoimento: Ricardo Bellino

Para conseguir vender com sucesso o que quer que seja – seu produto, seus serviços, suas ideias ou sua imagem –, é fundamental que você seja uma pessoa persuasiva. Persuasão e vendas devem andar lado a lado. Afinal, ninguém vai comprar nada de você sem que antes você o convença de que se trata de um bom negócio. Sendo assim, o que todos querem saber é: como funciona a arte da persuasão? Podemos aprender a nos tornar mais persuasivos? O grande segredo da persuasão é acreditar no que você está vendendo, acreditar a ponto de entusiasmar-se com isso e de transmitir esse entusiasmo aos outros.

Mas gostaria de tecer uma reflexão sobre a diferença entre persuadir e manipular. A persuasão deve apelar para os sentimentos mais nobres do ser humano, como seu legítimo espírito empreendedor e o desejo de compartilhar um sonho e transformá-lo em realidade, de explorar novas oportunidades e de satisfazer suas necessidades e as de sua empresa da melhor forma possível. Ao persuadir alguém, você revela seus objetivos de forma clara, honesta, transparente. E além de construir uma parceria, constrói também uma amizade que pode durar a vida toda.

Já a manipulação, em geral, costuma fazer o oposto: apelar para as fraquezas humanas, como o narcisismo, a ganância, a inveja, o ciúme, o egoísmo, o complexo de inferioridade e por aí afora. Ao manipular alguém, você constrói apenas uma precária aliança calcada em interesses muitas vezes escusos, e que a qualquer momento pode se desfazer ou se voltar contra você. Casos extremos de manipulação nos são mostrados nas tragédias de Shakespeare, que conhecia como poucos a natureza humana. Movido pela inveja, Iago se vale de intrigas e armações para convencer Otelo de que sua esposa o trai. Ele vende a ideia de que é um leal e abnegado servidor, quando, na verdade, está apenas manipulando as dúvidas e a baixa autoestima de seu patrão para levá-lo à destruição. Lady Macbeth apela para a ganância do marido a fim de convencê-lo a matar o rei e tomar o trono. Hamlet é convencido pelo fantasma de seu pai, o rei da Dinamarca, a vingar sua morte. Como bem sabemos, todas essas histórias acabam mal.

Longe dos palcos, esses dramas se desenrolam em outros cenários – como o ambiente profissional, por exemplo – toda vez que alguém manipula as fraquezas alheias para atingir seus objetivos. Na vida real, essa estratégia pode não resultar nos duelos e assassinatos que vemos nas obras do dramaturgo inglês, mas resulta em perdas, algumas irreparáveis. Perdem-se o respeito, a confiança e a credibilidade. Lembre-se: persuadir é, antes de tudo, compartilhar sonhos. E como disse o próprio Shakespeare: "Somos feitos da mesma matéria que nossos sonhos".

A arte de lidar com pessoas difíceis

O filósofo francês Jean Paul Sartre dizia que o inferno são os outros. Não dá para negar que ele tem certa razão. Ainda que muitas vezes tenhamos a tendência de culpar as pessoas em vez de analisarmos nossos atos e suas consequências, há ocasiões em que realmente somos prejudicados por terceiros: alguém que nos puxa o tapete, que rouba nossas ideias, que não nos dá crédito pelo nosso trabalho, que se vale de fofocas e outros estratagemas com o claro intuito de nos prejudicar e por aí afora. Essas coisas de fato acontecem e, provavelmente, constituem um dos aspectos mais complexos dos relacionamentos humanos – e um dos mais difíceis de lidar.

De modo geral, pessoas que agem assim são movidas por uma profunda insegurança. Em vez de reconhecer e trabalhar suas fraquezas, elas simplesmente as ocultam embaixo do tapete. O problema é que aquilo que é reprimido ou negado pode vir à tona sob a forma de sentimentos nocivos e incontroláveis. Como a inveja, por exemplo. Os dicionários definem a inveja como desgosto ou pesar pelo bem ou pela felicidade alheias, ou ainda como o desejo violento de possuir o que não nos pertence. Um antigo provérbio latino a chama de "a origem de todos os males" e, em fins do século VI, o papa Gregório a incluiu na lista dos sete pecados capitais estipulados pela Igreja Católica (os outros seis são soberba, cólera, preguiça, avareza, gula e luxúria).

A inveja no ambiente profissional é um assunto que costuma ser subestimado – ou simplesmente ignorado. Preferimos pensar que somos todos adultos, conscientes, responsáveis e que tudo o que fazemos é baseado em "critérios profissionais". Mas a realidade não é bem assim. Estamos sujeitos a nos deixar levar, às vezes até de forma inconsciente, por sentimentos considerados "inadequados" ou "antiprofissionais". Num estudo feito pelo professor Robert P. Vecchio, da Universidade de Notre Dame (Indiana, EUA), 77% dos funcionários entrevistados afirmaram ter presenciado situações de inveja em seu local de trabalho nos últimos 30 dias. E, desse total, mais da metade admitiu que esteve diretamente envolvido nessas situações. "Apenas por fazer bem o seu trabalho, uma pessoa pode despertar nas outras um sentimento de inferioridade que irá gerar ressentimento e hostilidade", concluiu o professor.

Ninguém é tão perfeito a ponto de não invejar uma coisa ou outra de vez em quando. Contudo, a forma saudável de lidar com esse sentimento é usá-lo como estímulo para progredir. Porém, se a inveja gerar ressentimento e o ressentimento gerar o impulso de prejudicar deliberadamente quem é invejado, então o problema é mais sério: estamos lidando com um invejoso patológico.

Esse tipo de pessoa costuma ser mestre na dissimulação. Afinal, admitir que sentimos inveja implica admitir que alguém possui algo que nós gostaríamos de ter e não temos, ou que alguém é o que gostaríamos de ser e não somos, o que automaticamente coloca o outro em uma posição de superioridade. Por isso, o invejoso age nas sombras: reconhecer que sente inveja e que seus atos são motivados por ela equivale a admitir sua submissão a impulsos que são vistos como mesquinhos e desprezíveis. A própria origem etimológica da palavra já deixa isso implícito. Inveja deriva do verbo latino *invidere*, que significa olhar maliciosamente, enviesado ou de soslaio, o que denota sua característica sub-reptícia, camuflada. Vêm daí expressões como "olho gordo", "mau-olhado" e "olhos que secam pimenteira", em alusão ao olhar do invejoso e à negatividade que ele transmite.

Mas o invejoso patológico não se limita a cobiçar o que é do outro. Ele precisa também destruir o que não pode ter, ou o que não se sente capaz de ter, e poderá fazê-lo por meio de palavras e de ações que acarretam diferentes níveis de danos. O primeiro nível é o da zombaria e do escárnio. Tentar ridicularizar o objeto de sua inveja é a primeira arma do arsenal do invejoso. Depois, vêm a fofoca, os boatos e a calúnia, que visam atacar a reputação do invejado. E, por fim, há a intriga, armação pura e simples usada para desestabilizar o invejado e desacreditá-lo perante os demais. No ambiente profissional, pode-se observar todas essas ações em andamento – do funcionário que não se cansa de "alfinetar" o colega que foi promovido ao empresário que sussurra a seus pares que "a empresa de fulano está obtendo tanto lucro porque, segundo dizem por aí, ele anda sonegando impostos", sem que haja qualquer comprovação de suas insinuações.

O rei Sadim

Pessoas que, movidas pela inveja, não hesitam em prejudicar os demais são a definição do rei Sadim. Esse nome vem da palavra Midas escrita ao contrário. Midas era o rei que, segundo a mitologia grega, recebeu o dom de transformar em ouro tudo o que tocava. Sua lenda deu origem à expressão "toque de Midas", usada para se referir a pessoas que possuem a capacidade de mudar as coisas para melhor e obter sucesso em tudo o que fazem. Já o Sadim é o oposto de Midas. Seu dom é destruir tudo aquilo em que põe a mão. Se o negócio dá lucro, ele faz dar prejuízo; se a ideia é boa, ele a faz afundar; se existe amizade e cooperação, ele logo instala a desconfiança e a desarmonia.

Existem vários Sadins por aí, e você provavelmente conhece algum. Eles podem tomar a forma de chefes, colegas de trabalho, falsos amigos. Como não conseguem suportar o sucesso dos outros, estão dispostos a tudo para tentar estragar aquilo que não são capazes de obter – nem que para isso tenham de valer-se de golpes baixos. O Sadim é a personificação da "pessoa difícil" por excelência: impermeável à razão e ao bom senso e pouca afeita aos princípios da ética e da amizade. É inevitável que, cedo ou tarde, cruzemos com algum Sadim, na vida profissional ou pessoal. Saber reconhecê-lo e aprender a neutralizá-lo é a única forma de impedir que ele se torne um obstáculo ao seu sucesso.

O que o Sadim mais deseja é reproduzir-se, é transformar você em Sadim. E consegue isso cada vez que uma de suas vítimas se sente acuada e acaba lançando mão das mesmas armas que ele: as reações iradas, a mesquinhez, o desejo de ir à forra a qualquer custo. Diz a sabedoria popular que a melhor vingança é viver bem, e essa é a arma ideal para neutralizar o Sadim e não se deixar contaminar por ele. Cada uma de suas armas deve ser combatida com a virtude oposta: a ética anula a desonestidade, a generosidade anula a mesquinhez e o egoísmo, o autocontrole anula a raiva e as atitudes intempestivas, a admiração sincera anula a inveja, a humildade anula a arrogância, a compreensão anula a intolerância e assim por diante. Outra forma de se imunizar contra o arsenal do Sadim é zelando por sua reputação. Quanto mais sólida for sua credibilidade, mais dificuldade ele terá de abalá-la por meio de fofocas e calúnias. Por outro lado, se encontrar uma pequena brecha em sua reputação, por menor que seja, fará de tudo para transformá-la em um enorme rombo.

Em alguns momentos pode parecer que o Sadim está levando a melhor, mas não se preocupe. Suas vitórias são sempre efêmeras e, no final, ele acaba sendo a principal vítima de seus golpes sujos. As armas para combatê-lo, por outro lado, são muito mais poderosas e eficientes, pois não visam à destruição. Elas são ferramentas que o conduzem ao único tipo de sucesso que realmente importa: aquele que é obtido de maneira digna e que o faz ser respeitado e admirado por seus semelhantes.

Mas lembre-se: Midas e Sadim nada mais são do que as duas faces de uma mesma moeda. Todos nós temos um pouco de Midas e um pouco de Sadim. Se as características de Midas prevalecerem, teremos mais chances de realizar nossos sonhos e atingir a prosperidade e o sucesso. Se as características do Sadim dominarem, é maior a possibilidade de adotarmos uma série de atitudes e comportamentos que conduzem ao fracasso. Mesmo quando sucumbimos a nosso lado Sadim, é sempre possível corrigir a rota e retomar o rumo certo, desde que tenhamos suficiente humildade, disposição e força de vontade. Cabe a nós decidir para qual lado da balança queremos pender. Conscientemente ou não, fazemos essa escolha a todo momento, até nos mais simples gestos cotidianos.

Assim sendo, para defender-se do Sadim lembre-se de:

- **Manter o autocontrole.** Quanto mais você reagir negativamente às provocações do Sadim, mais poder ele terá para perturbá-lo. Recuse-se a lhe dar esse poder.
- **Não se deixar obcecar.** Se você está sempre se queixando de seu chefe Sadim, ou de seu colega Sadim, ou de seu parente Sadim, está dando

a ele seus bens mais preciosos: seu tempo, sua energia e sua paz de espírito. E também está permitindo que ele prejudique seus relacionamentos – quem é que vai ter paciência de conversar com você, se o seu assunto favorito é reclamar do Sadim?

- **Não usar o Sadim como desculpa.** É possível que o Sadim o tenha realmente prejudicado uma vez ou outra. Mas ele não é – nem pode ser – o motivo pelo qual tudo anda mal em sua vida. Se você sente que está tão submetido assim à influência de alguém, então o problema é seu, e não dele. Faça uma autocrítica e trate de descobrir os verdadeiros motivos pelos quais isso está acontecendo. Às vezes é mais fácil culpar os outros do que aceitar o fato de que nós é que precisamos mudar.

- **Evitar a contaminação.** Não permita que as atitudes do Sadim o transformem numa pessoa amargurada e ressentida. Sentimentos como esses afetam o seu bem-estar, a sua produtividade e o fazem perder o foco, atrapalhando suas chances de chegar ao sucesso. Você realmente está disposto a dar ao Sadim essa vitória?

- **Insistir nas atitudes positivas.** Você pode achar que isso não está exercendo o menor efeito sobre o Sadim – e talvez não esteja mesmo. Mas agir de forma positiva irá exercer um efeito benéfico sobre você, ajudando-o a crescer, prosperar e sentir-se bem consigo mesmo. E, no final das contas, não é isso o que importa?

Depoimento: John Casablancas – fundador da Elite Models

Fundei a Elite Models no início da década de 1970, e o sucesso foi imediato. Foi a Elite que lançou o conceito de *top model* e dominou o mercado com nomes como Cindy Crawford, Linda Evangelista, Naomi Campbell e muitas outras. Contudo, ser bem-sucedido nesse meio não é nada fácil. No mundo da moda, você tem de lidar com pessoas incrivelmente egocêntricas. As modelos começam muito jovens, são inseguras, imaturas, competitivas e tudo tem de girar em torno delas. Minha estratégia para lidar com esses relacionamentos difíceis é simples: eu e todos em minha agência agíamos como se cada modelo fosse o centro do nosso universo. A modelo deveria sentir que era o foco absoluto de nossa atenção, que estávamos cuidando da carreira dela 24 horas por dia.

Esse trabalho é completado com um cuidado paternal. É preciso que haja disciplina, mas também é preciso orientar essas meninas tão jovens quanto aos perigos do fumo, do álcool, das drogas. No entanto, é necessário agir de forma que elas recebam isso como um sinal de preocupação com o seu bem-estar, e não como uma invasão de sua privacidade. Mas, mesmo com todo esse cuidado e dedicação, o relacionamento com elas é difícil. Em geral, toda modelo em posição de poder fica insuportável. E a ingratidão é uma constante nesse meio. No início, quando você lança uma menina desconhecida para a fama, ela se sente agradecida e reconhece o que você fez por ela. Mas logo que a modelo se torna realmente famosa, essa atitude tende a se inverter: ela passa a achar que chegou onde está sozinha e que o agente é apenas um parasita tentando lucrar às custas dela. Rapidamente, todo o trabalho que fizemos para levá-la ao topo é esquecido. Nessas horas, há que se ter muito autocontrole e confiança em nós mesmos para que todos esses sapos que temos de engolir não nos afetem emocionalmente.

No mundo da moda, as dificuldades são muitas, mas as recompensas também são. A meu ver, existem três grandes recompensas que o estimulam a lidar com todos esses relacionamentos complicados. A primeira é o prazer de estar nesse universo de juventude e beleza, de *glamour* e sofisticação, de viagens e de intensa vida social. A segunda é o sucesso financeiro e o prestígio que você obtém quando consegue vencer nesse meio. E a terceira, que é a mais importante para mim, é aquele momento único que faz com que tudo valha a pena: a satisfação de parar diante de uma banca de jornal e ver os rostos daquelas meninas, cujo potencial você descobriu e desenvolveu, estampados em 40 capas de revistas.

Depoimento: Jack Nicklaus – esportista considerado o "Pelé do golfe"

Tenho o orgulho de dizer que nunca desejei que um oponente perdesse um golpe ou uma tacada em nenhum momento em todos os anos em que competi no golfe. Ao contrário, preferi concentrar-me exclusivamente em dar meus completos e melhores esforços que necessitasse fazer para vencer, o que me permitiu viver confortavelmente comigo mesmo, fosse qual fosse o resultado. Além disso, nunca vi nem ouvi um jogador realmente bom torcer para que um oponente errasse, particularmente nos torneios profissionais. Existe uma série de razões para que isso, se ocorrer, seja algo tão raro: em primeiro lugar, existe a própria camaradagem do golfe. Os melhores jogadores em todas as fases do jogo, profissionais e amadores, certamente estão tentando fazer o melhor para vencer os demais em todas as oportunidades. Mas eles também necessitam conviver uns com os outros enquanto o fazem e isso produz um laço entre eles que parece superar os lados mais negros até dos tipos mais competitivos de personalidade. Quando você passa por isso, sabe como dói jogar mal e perder, e isso não o incentiva a desejar essa dor a uma pessoa que, mesmo que nem sempre seja um amigo no sentido completo da palavra, é pelo menos uma pessoa que compartilha as mesmas experiências e desafios que você.

Formando uma *network*

Muitos definem *network* como uma rede de contatos, uma lista de pessoas que você conhece e que pode "usar" quando necessário. Essa é uma visão bem limitada do que vem a ser *network*. Na verdade, trata-se de uma rede de relacionamentos baseados no respeito e na cooperação mútua. Relações descartáveis, calcadas em interesses passageiros e vantagens momentâneas, podem até funcionar por algum tempo, quando tudo vai bem. Mas jamais o ajudarão nos momentos difíceis, pois o que existe são apenas interesses utilitários, e não vínculos. E a primeira regra dos utilitaristas é: afastar-se correndo assim que uma pessoa deixar de servir a seus objetivos imediatos. Ajudar alguém em dificuldades, então, nem pensar. O que eles lucrariam com isso?

A questão não é pensar em lucros imediatos, mas em ganhos que não podem ser mensurados por dinheiro algum. Ao criar vínculos, você ganha confiança, estima e cooperação, e forma a seu redor uma rede de pessoas com as quais poderá contar em qualquer situação. Essa rede não é composta apenas de pessoas em postos de alto escalão. Para que seu negócio progrida, você precisa tanto de uma boa secretária a seu lado quanto de um bom investidor. Para que sua carreira seja bem-sucedida, não adianta apenas tentar se aproximar do chefe e esnobar sua equipe, pois seu trabalho ficará comprometido.

Criar uma *network* é dar um passo a mais em sua habilidade de criar, manter e expandir relacionamentos. E esse passo é fundamental, não só para ajudá-lo a chegar ao sucesso mas também para fazê-lo crescer como ser humano.

Etapas para criar uma *network*

1. **Amplie sua zona de conforto.** Há quanto tempo você não faz novos amigos? Há quanto tempo não conhece pessoas diferentes? O fato é que, de modo geral, temos a tendência de nos acomodarmos num círculo limitado de relacionamentos – a chamada "zona de conforto". No entanto, para criar uma *network*, esse círculo precisa estar constantemente em expansão. Por quê? Porque é assim que surgem novas oportunidades e mais portas são abertas para você. É claro que o grau de intimidade desses relacionamentos pode variar: nem todas as pessoas que você conhece ou que ainda vai conhecer se

tornarão seus "amigos do peito". Ainda assim, se souber cultivar e ampliar esses relacionamentos, você terá mais pessoas com as quais pode contar. Não deixe que sua *network* envelheça. Continue acrescentando novos contatos. Trate-a como um organismo vivo em constante expansão, pois é assim que ela deve ser para que realmente funcione.

2. **Não discrimine – seja gentil com todos.** É um grande erro achar que só vale a pena de aproximar de pessoas "importantes e influentes". Muitas vezes, é a recepcionista que o ajuda – ou não – a ter acesso ao diretor da empresa, e é o porteiro do prédio que lhe dá a dica do melhor horário para encontrar o presidente da companhia. Uma *network* é uma grande rede de relacionamentos formada por muitos elos, e cada elo tem a sua importância – do contrário, a rede pode simplesmente se romper. A educação e a cortesia não devem ser reservadas apenas a algumas poucas pessoas. Trate bem a todos, sem discriminação.

3. **Cave um poço antes de sentir sede.** Se alguém esperar até sentir sede para começar a cavar um poço, corre o risco de morrer de sede antes de encontrar água. Com a *network* acontece a mesma coisa. Se você procurar as pessoas apenas quando precisar de um favor, com o tempo elas se afastarão de você. E com razão. Ninguém gosta de gente que só nos procura quando precisa de ajuda e nos ignora na maior parte do tempo. Pessoas assim são vistas como aproveitadoras, e não como amigos. Não basta ter contatos, é preciso mantê-los vivos. Como? Mandando mensagens de Natal e de aniversário, telefonando de vez em quando e procurando as pessoas para conversar, mesmo que não haja nenhum motivo especial para isso: você quer somente bater um papo e saber como elas estão. É assim que se constroem laços e, sem laços, não existe *network*.

4. **Crie boa vontade.** Para que a *network* funcione, as pessoas devem ter boa vontade em relação a você. E só é possível criar boa vontade se você for capaz de dar, espontaneamente e sem esperar nada em troca. Avisar a um amigo ou conhecido que há uma vaga disponível, indicar alguém para um cargo ou promoção, passar adiante uma dica que pode ser útil para outra pessoa... Enfim, comece fazendo aos outros o que você gostaria que fizessem a você. Mas faça isso sem impor retribuições e sem cobranças posteriores. Cobranças geram ressentimentos, e onde há ressentimento não pode haver boa vontade. Em vez de uma *network,* você terá apenas um sistema de troca de favores, no qual as pessoas são utilizadas e descartadas quando deixam de ser "úteis" – inclusive você. Ajude desinteressadamente

e as pessoas se lembrarão. Pode ser que você se depare com um ou outro ingrato, mas não se preocupe com eles: a ingratidão é a melhor maneira de fazer com que as portas se fechem em vez de se abrirem, e cedo ou tarde eles terão de lidar com as consequências de seus atos. Não permita que uma experiência com a ingratidão o faça pensar que o mundo inteiro é ingrato – ela é a exceção, e não a regra. Continue firme em seu propósito de gerar boa vontade e os resultados certamente virão.

5. **Demonstre atenção.** Você não sabe como travar novas amizades? Tem dificuldade em conversar com pessoas que não conhece? A melhor forma de começar é falando de algum assunto neutro – o tempo, o trânsito, algum acontecimento que esteja na ordem do dia, mas que não gere controvérsias e debates acalorados, senão você terá uma discussão em vez de uma conversa – e, logo a seguir, estimular o outro a falar dele mesmo. De modo geral, as pessoas gostam de falar de si, de seu trabalho, de sua família, de seus gostos e interesses. E gostam ainda mais quando alguém as ouve com atenção enquanto falam de si mesmas. A atenção é expressa por meio de frases como: "É mesmo?", "Puxa, que interessante!", "E aí, o que foi que você fez?", "Sei, compreendo", e outras do gênero. Se sentir que recebeu a devida atenção, a outra pessoa vai achar que teve uma conversa incrível – ainda que você tenha dito apenas: "É mesmo? Sei, compreendo" durante a maior parte da conversa. A pior tática possível é, por falta do que dizer, ficar falando apenas de você. A menos que se trate de situações específicas, nas quais você é solicitado a dar informações a seu respeito – como numa entrevista para emprego, por exemplo –, a melhor estratégia é ser atencioso e deixar o outro falar. Mesmo que seu interlocutor lhe faça perguntas pessoais, seja sucinto e passe a bola adiante, se não quiser ser rotulado de "chato". Você pode pensar: "Se o outro ficar falando só dele, então ele é que vai ser o 'chato'". Talvez sim, talvez não. Lembre-se: o seu objetivo não é rotular as pessoas, mas travar amizades e fazer novos contatos.

6. **Demonstre interesse genuíno pelas pessoas.** Não se engane: o interesse forçado ou fingido é imediatamente identificado pelo outro. E, no que diz respeito aos relacionamentos, poucos "repelentes" são tão eficientes quanto esse. Afinal, como podemos apreciar uma pessoa que dá a impressão de estar sendo falsa conosco? Não perca tempo tentando fingir interesse. Simplesmente se interesse. Faça um esforço para memorizar os nomes das pessoas. Se alguém lhe diz que a esposa está no hospital, quando o encontrar

novamente pergunte como vai a sua esposa. Dê continuidade aos assuntos. Demonstre que você ouviu com atenção e que está interessado em saber o que aconteceu. É lembrando que seremos lembrados.

7. **Saiba elogiar.** Um elogio sincero é uma forma de expressar a sua admiração. Já a lisonja, ou seja, o elogio falso ou exagerado, é algo que poderá nos render o rótulo de "puxa-saco". Todo mundo gosta de elogios sinceros. Congratular alguém por uma promoção ou por um trabalho bem-feito, dizer a fulano que gostou da gravata que ele está usando ou comentar com beltrana que seu novo corte de cabelo lhe caiu muito bem são pequenos gestos de cortesia que fazem com que as pessoas se sintam especiais. E ao fazê-las sentirem-se especiais, elas o verão como alguém especial.

8. **Diversidade: aproxime-se de pessoas diferentes.** No livro *Cave um poço antes de sentir sede*, o autor Harvey Mackay diz: "Se todos em sua rede forem iguais a você, não é uma rede, é um formigueiro". Não restrinja sua *network* somente a pessoas que possuem o mesmo trabalho, os mesmos gostos e os mesmos interesses que você. Diversifique. Quanto mais diversificada for a sua rede de relacionamentos, mais amplo será o seu horizonte e mais oportunidades surgirão.

9. **Invista em sua vida social.** É difícil conhecer pessoas diferentes se você é do tipo que vai de casa para o trabalho, do trabalho para casa e só. Para fazer novos relacionamentos, é preciso sair da toca. Se sua vida social está devagar, quase parando, é hora de reativá-la. Aceite convites para festas, jantares, reuniões sociais e eventos, e convide os outros para sair com você. Caso esteja passando por uma fase de desânimo, não fique esperando as coisas melhorarem para voltar a circular. Sair um pouco e divertir-se irá ajudá-lo a recuperar o ânimo. Aproveite as oportunidades de conhecer pessoas diferentes e de reforçar os laços com quem você já conhece.

10. **Não vá com muita sede ao pote.** Ao fazer novos contatos, certifique-se de que as pessoas conheçam você primeiro, antes de virem a conhecer os seus problemas. Suponha que você precise encontrar um emprego com urgência. Por mais que isso seja importante para você, essa não é a primeira coisa que as pessoas devem saber a seu respeito. Por que elas deveriam se interessar por suas dificuldades se nem sequer chegaram a conhecê-lo direito? Elas provavelmente o ouvirão durante alguns segundos por pura cortesia, pedirão licença e irão procurar alguém que não seja tão "baixo astral" para conversar. Para despertar o interesse dos outros devemos nos mostrar interessantes, e uma boa forma de nos mostrarmos interessantes é

nos mostrando interessados pelo que as pessoas têm a dizer. Obviamente, não é despejando um caminhão de problemas em cima de gente que mal conhecemos que iremos conseguir isso. Converse de forma descontraída e seja um ouvinte atencioso e cortês. Aguarde o momento certo para revelar que você está em busca de emprego e, quando o fizer, não comece a se lamentar e a recitar uma longa lista de infortúnios. Você atrairá mais simpatias agindo como alguém em busca de oportunidades do que atuando como um desesperado capaz de revelar suas aflições mais íntimas a estranhos.

11. **Valorize o contato pessoal.** Redes sociais, aplicativos de mensagens, telefonemas e e-mails são ótimas ferramentas para se manter em contato, mas não são as únicas. Não há nada que substitua com a mesma eficiência o bom e velho ato de conversar pessoalmente com alguém. Mostre que seus amigos e conhecidos, clientes e colegas são importantes para você dando--lhes um pouco de seu tempo e de sua presença.

12. **Seja generoso – *networks* não têm contratos de exclusividade.** Não trate seus contatos, conhecidos e amigos como se fossem propriedade exclusiva. Se alguém lhe pedir um contato, seja generoso. Ter receio de que outras pessoas possam "roubar" seus amigos é sinal de que sua autoconfiança está em baixa. A mesquinharia faz sua rede encolher. A generosidade, por outro lado, a fará aumentar: a própria pessoa que lhe pediu um contato acabará sendo parte de sua *network*, bem como os novos contatos que ela poderá gerar. Mas aja com bom senso. Passar um contato não é o mesmo que se comprometer recomendando uma pessoa cuja reputação você não conhece – ou conhece, mas sabe que não é boa.

13. **Peça com parcimônia.** Você sabe que sua *network* está ativa e funcionando bem quando as dicas e as informações começam a chegar sem que você as solicite. É uma indicação de que as pessoas estão se lembrando de você e o estão procurando para lhe avisar acerca de uma oportunidade ou para lhe trazer informações úteis ao que quer que você esteja pretendendo fazer no momento. No entanto, às vezes pode ser necessário pedir ajuda direta a alguém de sua rede para resolver um problema específico. Ao fazer isso, tenha certeza de que o pedido é importante, que você não pode mesmo resolver a situação sozinho e que o outro realmente tem condições de ajudá-lo sem que isso lhe cause prejuízos ou constrangimentos. Não peça favores a alguém que você conheceu ontem – trate de construir um relacionamento primeiro. Também não faça pedidos constantes sempre às mesmas pessoas: não há relação que suporte esse tipo de desgaste.

14. **Alimente sua *network* de forma positiva.** O que você dá às pessoas irá definir sua relação com elas. Não é apenas uma questão de dar o que temos, mas de dar o que somos. Você dá entusiasmo, esperança, ânimo, conforto e afeto? Ou distribui pessimismo, desânimo e descrença? Alimente sua *network* de forma positiva se não quiser que ela murche devido à má nutrição.

15. **A honestidade é a melhor política.** Os relacionamentos verdadeiros são construídos com base no respeito e na confiança. Mas isso não surge automaticamente: deve ser cultivado sempre e a todo momento. A melhor forma de cultivar o respeito e a confiança é agir com honestidade e transparência.

O discurso de elevador

Imagine-se na seguinte situação: você está num elevador, a porta se abre e, de repente, surge aquela pessoa com quem você tanto precisava falar, mas da qual não sabia como se aproximar. Pode ser o diretor da empresa, um cliente em potencial que há muito você cobiça, alguém com o poder de contratá-lo para aquele emprego que você tanto quer ou o investidor ideal para o seu negócio. Ele entra no elevador e, durante os próximos segundos, vocês estarão lado a lado e a sós. O que você faz?

Existe uma técnica para agarrar oportunidades como essas e tirar o máximo proveito delas. É o chamado "discurso de elevador". A expressão vem do inglês *elevator speech*, ou *elevator pich*, e sua origem é atribuída a uma situação comum no congresso norte-americano, na qual um congressista que está se dirigindo a uma votação importante é abordado no elevador pelos lobistas, que dispõem de poucos segundos para apresentar os interesses que defendem e argumentar de forma a tentar influir no voto que ele dará. Transposto para o mundo dos negócios, o discurso de elevador é definido como uma forma rápida, direta e concisa de apresentar você, sua ideia, seu produto, sua empresa ou seus serviços a alguém, de maneira a torná-lo suficientemente interessado a ponto de marcar uma reunião ou de lhe dar mais tempo para prosseguir. É claro que essas situações não ocorrem apenas em elevadores, e nem sempre acontecem por acaso. O discurso de elevador tanto pode ser usado quando você encontra alguém acidentalmente ou quando já possui um encontro marcado – afinal, mesmo em reuniões agendadas é necessário captar a atenção da outra pessoa desde o início. O mesmo ocorre quando você tem que abrir uma palestra, apresentar um projeto, negociar um emprego ou uma promoção, ou vender uma ideia, um produto ou um serviço.

John Johnson, o bem-sucedido empreendedor americano cuja história você leu na primeira parte deste livro, explicou da seguinte forma sua técnica de capturar a atenção do cliente: "Às vezes você não consegue contar sua história em cinco minutos, mas se você pede os cinco minutos, as pessoas ficam mais propensas a lhe atender. Se você consegue colocar o pé na porta e contar uma boa história, elas o deixarão terminar, mesmo que leve trinta minutos ou uma hora: se, por outro lado, não houver interesse no que você está dizendo, já é demais". O mesmo princípio se aplica ao discurso do elevador. Existem outras técnicas que podem ajudá-lo, mas o ponto de partida é que você não confie apenas no improviso.

Em um texto chamado "Como vender qualquer coisa a qualquer pessoa em cinco minutos ou menos" (que está no livro *Gênios dos negócios*, de Peter Krass), Johnson diz: "O que tornavam eficazes esses cinco minutos de exercício não eram os cinco minutos que o cliente conseguia ver, mas as semanas e meses de preparação que ele não podia ver". Portanto, para começar você deve ter ao menos as linhas gerais de seu discurso de elevador preparadas de antemão. Mesmo que você ainda não tenha nenhuma reunião ou compromisso marcado no qual poderá usá-lo, é preciso estar pronto para as oportunidades que podem surgir pelo caminho. Aqui estão algumas técnicas para ajudá-lo a preparar o seu discurso de elevador:

- **Condense:** o cronômetro já foi acionado e você dispõe de alguns poucos minutos, ou até mesmo segundos. Qual é a essência do que você quer transmitir? Como isso pode ser feito em quatro ou cinco frases? Uma boa forma de descobrir isso é escrevendo tudo o que você quer falar, destacando os aspectos mais importantes e cortando o resto. Depois, releia os aspectos principais, destaque o que é mais importante e reduza de novo. Repita o processo até chegar a meia dúzia de frases, no máximo. Essa é a essência do discurso que você deve ter em mente.

- **Clarifique:** as frases que você condensou são claras, precisas e diretas? Expressam objetivamente a mensagem que você quer transmitir? Para ter certeza disso, faça um teste: mostre-as a amigos e colegas e peça sua opinião. Eles entenderam claramente as informações que você está passando? Se perceber que o entendimento não está claro, refaça e teste de novo. Não se preocupe em usar palavras difíceis para demonstrar conhecimento. Preocupe-se apenas em ser o mais claro possível. A objetividade impressiona muito mais do que tentar mostrar que você é um dicionário ambulante.

- **Credencie-se:** a credibilidade é fundamental. Seu discurso se apoia em fatos? Que credenciais você tem para fazer essas afirmações? O que você diz tem fundamento ou você está apenas falando por falar? Quais são esses fundamentos? Eles estão claramente expressos no seu discurso? Por que a pessoa com quem você está falando deveria ouvi-lo? A resposta certa é: "Porque tenho algo muito bom a lhe oferecer" – o quê? "Meu trabalho, minha ideia ou meu produto". E por que razão o que você está oferecendo é tão bom assim? Pense bem na resposta. Ela lhe dará os fundamentos necessários para que o seu discurso tenha credibilidade.

- **Conecte-se:** cuidado para não acabar falando sozinho ou com as paredes. Você não pode ficar tão preocupado em burilar sua mensagem a ponto de ignorar as reações da outra pessoa. Embora o discurso de elevador possa – e deva – ser planejado com antecedência, isso não tem nada a ver com decorar um texto e despejá-lo em cima de alguém. O discurso só vai funcionar se você criar uma conexão dinâmica com a outra pessoa. O que você preparou antes é um esboço, uma ideia central. O desenvolvimento e a evolução dessa ideia precisam levar em conta a reação de seu interlocutor. Observe suas reações. Ele está interessado? Impaciente? Distraído? Atento? Absorva essas informações e use-as para ajustar e para dar o tom, o ritmo e o rumo certos ao seu discurso.

- **Convença:** sua mensagem está condensada e é clara e crível. Mas será que é convincente? Ela pode ser condensada, clara e crível e, ainda assim, chata e desinteressante. Pense em como torná-la mais atraente e persuasiva, não só por meio de argumentos, mas também pelo modo de transmitir esses argumentos: a convicção e a confiança ao falar são cruciais.

- **Conceitualize:** qual é o conceito do seu discurso? O conceito, nesse caso, é a ideia geral. Sua mensagem deve transmitir rapidamente, de forma condensada, com clareza, credibilidade e de modo convincente uma ideia geral do que você está propondo. Sem isso, seu discurso ficará confuso e sem objetivo, levando o outro a pensar: "Mas afinal, o que ele quer de mim? Por que está me dizendo tudo isso?". Certifique-se de que sua mensagem responde a essas perguntas antes que elas sejam feitas pela outra pessoa.

- **Contextualize:** contextualizar é inserir seu discurso dentro de um contexto. Por que você está falando com aquela pessoa naquele momento? Por que sua proposta é relevante, útil e urgente para ela? Se o seu interlocutor não receber o seu discurso dentro de um contexto que tenha relevância para ele, provavelmente lhe dirá que você está falando com a pessoa errada.

- **Customize:** customizar é aprofundar o contexto, é transformar sua mensagem num discurso feito sob medida para a pessoa com a qual você está falando. O contexto desperta a atenção, mas é a customização que desperta o interesse. Você não está apenas apelando para a razão do outro. Está apelando para a emoção. Não basta ele entender o que você diz, ele deve também gostar do que você diz. Uma boa maneira de chegar a esse nível é selecionando os argumentos mais atraentes para o perfil de seu interlocutor.

- **Concretize:** seja o que for que você estiver vendendo ou propondo em seu discurso de elevador, certifique-se de que é algo concreto e tangível. Mesmo que você esteja vendendo uma ideia para um novo negócio, apresente-a de forma concreta, e não como algo um tanto vago que você ainda está elaborando. Frases como: "Sabe, eu tenho uma ideia que talvez lhe interesse, mas eu ainda estou trabalhando nela. Acho que tem potencial, só que gostaria de saber sua opinião, se o senhor tiver algum tempinho, quem sabe..." não funcionam no discurso de elevador. A proposta, os argumentos, os benefícios e vantagens, enfim, tudo o que você disser deve ser concreto.

- **Conheça:** é imprescindível mostrar que você sabe do que está falando, que tem conhecimento de causa. Esteja preparado para esclarecer dúvidas e rebater objeções de modo convincente.

- **Costure:** certifique-se de que não há nada contraditório ou mal explicado em seu discurso e de que seus argumentos são consistentes e estão bem costurados numa sequência lógica. Cuidado para não despejar informações de maneira aleatória. Mesmo que elas sejam relevantes, se não forem costuradas de modo coerente e concatenado, não vão fazer muito sentido para quem está ouvindo.

- **Coordene:** mesmo que você tenha preparado com antecedência as linhas gerais de seu discurso, é fácil se confundir num momento de nervosismo ou de tensão. Para não perder o fio da meada, tenha em mente o seguinte roteiro:

> **Quem** está propondo: fazer sua apresentação pessoal em poucas palavras.
> **O que** você está propondo: uma breve visão conceitual de sua proposta.
> **Para quem** você está propondo: selecionar a argumentação de acordo com o perfil do interlocutor.
> **Por que** você está propondo: que benefícios e vantagens sua proposta trará ao outro?

Procure coordenar os quatro elementos que compõem o roteiro. Se o que você está falando não se encaixa em nenhum desses elementos, alguma coisa está errada. Concentre-se e corrija a rota.

- **Conclua:** Essa é uma peculiaridade do discurso de elevador: ele termina com um começo. Esse começo é a oportunidade que poderá surgir caso o seu discurso tenha surtido o efeito desejado, que é fazer com que a outra pessoa se interesse por você e por sua mensagem e lhe dê uma chance de prosseguir, de explicá-la em detalhes ou até iniciar uma negociação com você. Se tudo funcionar bem, o outro lhe pedirá para continuar ou marcará uma reunião. Se ele não fizer isso, tome a iniciativa e conclua seu discurso dizendo: "Podemos conversar mais a respeito disso?" ou "Posso ligar para sua secretária para marcarmos um horário?".

Depoimento: Ricardo Bellino

Ao longo de minha trajetória já fiz muitos discursos de elevador. Dentro ou fora de elevadores. Afinal, sem oportunidades não existem negócios. Quando consegui minha primeira reunião com Donald Trump para lhe vender a ideia de participar de um empreendimento imobiliário no Brasil, me vi na situação de ter de fazer o grande discurso de elevador de minha vida. Trump estava cheio de compromissos e, naquele dia, seu humor não era dos melhores. Quando me disse: "Você tem três minutos para me vender a sua ideia", sua intenção era me desestimular e se livrar de mim o mais rápido possível.

Era o tipo de situação na qual a lista de contras parece ser maior do que a de prós. Eu tinha chegado a Trump por meio de uma carta de apresentação escrita por John Casablancas, de quem me tornei amigo após a parceria para o lançamento da Elite Models no Brasil. Mas, apesar da carta de John, eu era um perfeito desconhecido para Trump. E, ainda por cima, vinha de um país no qual até então ele não tinha nenhum negócio ou interesse. Para completar, a ideia que eu deveria apresentar era a de um negócio complexo, que envolvia uma série de detalhes. E só para complicar um pouco mais, Trump não estava disposto a me dedicar mais do que três minutos de seu tempo e de sua atenção.

Ainda assim, decidi que não iria perder aquela oportunidade. Era tudo ou nada: ou eu capturava sua atenção nos primeiros segundos, ou seria sumariamente despachado. O que eu sabia sobre Donald Trump? Que ele é um empreendedor imobiliário de sucesso, que investe no mercado de luxo, que sabe reconhecer uma oportunidade quando a vê e que gosta de desafios. Foi isso que me ajudou a selecionar o argumento que, em meio a tantos outros, seria capaz de prender sua atenção. Comecei lhe falando sobre o mercado de luxo no Brasil, apresentando rapidamente alguns fatos e números que pudessem lhe dar uma ideia da dimensão e do potencial que esse setor possuía no país de onde eu vinha. Foi a escolha certa. Trump me pediu que eu me reunisse com seus assessores para discutir os detalhes do projeto. E enquanto nos encaminhávamos para a sala de reunião, ele lhes disse que não saíssem de lá sem um acordo fechado.

Esse fato demonstra o incrível poder que um bom discurso de elevador pode ter. A história dos três minutos rendeu uma matéria no jornal *The New York Times*. Foi também tema de um dos livros que escrevi, chamado *Três minutos para o sucesso*. O livro foi lançado com êxito nos Estados Unidos e em outros 10 países. E isso não é tudo. A história de minha negociação com Trump gerou também um recorde, o de fechamento de negócio multimilionário mais rápido de que se tem notícia. O recorde foi devidamente oficializado pela Record Holders, empresa que registra e certifica recordes nas mais diferentes categorias. Isso abriu novas portas, novos contatos, relacionamentos e oportunidades para mim. E tudo começou com um discurso de elevador.

Depoimento: Donald Trump

Em meu livro *Pense como um bilionário*, mencionei que Ricardo Bellino tinha exatamente 3 minutos para me fazer sua apresentação de negócios. Eu estava muito ocupado naquele dia e não no melhor no estado de espírito para uma apresentação, então imaginei que ele poderia desistir, o que liberaria um pouco o meu dia. Ele não apenas não desistiu como também me fez uma apresentação tão boa naqueles 3 minutos que fechamos um acordo.

É surpreendente o que as pessoas podem fazer com um prazo. Digo isso porque, às vezes, temos que nos dar prazos. Pratique sua apresentação em menos de 5 minutos. Pratique sua introdução em menos de 3 minutos. Você descobrirá que pode ser um editor eficaz cortando tudo o que não for absolutamente necessário. Seu público ou seus superiores ficarão gratos por sua capacidade de destilar para eles apenas o essencial.

PARTE IV
Produtividade Pessoal

"Eu jamais poderia ter conseguido algo sem os hábitos de pontualidade, ordem e diligência... sem a determinação de me concentrar em um único assunto de cada vez."

CHARLES DICKENS

Organize-se

Para ser bem-sucedido não basta estabelecer metas, cuidar da imagem e saber se comunicar. É preciso ter competência para administrar o seu talento, recursos e esforços, direcionando-os para os seus objetivos e fazendo-os render o máximo possível. É isso que irá determinar a sua produtividade pessoal, ou seja, sua capacidade de explorar e de utilizar concretamente o seu potencial. A produtividade pessoal está relacionada com rendimento. Você consegue fazer com que o seu tempo, o seu dinheiro, os seus esforços e o seu potencial rendam o máximo? Ou tem a sensação de que está sempre trabalhando abaixo de sua capacidade?

Muitas vezes temos a tendência de culpar os outros por nossa baixa produtividade. É o chefe que não nos valoriza, são os colegas que não cooperam, é o trabalho que não oferece motivação. No entanto, a primeira coisa que precisamos entender a respeito da produtividade pessoal é que, exatamente por ser pessoal, ela não pode – nem deve – depender dos outros. Ao condicioná-la a fatores externos, você está abrindo mão do poder de dirigir e de controlar sua própria vida. Uma pessoa realmente eficiente é eficiente em quaisquer circunstâncias, por mais adversas que elas sejam. O grande desafio não é ser eficiente apenas quando tudo vai bem, quando adoramos nosso emprego, temos o melhor chefe do mundo e nosso negócio anda às mil maravilhas, mesmo porque as coisas nem sempre são assim – na verdade, raramente são. O grande desafio é saber tirar "leite de pedra", isto é, ser eficiente independentemente das circunstâncias. Essa é a única maneira de virar o jogo e de não terminar o dia com a frustrante sensação de que você poderia ter feito muito mais do que fez.

Andrew Carnegie era um escocês muito pobre que imigrou para os Estados Unidos no século XIX. Começou a trabalhar ainda criança e acabou fundando um império. Suas empresas atuavam na área da produção de aço, petróleo, ferrovias e navios a vapor. No início do século XX, a companhia que ele fundou era responsável por 25% de todo o aço vendido nos Estados Unidos. Certa vez, ao dar uma palestra para jovens estudantes, Carnegie disse: "O homem em ascensão precisa fazer algo excepcional e além do âmbito do seu departamento. Ele precisa chamar a atenção". E explicou como: "Não há serviço tão humilde, nem tão importante, no qual o jovem trabalhador capaz e disposto não possa demonstrar, quase diariamente, ser merecedor de mais confiança e capaz de assumir maior responsabilidade, além de demonstrar sua determinação obstinada de progredir". Ora, como é possível fazer isso se você mal dá conta de suas atribuições mínimas? Se está sempre estressado, correndo atrás do relógio, fazendo malabarismo com o seu salário e achando que, embora faça muito, seus esforços parecem render pouco?

A resposta é: aumentando sua produtividade pessoal. Isso não tem nada a ver com aumentar o tempo dedicado ao trabalho. Você pode trabalhar 16 horas em vez de 8 e, ainda assim, não ser produtivo. Por outro lado, há pessoas que fazem em 8 horas – e com mais eficiência – o que outras levam 16, ou 24, ou 32 horas para fazer – e mal. Por quê? Porque as pessoas eficientes possuem uma alta produtividade pessoal, quer dizer, elas sabem otimizar seus recursos de modo racional e eficaz, obtendo assim um rendimento muito superior. E como elas fazem isso?

Investindo nos três fatores que determinam seu nível de produtividade pessoal: a organização, o planejamento e o aperfeiçoamento.

Fonte: elaborado pelo autor.

Se você é daquelas pessoas alérgicas à organização, é melhor rever com atenção os seus conceitos. O velho argumento de que a organização tolhe a criatividade não passa de falácia. Na verdade, é a organização que permite que sua criatividade renda mais e se traduza em resultados concretos. Suponha que você tenha uma ideia incrível para um novo negócio, ou que tenha concebido um projeto fantástico para a empresa, que irá enfim lhe dar acesso àquela tão sonhada promoção. Acontece, porém, que você nunca tem tempo de trabalhar em sua ideia ou projeto. Vai fazendo um pouco aqui, um pouco ali, sem muita ordem. É preciso investir algum dinheiro, mas você sempre fecha o mês no vermelho. Você tem que determinar o conceito, estudar a viabilidade e planejar a execução, mas anda tão atrapalhado que nem sabe por onde começar. Se a situação for essa, há uma boa chance de que todas essas ideias criativas nunca saiam do papel – ou talvez nem cheguem ao papel, ficando apenas em sua cabeça, naquele arquivo morto da memória identificado pela etiqueta das "coisas que um dia eu gostaria de fazer". E então um belo dia você se dá conta de que as pessoas ao seu redor estão prosperando, que alguém teve a mesma ideia que você e a implantou com sucesso, enquanto você continua no mesmo lugar, cheio de ideias mas sem realizar nenhuma delas. É esse o grande risco que corremos quando confiamos na criatividade, mas não nos organizamos para colocá-la em ação.

A verdadeira organização começa de dentro para fora. É você quem melhor conhece suas necessidades, prioridades e também os hábitos e atitudes contraproducentes que afetam sua produtividade pessoal. Embora existam alguns princípios gerais de organização, você não precisa transformá-los numa longa e tediosa lista de regras e tarefas. Basta usar o bom senso e adaptar esses princípios à sua personalidade e às suas necessidades. Algumas pessoas são metódicas e detalhistas e fazem questão de organizar tudo ao seu redor de maneira impecável. A escrivaninha tem de estar sempre arrumada, sem nenhum papel sobrando. Tudo é devidamente catalogado e colocado dentro de fichários e arquivos, e o que não tem utilidade é imediatamente descartado. Outras pessoas não são tão metódicas, mas conseguem saber onde está o quê e lidar com o fluxo de tarefas e compromissos diários com eficiência, sem sentir que estão perdidas em meio a um dilúvio. Seja qual for o seu estilo, o importante é desenvolver um método de organização que funcione para você – os resultados obtidos são a melhor forma de verificar se esse método está funcionando ou não. Essa é a organização que começa de dentro para fora. A organização externa é aquela à qual você é submetido no ambiente de trabalho: as regras, horários e procedimentos estabelecidos pela empresa. Quanto mais organizado você for no nível pessoal, mas facilidade terá para lidar com a organização externa. Mas o contrário também é verdadeiro: quanto menos organizado você for no nível pessoal, mais dificuldades terá para lidar com regras, horários e procedimentos preestabelecidos. Obviamente, a primeira situação aumenta sua produtividade pessoal, enquanto a segunda contribui para reduzi-la.

A organização eficaz deve se centrar em dois aspectos fundamentais: suas relações com o tempo e com o dinheiro. Esses são os recursos mais importantes com os quais você precisa lidar. Todos os outros aspectos da organização devem convergir para otimizá-los. Um método de organização que não otimiza tempo e dinheiro não é um método eficaz: é uma burocracia. Por exemplo, você organiza seus documentos e papelada porque assim pode encontrar mais facilmente o que precisa, o que o fará poupar tempo. E, ao poupar tempo, você também poupará dinheiro, pois terá mais condições de investir em suas prioridades, naquilo que lhe trará um retorno bem maior do que ficar como uma barata tonta à procura de um documento perdido. Otimizar recursos é a base para aumentar sua produtividade pessoal. Isso não apenas potencializa suas chances de chegar ao sucesso como também melhora sua qualidade de vida, reduzindo o estresse e o desgaste causados pela desorganização.

Para organizar-se, é necessário fazer e seguir um planejamento – ou mais de um. Só que o trabalho não termina aí. Para que funcionem de maneira eficaz, a organização e o planejamento devem ser processos dinâmicos, que precisam ser revistos e reajustados constantemente. Eles não podem ser rígidos e imutáveis pelo simples fato de que a vida não é assim. Novidades surgem a toda hora, circunstâncias mudam, oportunidades aparecem, hoje você sabe coisas das quais não sabia ontem. Se ficar engessado em seu próprio método de organização e planejamento, você estará limitando suas chances de crescimento. À medida que você investe no seu aperfeiçoamento, sua forma de organizar e de planejar também irá se aperfeiçoar, aumentando a sua produtividade pessoal. E assim chegamos à fórmula expressa no diagrama da página 140:

organização + planejamento + aperfeiçoamento = produtividade pessoal

Todos esses elementos serão vistos com mais detalhes ao longo desta parte do livro. O ponto de partida é perceber que a produtividade pessoal é um fator preponderante para o sucesso, porque ela é a chave da eficácia. Veja os exemplos a seguir:

Extraindo o máximo do mínimo: Edson de Godoy Bueno

Imagine que você é um médico recém-formado e que está trabalhando num hospital semifalido. Seu salário está atrasado há vários meses. O que você faz? Procura outro emprego ou fica onde está na esperança de que as coisas melhorem? Esse foi o dilema com o qual Edson de Godoy Bueno se confrontou. Nascido em uma família humilde, aos 10 anos ele tornou-se engraxate e criou um novo conceito de serviços: para driblar a concorrência, passou a atender clientes em domicílio. A escola não era o seu ponto forte, por isso foi uma surpresa quando o garoto decidiu estudar medicina. Mas ele empenhou-se tanto que conseguiu realizar seu sonho.

No Rio de Janeiro, onde estudou medicina, Edson foi indicado por um colega para ser plantonista na Casa São José, na Baixada Fluminense. A clínica estava praticamente falida e não pagava os funcionários. Depois de 6 meses sem receber, Edson viu-se forçado a tomar uma atitude. Ele não mudou de emprego nem ficou esperando a situação melhorar. Em vez disso, fez uma proposta para associar-se à clínica, usando como capital os salários atrasados. Muitos poderiam pensar que ele estava cometendo uma loucura ao pegar esse "abacaxi". Mas Edson sabia o que estava fazendo. Ele identificou tudo o que não funcionava na clínica e tratou de reorganizá-la. Depois de alguns anos, a São José tornou-se a maior maternidade em número de partos do estado. A recuperação do hospital gerou caixa para a aquisição de outro hospital, que gerou lucro para a aquisição de outro, e mais outro... e a rede foi se expandindo até que, em 1978, nasceu a Amil.

Bueno teve de deixar a medicina para dedicar-se à administração de seu empreendimento. E a história de sucesso da Amil é o maior exemplo de seu talento como organizador: em 2003, a empresa faturou 2,5 bilhões de reais. Mas suas conquistas não param por aí. No livro *Beyond maxi* marketing, publicado em 1994, os autores Stan Rapp e Thomas L. Collins contam a história de algumas das empresas mais bem-sucedidas em todo o mundo. E nessa seleta lista foi incluída a Amil, que em tempo de inflação galopante conseguiu crescer 45% ao ano, durante 10 anos seguidos, faturando 800 milhões de dólares num país cuja economia equivale a um décimo da americana.

Administrando um negócio que não para de crescer: Arri e Jair Coser

Cuidar de uma churrascaria de sucesso e mantê-la sempre no topo não é fácil. O que dizer então de 8 churrascarias, no Brasil e nos Estados Unidos, cujo faturamento chega a quase 100 milhões de dólares por ano? É esse o desafio enfrentado pelos irmãos Arri e Jair Coser, fundadores e proprietários da rede de churrascarias Fogo de Chão.

Eles começaram a vida como lavadores de prato e garçons em restaurantes de beira de estrada. Enquanto muitos dizem que iniciaram do zero, Arri diz que começou do "menos zero". Depois de muito trabalho árduo, os dois irmãos fundaram sua primeira churrascaria em Porto Alegre. A expansão pelo Brasil exigiu uma boa dose de organização e planejamento. Mas nenhum planejamento é imune às súbitas mudanças no cenário econômico: o inesperado confisco instituído pelo Plano Collor obrigou os irmãos Coser a repensarem suas estratégias e se adaptarem à nova realidade. Eles concentraram suas forças numa completa reestruturação do negócio. E decidiram que era hora de partir para o mercado norte-americano.

Hoje, a Fogo de Chão atende 1,1 milhão de americanos e 600 mil brasileiros. E pretende crescer ainda mais. No momento em que você lê essas linhas, é possível que os irmãos Coser já tenham aberto outras filiais nos Estados Unidos. "Estudei até a sexta série", conta Arri. "Com 15 anos, eu procurava formas de abrir negócio e as pessoas não acreditavam nisso. Na verdade, acho que nessa época a pessoa não tem visão, mas tem vontade de fazer. E quando há vontade, a pessoa se agarra naquilo e fica em cima o tempo todo até conseguir o que quer."

Para ser bem sucedido, Arri sempre usou ao máximo a sua produtividade pessoal. No começo, para fazer com que o negócio decolasse, teve de desdobrar-se em várias funções – e ser eficiente em todas. "Em Porto Alegre, nós tínhamos uma loja de 160 lugares, para quatro sócios, e tínhamos poucos empregados", conta ele. "Cada semana, um sócio tinha uma função. Por exemplo, na primeira semana eu era o churrasqueiro, então tinha que ir para a rua comprar as carnes e ver no mercado o que tinha de bom para o restaurante. Na semana seguinte, um dos sócios assumia essa função e eu ia para o atendimento do salão, ser maître, relações públicas, ou seja, o faz-tudo. Na terceira semana, eu fazia o trabalho administrativo, tinha que cuidar do banco, do caixa e apresentar as contas no fim da semana para os outros, para mostrar se havia lucro ou não. Na quarta semana, eu cuidava da parte do setor de limpeza, organização e de comunicação com o pessoal que trabalhava lá. Além disso, também tínhamos música, então precisávamos cuidar da parte artística. Nós passamos 3 anos assim na loja e posso dizer que foi a melhor faculdade que tivemos". Qual é o segredo para dar conta de tudo isso? Uma frase de Arri nos dá uma boa pista a esse respeito: "Eu posso dizer que nunca perdi nenhum minuto do meu tempo".

Receita de planejamento eficiente: Luiza Helena Trajano

Mãe de três filhos, Luiza Helena Trajano tem de conciliar sua vida familiar com a profissional: é ela quem está no comando das 352 lojas e dos 10 mil funcionários do Magazine Luiza, a terceira maior rede de produtos eletroeletrônicos do Brasil, logo depois das Casas Bahia e do Ponto Frio. E tem se saído muito bem nessas tarefas. Seu desempenho chamou a atenção dos pesquisadores da Harvard Business School, uma das melhores escolas de negócios do mundo, que se dedicam a uma complexa missão: compreender por que algumas empresas conseguem vencer e outras não.

Recentemente, um grupo desses pesquisadores incluiu o Magazine Luiza em seus estudos. Seu objetivo era entender a razão do sucesso de uma empresa cujo faturamento aumentou incríveis 415% em 10 anos.

Para Luiza, que começou a trabalhar aos 12 anos na loja fundada pelos tios e se tornou diretora-superintendente em 1991, um dos pilares desse sucesso é o que ela chama de "planejamento de baixo para cima". A própria Luiza explica o que é isso: "Todo ano, em outubro, iniciamos o processo de envolvimento dos colaboradores colocando três importantes perguntas para a empresa: o que a empresa faz e não deveria fazer, o que faz e deve continuar fazendo e o que não faz, mas deveria fazer. As respostas são a bússola para o planejamento operacional do próximo ano. Acredito em planejamento que seja feito de baixo para cima e nunca de cima para baixo".

Organizando a criatividade: Nizan Guanaes

As agências publicitárias Artplan, DPZ, W/GGK, DM9 e Grupo ABC, bem como o pioneiro portal IG: há vários nomes e siglas a marcar o caminho nas primeiras décadas da bem-sucedida trajetória do baiano Nizan Guanaes, que começou sua carreira como estagiário de uma agência de publicidade. A criatividade marcou sua ascensão profissional: ele é o criador de uma das duas únicas propagandas brasileiras que figuram na lista das cem melhores do mundo (um comercial de TV chamado "Hitler", feito para o jornal *Folha de S. Paulo*). À criatividade soma-se a veia empreendedora. Fundou e dirigiu o Grupo ABC, um conglomerado de 14 companhias – entre agências de publicidade, empresas de marketing digital, eventos e criação de programas de TV – com receita anual bilionária e mais de mil funcionários.

Disposto a provar que criatividade e organização não apenas se complementam, mas também se potencializam, Nizan investiu na profissionalização do negócio. Numa área como a propaganda, na qual a intuição e a inspiração são privilegiadas, o planejamento muitas vezes fica de lado, mas Nizan sabia que era preciso criar uma estrutura empresarial sólida para assegurar a expansão de seus negócios. Quando contratou uma consultoria especializada em gestão empresarial do país, descobriu despesas e desperdícios inimagináveis. Uma de suas agências gastava 70 mil reais por ano apenas em abonos de estacionamento para visitantes, por exemplo. Outra descoberta foi que, em virtude de uma comunicação interna deficiente, um dos trabalhos realizados por uma das agências do grupo chegou a ser refeito mais de cem vezes, gerando um absurdo desperdício de tempo e de recursos.

Hoje ele se encontra noutro momento da vida. Tendo vendido o Grupo ABC por 1 bilhão de reais para a Omnicom, define-se como "ex-publicitário", comanda a sua empresa de estratégia N Ideias e busca mais qualidade de vida, até para continuar a fazer diferença. "Você tem de ter uma vida com propósito", disse à revista *Veja* em referência às histórias contadas em seu livro *Você aguenta ser feliz?*, como a cirurgia bariátrica a que se submeteu em 2006. "Se você tem o talento de se comunicar, é importante dividi-lo com os outros."

Na N Ideias, Guanaes presta consultoria a clientes como Itaú, Ânima, Suzano e Magalu, citados noutros perfis. "Nosso propósito é cuidar deles como se fossem causas." E ele tem as suas também, como a UNAIDS, programa da ONU para prevenção do HIV do qual participa desde 2010, e o Together for Girls, projeto que mapeia violência sexual e suas consequências, entre muitas outras. E, se o objetivo é garantir uma vida melhor para todos, isso inclui sua equipe, diz o homem que já foi definido como chefe rigoroso. "Eu achava que sábado e domingo eram extensões da semana. [...] Uma das réguas da minha nova empresa é a felicidade. Pessoas felizes rendem mais, especialmente quando têm tempo para viver."

Transformando circo em negócio multimilionário: Guy Laliberté

A história de Guy Laliberté talvez seja a melhor prova de que criatividade e organização não são incompatíveis. Esse canadense que ganhava a vida engolindo fogo e fazendo malabarismos nas ruas é o fundador do Cirque du Soleil, uma das empresas de entretenimento mais bem-sucedidas do mundo.

Laliberté encontrou sua grande oportunidade em 1984, durante as comemorações do 450º aniversário da descoberta do Canadá. O governo de Quebec procurava por performances inovadoras para comemorar a data, e foi assim que Laliberté montou a primeira apresentação do Cirque du Soleil, da qual participaram 73 pessoas. Hoje, o circo emprega mais de 3.500 funcionários.

Considerado uma das multinacionais do setor de espetáculos mais rentáveis do mundo, o Cirque du Soleil fatura 500 milhões de dólares por ano. Diz-se que seu fundador, que já se tornou bilionário, possui alma de artista combinada a uma genuína veia de empreendedor. É dessa forma que ele alia a qualidade da concepção artística de seus espetáculos à capacidade de organizar e administrar um negócio dos mais complexos: atuam no circo 900 artistas de diferentes partes do mundo, de forma que lá se falam 25 idiomas. A empresa possui escritórios em 3 continentes e chega a manter até 9 espetáculos em cartaz, simultaneamente, em vários cantos do planeta. E mais: desde a sua fundação, nenhuma das grandes produções do Cirque du Soleil registrou prejuízo, o que é fato raro nesse meio.

Parece muito? Não para Laliberté. Ele tem planos de entrar em breve no ramo hoteleiro, construindo 6 resorts cuja atração principal será, é claro, apresentações com membros da trupe do Cirque du Soleil.

Orientado para o sucesso

A diferença entre as pessoas que alcançam seus objetivos e as que ficam no meio do caminho é que as primeiras sabem o que querem e buscam aumentar sua produtividade pessoal para chegar a esse fim. Ou seja, elas são orientadas para o sucesso. Já as segundas, em vez de maximizar sua produtividade pessoal, permitem que ela seja comprometida por suas próprias atitudes e, muitas vezes, nem sequer se dão conta disso. Em vez de serem orientadas para o sucesso, elas sabotam suas chances de chegar lá. Esse tipo de comportamento recebe o nome de autossabotagem. Em geral, ela vem acompanhada por seu amigo inseparável, o autoengano. Enquanto a autossabotagem vai minando sua ascensão profissional e seu crescimento pessoal, o autoengano se encarrega de fornecer as desculpas necessárias para eximi-lo da responsabilidade sobre os seus atos. É o que acontece, por exemplo, quando você sai de casa em cima da hora e culpa o trânsito por ter chegado atrasado ao trabalho. Ou quando você não se prepara para aquela reunião importante e credita sua má performance ao colega chato, que fez perguntas complicadas "de propósito", só para atrapalhá-lo. Ou, ainda, quando você mantém uma desorganização caótica à sua volta e depois reclama da "falta de tempo" que o impede de dar conta de seus compromissos.

A autossabotagem pode assumir diversas formas. Mas é importante estar atento a ela – senão trabalharemos contra nós mesmos em vez de trabalharmos a nosso favor. Da mesma forma, devemos questionar as desculpas que usamos para nos enganar, pois, ao negarmos que o problema está em nós, também negamos que a solução esteja em nós – e com isso nos sentimos impotentes para mudar o que quer que seja. Será que estou chegando atrasado por causa do trânsito ou porque estou saindo em cima da hora? Se eu me limitar a culpar o trânsito, então não há nada a fazer. O problema é do departamento de tráfego, da prefeitura, do excesso de veículos, de qualquer um, exceto meu. Mas se admitir que me atraso porque saio em cima da hora, então o problema passa a ser meu, e a solução também: posso me organizar para sair mais cedo e evitar os congestionamentos. Você percebe as possibilidades abertas por meio dessa mudança de raciocínio? O trânsito é apenas um exemplo, entre muitos e muitos. Imagine em quantas outras situações de sua vida pode estar ocorrendo a mesma coisa. E imagine quantas mudanças positivas ocorrerão no momento em que você reconhecer que o problema está em você – e a solução também.

Identificar as atitudes que geram a autossabotagem e as desculpas que usamos para camuflar as verdadeiras causas dessa situação é um passo fundamental para aumentar a produtividade pessoal. Conforme você verá ao longo desta parte, para aumentá-la é preciso, entre outras coisas, aprender a organizar o seu tempo e as suas finanças. Mas como organizar o tempo se você atribui a culpa por seus atrasos ao tráfego, à chuva, ao relógio e não à sua desorganização? E como organizar suas finanças se, sob o seu ponto de vista, não é você que gasta muito, é o salário que é baixo demais? Por isso, antes de prosseguir, é necessário examinar a fundo algumas das formas mais comuns de autossabotagem e começar a rever suas atitudes imediatamente. Com isso você deixará de ser alguém que engana a si mesmo – e que não chega a lugar nenhum – para se tornar uma pessoa orientada para o sucesso.

Formas de autossabotagem

1. **Esperar pelas circunstâncias ideais:** sabe aquelas pessoas que estão sempre prestes a iniciar um grande projeto, uma grande mudança em suas vidas, e que aguardam o momento certo para começar – só que esse momento nunca chega? Pois bem, elas estão apenas enganando a si mesmas. Esperar por condições que, de tão perfeitas, fazem parte do reino da utopia, e não do mundo real, não tem nada a ver com *timing*: é uma desculpa para não fazer nada. Como diz a canção, quem sabe faz a hora, não espera acontecer.

2. **Concentrar-se no que falta, e não no que fazer para obter o que falta:** você reconhece essas turmas por seu mantra favorito. Elas costumam dizer:

"Ah, se eu tivesse...". Se eu tivesse estudado, agora estaria ganhando mais. Se eu tivesse um carro, não chegaria atrasado ao trabalho. Se eu tivesse mais dinheiro, poderia investir mais no meu aperfeiçoamento pessoal. Se eu tivesse isso, se eu tivesse aquilo... coitados! A culpa nunca é deles: é sempre de alguma coisa que eles não têm. E não vão ter mesmo, se continuarem se concentrando no que falta, em vez de se concentrarem no que fazer para obter o que falta.

3. **Contar com a derrota ou com a vitória antes da hora:** essas são formas infalíveis de se autossabotar. Ao dar a derrota como certa, não há motivo para se empenhar. Por que se esforçar se as coisas vão dar errado mesmo? Melhor desistir do que perder tempo tentando. Ao considerar a vitória garantida, o esforço também passa a ser desnecessário. Por que se preocupar, se a vitória já está no papo? Ao se confrontarem com os resultados negativos, os derrotistas usam a desculpa do "era bom demais para ser verdade", ou então queixam-se da falta de sorte. Já os otimistas delirantes arranjam um bode expiatório qualquer: os outros, as circunstâncias, a crise econômica... Nenhum deles reconhece que sua própria falta de empenho contribuiu com – ou mesmo determinou – esses resultados.

4. **Morrer na praia:** essa categoria é composta por aquelas pessoas que fazem tudo de tudo para conseguir uma oportunidade e, quando estão quase lá, deixam a oportunidade escapar por um motivo qualquer – muitas vezes banal. Especialistas em encontrar pretextos para ocultar o medo que sentem de assumir novas responsabilidades e encarar desafios, são capazes de dizer coisas como: "Eles queriam me contratar, mas percebi que todos por lá se vestem de um modo muito formal e eu achei que não ia me dar bem naquele ambiente", ou "Eu ia ganhar aquela promoção, mas teria que fazer um curso e estou sem tempo para isso". E, o que é pior, acreditam que esses pretextos são razões fortes o suficiente para fazê-las desistir.

5. **Ganhar para depois perder:** essa é uma variação do morrer na praia. Os membros desse grupo realmente conseguem a oportunidade que tanto queriam, só que a jogam fora tão logo põem as mãos nela. Eles querem ser valorizados pelo chefe, mas quando recebem uma tarefa importante dão um jeito de deixar tudo para a última hora. E na última hora, o computador quebra, o carro enguiça, o cliente viaja... E ai de quem duvidar de sua eficiência. É tudo culpa do computador, do carro, do cliente... Por uma estranha "coincidência", esse padrão se repete *ad infinitum*: ganham um emprego e em seguida o perdem, são promovidos e logo são

jogados para escanteio... E continuam culpando o computador, o carro, o cliente...

6. **Insistir no erro:** essa turma nunca pensa em mudar. Eles sabem muito bem que o que estão fazendo não vai dar certo, pois já fizeram muitas vezes antes e nunca funcionou. Só que, em vez de tentarem algo diferente, sentem um prazer masoquista em dizer: "Eu sou assim mesmo". Parte preguiçosos, parte arrogantes, acham que é o mundo que deve mudar – e não eles. Chegam até a ter orgulho de seus recordes macabros. "Nunca fiquei mais de um ano no mesmo emprego. Assim que o chefe começa a me incomodar, eu lhe digo umas poucas e boas. Certa vez, cheguei a ficar só uma semana numa empresa", contam eles, com indisfarçável satisfação. E se sua vida está um caos... Bem, é porque o mundo não os compreende.

7. **Praticar o vício e hábitos contraproducentes:** esses são mestres em tapar o sol com a peneira. Eles buscam a gratificação momentânea, mesmo que às custas de sua saúde, de seus relacionamentos e de sua produtividade pessoal. Bebem demais porque "o dia foi muito estressante". Passam um tempão jogando conversa fora no trabalho porque "é preciso relaxar um pouquinho". Ficam até altas horas nas baladas mesmo tendo que acordar cedo no dia seguinte porque "ninguém é de ferro". Gastam mais do que ganham porque "um pouco de conforto não faz mal a ninguém". E assim, pulando de uma desculpa para outra, não percebem que estão perdendo o controle de suas próprias vidas.

8. **Colocar defeitos em tudo:** os membros desse grupo não têm tempo, energia nem motivação para serem produtivos. E como poderiam, se estão ocupadíssimos colocando defeitos em tudo e em todos? Eles se convencem de que não vale a pena se esforçar porque o chefe é chato, os colegas são incompetentes, a empresa é uma droga... Também não adianta procurar outro emprego porque todos os lugares são iguais. Talvez fosse o caso de se perguntarem se essa insatisfação generalizada não seria um sinal de que estão insatisfeitos com eles mesmos. Mas essa é uma reflexão que preferem evitar. É mais fácil continuar colocando defeito nos outros.

9. **Deixar-se absorver por mesquinharias:** quem pertence a esse grupo tem memória de elefante – mas só para o que não vale a pena lembrar. Intrigas, picuinhas, insinuações, pequenos contratempos e incidentes sem muita importância rapidamente transformam-se em questões de vida ou morte. Essas pessoas tendem a dramatizar os acontecimentos e gastam uma energia enorme com isso. Tomam satisfações por algo supostamente ofensivo

que supostamente teria sido dirigido contra elas, perdem a concentração no trabalho porque aqueles dois cochichando naquele canto só podem estar falando mal delas e até pensam em se demitir porque o chefe anda lhes dando "indiretas". De tanto dramatizar, acabam elevando coisas insignificantes a proporções muito maiores do que elas realmente possuem. Sentem-se injustiçados quando são chamados de encrenqueiros, mas nunca param para pensar que é sua atitude que está causando toda a encrenca.

10. **Guiar-se por impulsos e caprichos:** essa é a turma dos que mudam de ideia o tempo todo. Cada dia eles têm um objetivo diferente. Num minuto estão motivados, no minuto seguinte já estão desmotivados. Hoje estão realmente interessados no trabalho, amanhã já perderam o interesse. Há alguns dias queriam montar um restaurante, essa semana querem ser pilotos de avião – e talvez no mês que vem decidam abrir uma floricultura. As desculpas desse pessoal variam do "sou assim mesmo" ao "tenho o direito de mudar de opinião"; do "dessa vez é para valer" ao "agora é sério". Sim, todo mundo tem direito a mudar de opinião, mas deixar-se levar por impulsos e caprichos é uma desculpa para agitar muito e não realizar nada. Sem um mínimo de coerência e de consistência, a produtividade pessoal se dispersa em vez de se concentrar.

11. **Deixar-se "vampirizar":** há pessoas que colocam os outros em primeiro lugar. Não por altruísmo, mas por escapismo – é preferível cuidar dos outros e dos problemas deles do que de si mesmas e de seus problemas. Essas pessoas estão se deixando vampirizar, isto é, estão permitindo que toda a sua energia e disposição sejam sugadas pelos demais. Sendo assim, como é que vão sobrar energia e disposição para cuidarem de seus próprios interesses? Os membros desse grupo podem parecer abnegados e generosos. Essas qualidades, quando genuínas, são realmente admiráveis. Mas se a abnegação e a generosidade virarem belas desculpas para permitir que os outros interfiram e desorganizem suas vidas, então algo com certeza está errado.

12. **Criar uma cadeia de condicionamentos:** a palavra preferida dessa turma é o "quando". "Quando conseguir uma promoção, vou ter mais dinheiro. Quando tiver mais dinheiro, vou poder fazer aquele curso. Quando fizer aquele curso, vou ter o conhecimento necessário para desenvolver meu projeto. Quando desenvolver meu projeto, vou poder abrir meu negócio. Quando abrir meu negócio...". Não confunda essa sucessão de "quandos" com planejamento. Planejar é estipular metas concretas, com etapas, estratégias e prazos concretos. Veja a diferença: "Corto tais e tais despesas a

partir de hoje, junto tal quantia até o fim do mês, no mês que vem começo o curso e quando terminá-lo consigo a promoção. Com o novo salário poderei juntar tanto por mês e, ao final de um ano, terei a quantia necessária para abrir o meu negócio". Os que ficam só no "quando" estão criando uma cadeia de condições que vão se somando umas às outras com um único objetivo: não fazer nada e ter a ilusão de que um dia irão fazer.

Empreendendo e derrubando barreiras: Rachel Maia

No Brasil, só 0,4% do comando de grandes empresas pertence a mulheres negras. Uma estatística que a paulistana Rachel Maia, ex-CEO da Lacoste e da joalheria dinamarquesa Pandora no país, combate há tempos. Se o momento presente da trajetória de Rachel difere em muito da realidade da maior parte da população negra do país, seu início foi bem mais parecido. Já teve de dividir um único frango com dez pessoas nos almoços de domingo. Estudou em escola pública, dividiu quarto com as irmãs. Mas, igualmente desde cedo, se mexeu para mudar esta situação, driblando todas as armadilhas da autossabotagem. Formou-se em ciências contábeis e, quando a 7-Eleven, empresa para a qual prestava serviços, encerrou atividades no Brasil, investiu parte da rescisão em 2 anos de aulas de inglês e administração em Vancouver, no Canadá. Ao retornar ao Brasil, seu patamar profissional já era outro: foi gerente financeira da farmacêutica Novartis e posteriormente CFO da Tiffany & Co. no país.

Hoje à frente da própria empresa, RM Consulting, ela sabe como é difícil estar na vanguarda, mas também o quanto vale a pena. "Faço parte desse grupo que luta para derrubar as barreiras. E quem fica na parte da frente é quem fica mais empoeirado", disse em entrevista ao *Zero Hora*, em 2016. Além de sua consultoria, ela senta no conselho administrativo de empresas como Banco do Brasil e CVC e é presidente do Conselho Consultivo do Unicef Brasil. Em entrevista à UOL, em maio de 2022, explicou por que insiste em priorizar a pauta da diversidade: "É algo em que acredito e já foi comprovado: uma empresa diversa é mais lucrativa. Se não fizer porque é certo, que se faça pelo ganho financeiro. Mas faça".

Crescendo apesar do medo: Antonio Carbonari Netto

A ascensão das classes populares no Brasil dos anos 2000 levou muita gente a ingressar em faculdades. No ensino privado, isto implicava uma necessidade de mensalidades acessíveis. Foi onde o professor Antonio Carbonari Netto se revelou fundamental, por meio da Anhanguera Educacional e seu currículo voltado para munir pessoas de baixa renda de uma formação mais sólida. "Focamos em alunos das classes C e D", disse ele ao jornal *O Estado de S. Paulo*. "Preparamos um currículo voltado para formá-los para o mercado de trabalho. [...] 94% dos nossos formandos saem da faculdade empregados."

A expansão da empresa sediada em Valinhos, interior de São Paulo, foi rápida. Fundada em 1996, ao fim dos anos 2000 já tinha cerca de 400 mil alunos matriculados em 73 *campi* espalhados por diferentes regiões do país. Grande parte do crescimento vertiginoso se deu em meros 3 anos, entre 2007 e 2010, depois que a Anhanguera abriu seu capital. Durante todo este processo, Carbonari, ex-professor de cursinho, agiu com convicção e arrojo, o que não significa ausência de medo. "O empresário que tem medo é quem raciocina na frente e enxerga o perigo. Este é um bom sentimento, mas, para dar certo, é preciso controlá-lo."

Adquirida pela Kroton em 2014, a Anhanguera é uma marca consolidada da *holding* Cogna Educação. Encerrou 2022 com mais de 1 milhão de alunos ativos no ensino superior, espalhados por mais de 370 unidades, e 91 cursos de graduação oferecidos 100% via ensino a distância.

Organizando sua relação com o tempo

Vamos direto ao ponto. Organizar o tempo é impossível. O que poderíamos fazer para organizá-lo? Atrasar os relógios? Instituir uma hora de 120 minutos em vez de 60? Desacelerar a rotação da terra para que o dia dure 48 horas em vez de 24? O tempo não pode ser organizado. Ele é o que é, dura o que tiver que durar e pronto. A única coisa que podemos organizar é nossa relação com o tempo. Isso significa programar-se para tirar o máximo proveito possível dele. É tudo o que podemos fazer e, acredite, já é muita coisa.

Outro mito é aquela história de recuperar o tempo perdido. Até que seja inventada uma máquina capaz de nos levar de volta ao passado, não há como recuperar o que passou. Tudo o que podemos fazer é, a partir deste momento, aproveitar o tempo e evitar mais desperdícios. E já que estamos falando de mitos, fazer várias coisas ao mesmo tempo é mais um deles. Isso simplesmente não existe. Ou você faz uma coisa de cada vez, ou faz um pouco de cada, alternadamente, ou tenta dar atenção a tudo e não consegue fazer nada direito. Imagine-se escrevendo um relatório e atendendo a um telefonema importante simultaneamente. Uma dessas duas tarefas provavelmente sairá prejudicada – ou as duas.

A solução (e também o primeiro passo para começar a organizar sua relação com o tempo) consiste em estabelecer prioridades. As prioridades são as coisas mais importantes – não para os outros, não para o trabalho, não para a família, não para os amigos, mas para você. É importante ter isso em mente porque, se você se guiar pelas prioridades alheias, e não pelas suas, dificilmente encontrará motivação para se organizar. Se você considera o trabalho uma prioridade porque é isso que o seu chefe espera, ou se acha que está priorizando a família para atender as expectativas dos outros, então você não está estabelecendo prioridades: está apenas agindo por obrigação. Mas se você prioriza o trabalho porque quer prosperar e ter sucesso profissional, e os familiares porque você os ama e deseja o melhor para eles, então você está de fato estabelecendo prioridades – e, o que é mais importante, está realmente motivado para cumpri-las.

Tem gente que diz: "Para mim, tudo é prioridade". Só que não é bem assim. Prioridade são as coisas que você precisa fazer primeiro. Se tudo é prioridade, então nada é prioridade – e nesse caso o que nos resta é viver num eterno caos, no qual as atividades, compromissos e tarefas se acumulam e nada, ou quase nada, é satisfatoriamente concluído. Nem sempre é fácil estabelecer prioridades. Às vezes somos forçados a perceber que, para priorizar certas coisas, somos obrigados a abrir mão de outras. Esse é um dos motivos pelos quais com frequência relutamos em definir nossas prioridades. Mas não dá para tapar o sol com a peneira. Se quiser organizar sua relação com o tempo, aumentar sua produtividade e reduzir seu estresse, você terá de decidir o que deve fazer em primeiro lugar, em segundo lugar, em terceiro lugar... E quanto ao que não puder fazer, ou você delega ou, se não for possível, simplesmente admite que essa não é a sua prioridade no momento. Você pode dizer: "Sou obrigado a ter mais de um emprego porque preciso do dinheiro. Como posso estabelecer minhas prioridades desse jeito?". Bem, você acabou de estabelecer sua prioridade: ganhar dinheiro. Se essa não fosse sua prioridade, você largaria um dos empregos e trataria de fazer alguma outra coisa que considerasse mais importante.

É preciso frisar mais uma vez: prioridades são escolhas, e não obrigações. Essa distinção é fundamental. Escolhas motivam. Obrigações desmotivam. Escolhas nos fazem ficar no controle e nos sentir responsáveis por nosso destino. Obrigações nos fazem sentir à mercê dos outros e incapazes de escolher nosso próprio caminho. Não é difícil mudar da obrigação para a escolha. É tudo uma questão de assumir o que você quer. Se você disser: "Trabalho porque preciso de dinheiro", estará transformando o trabalho numa obrigação. E, ao fazer isso, estará abrindo mão do poder de decidir e de mudar. O fato é que o "preciso" e o "tenho que" são muito relativos. As necessidades biológicas do ser humano são bastante limitadas. Precisamos de oxigênio, de água e comida, de algumas horas de sono e de proteção contra o frio. Muita gente sobrevive assim, dormindo nas ruas e esmolando para obter o resto. Se podemos viver desse modo, então não "precisamos" de mais do que isso. Nós "queremos" mais do que isso, o que é muito diferente: queremos prosperar, obter o sucesso e a realização profissional, ter uma boa qualidade de vida, transformar nossos sonhos em realidade... Sob esse ponto de vista, a frase "trabalho porque preciso de dinheiro" é uma forma de se eximir da responsabilidade por suas escolhas. Seria mais adequado dizer: "trabalho porque decidi que quero ganhar dinheiro por tais e tais motivos". É dessa forma que estabelecemos prioridades. E é também dessa forma que aumentamos nossa produtividade pessoal. Se quiser se destacar em alguma coisa, você deve fazer escolhas que lhe permitam fazer isso – e fazer muito bem. Essas escolhas são as suas prioridades.

Estes são os dois conceitos fundamentais para lidar com o tempo de um modo mais produtivo: entender que não é o tempo que é organizado, mas sim a sua relação com ele; e compreender que o ponto de partida para organizar essa relação é estabelecendo as suas prioridades. Esses conceitos são importantes porque propõem uma mudança de mentalidade que é altamente motivadora e proativa. Você não é escravo do tempo, do dinheiro, do trabalho, ou seja lá do que for. Você sabe o que quer e faz escolhas que o ajudam a chegar lá. Sem essa mudança de mentalidade, as listas de dicas para aproveitar melhor o tempo simplesmente não funcionam. Você pode seguir uma ou outra, mas logo ficará sem motivação para prosseguir. A partir dessa mudança, porém, a coisa muda de figura. As dicas passam a ser vistas como aspectos complementares cuja finalidade é orientá-lo na jornada que você decidiu empreender em busca da realização pessoal e profissional. Aqui estão elas:

Conheça a lei de Parkinson – e evite-a

Cyril Northcote Parkinson foi um professor, historiador e escritor inglês. Em um artigo publicado em 1955 na revista *The Economist*, no qual tecia críticas irônicas à máquina burocrática de seu país, ele escreveu o que viria a ser chamado de a lei de Parkinson: *"O trabalho expande-se de modo a preencher o tempo disponível para sua realização"*. Em outras palavras: quanto mais tempo temos para fazer alguma coisa, mais demoramos para fazê-la. Se tivermos 10 minutos para executar uma tarefa, ela será executada em 10 minutos. Se tivermos uma hora, será executada em uma hora. Se tivermos um dia, será executada em um dia. Às vezes, isso ocorre porque o prazo maior do que o necessário nos faz perder a noção do tempo. Se temos um dia para fazer o que poderia ser concluído em 10 minutos, ficamos tão absortos com detalhes, minúcias e preciosismos que acabamos usando todo o prazo que nos foi dado. Outras vezes, isso acontece simplesmente pela tendência de procrastinar, adiar, "empurrar com a barriga" e deixar tudo para a última hora. Seja qual for o pretexto, é melhor ficar alerta. Avalie realisticamente o prazo que lhe foi dado para realizar uma tarefa. Se concluir que ela pode ser bem-feita num prazo bem menor, então faça e aproveite o tempo que sobrar para fazer outras coisas.

Não superestime o tempo

Superestimar o tempo é achar que temos mais tempo do que realmente temos. Deixamos as coisas para o último minuto porque acreditamos que algumas horas bastam para realizar determinadas tarefas – e só quando já é tarde demais descobrimos que não bastam. Adiamos planos, projetos e decisões porque achamos que teremos tempo para pensar nisso depois. E então nos damos conta de que vários anos se passaram e todos aqueles planos e projetos continuam arquivados. A realidade é uma só: ninguém sabe quanto tempo lhe cabe nessa vida. Agir como se tivesse todo o tempo do mundo é apenas uma forma de desperdiçá-lo.

Não subestime o tempo

Você já parou para pensar quanto tempo perde com coisas inúteis? Em geral não costumamos fazer esse cálculo, porque achamos que alguns minutos aqui, outros ali, não vão fazer tanta diferença. Somando-se esses minutos, pode-se chegar, por exemplo, a uma hora por dia. Isso também não é muita coisa, você pode pensar. Talvez. Mas uma hora desperdiçada a cada dia resultará, no final de um ano, em 365 horas. Se você vive se queixando da falta de tempo, imagine o que poderia fazer com 365 horas a mais. Não subestime o tempo: cada minuto conta.

Pontualidade é uma questão de hábito

Não importa quantas desculpas você seja capaz de encontrar para justificar seus atrasos: pontualidade é uma questão de hábito. Se chegar 5 minutos antes da hora, você é pontual. Se chegar na hora, você está atrasado. Se chegar depois da hora, você está muito atrasado. E se estiver muito atrasado, vai perder ainda mais tempo se justificando. Não há nenhum grande mistério em torno da pontualidade. Você pode ser pontual, se quiser. Basta se organizar um pouco. Vinte minutos bastam para chegar a algum lugar? Então saia 30 minutos mais cedo, para o caso de se deparar com algum imprevisto. Tem uma reunião importante no dia seguinte? Então prepare com antecedência tudo o que você precisa levar para não perder tempo procurando coisas na hora em que você deveria estar saindo de casa. Há ocasiões em que os atrasos não acontecem por nossa culpa. Mesmo nos organizando e saindo mais cedo, não estamos imunes aos imprevistos. Essas situações, contudo, são ocasionais. Se os atrasos são constantes, ou até mesmo diários, então o problema é conosco.

Calcule o tempo antes de se comprometer

Se lhe perguntarem quando você pode terminar uma tarefa ou entregar um trabalho, examine cuidadosamente as etapas de execução e calcule de modo realista o tempo que você vai precisar para realizar cada uma delas. Não ofereça um prazo irreal só para agradar o chefe ou o cliente – isso só servirá para deixá-los furiosos quando o prazo não for cumprido. Caso ocorra o contrário, isto é, eles é que irão lhe dar o prazo, negocie se achar que o tempo concedido é curto demais. E se não houver concessões quanto ao prazo, tente negociar as condições para poder cumpri-lo, como, por exemplo, incluir a ajuda de outras pessoas.

Mantenha uma agenda

A agenda é algo que funciona muito – desde que você a use diariamente, é claro. Ter sempre à mão a lista de seus compromissos diários e dos horários em que eles devem ser cumpridos é algo que com certeza o ajudará a se organizar. Não confie apenas na memória. Anotar os compromissos e tarefas na agenda também é uma forma de evitar acúmulos. Se não tiver nada registrado, você pode assumir uma série de compromissos e tarefas para o mesmo dia simplesmente por não ter se dado conta de tudo o que já tinha para fazer naquele dia.

Saiba lidar com as interrupções

Algumas interrupções são totalmente desnecessárias. É o caso do colega que para na sua mesa para conversar quando você está no meio de uma tarefa, ou do amigo que resolve telefonar para colocar a conversa em dia quando você está ocupado com o trabalho. Só há uma solução: dispense-os rapidamente, mas de modo educado. Diga-lhes que você adoraria conversar com eles, mas que isso terá de ser feito em outro horário porque você tem algo urgente para terminar. Se for uma interrupção "necessária" – por exemplo, o chefe quer falar com você naquele exato momento – organize seu material para que você saiba em que ponto estava quando retomar a tarefa.

Descontraia-se, mas nas horas certas

Não há nada de errado em parar para tomar um cafezinho. Ou em levantar-se para esticar as pernas. Ou em ler aqueles e-mails que não são importantes, mas que você está curioso para ler. O problema é fazer isso a cada 5 minutos porque a tarefa que você está executando é chata demais. Chata ou não, ela precisa ser feita, e quanto mais você enrolar, mais tediosas as coisas vão ficar. E mais demoradas. Programe seus pequenos momentos de descontração em horários determinados, se quiser fazer com que o trabalho renda mais.

Use o tempo de espera para fazer alguma coisa útil

Às vezes, a recepcionista lhe diz que você será atendido em 5 minutos. Só que esses 5 minutos viram 10, 15, 20, uma hora... Leve sempre um livro que você possa ler nesses momentos, ou um caderno de anotações. Use esse tempo para começar a preparar aquele relatório que você tem de entregar, anotar ideias para um projeto que você está preparando, para se inteirar das notícias do dia, ou mesmo para dar alguns telefonemas. É melhor do que ficar olhando para as paredes ou folheando revistas de 2 ou 3 anos atrás.

Confira o tempo que você realmente gasta nas tarefas cotidianas

Você sabe quanto tempo leva para tomar banho? Ou para se vestir? Ou para almoçar? Experimente conferir no relógio o tempo que você realmente despende nessas tarefas. Você pode descobrir que, embora achasse que tomava banho em 10 minutos, na verdade toma em 15. Que leva 10 minutos para se vestir, e não 5. E que seu almoço dura uma hora, e não meia. Ter uma noção mais exata disso o ajudará a planejar melhor o seu dia.

Cultivando uma boa relação com o tempo: Alexandre Costa

Na Páscoa de 1988, um revendedor de chocolates de 17 anos de idade teve seu pedido recusado na fábrica: eram 2 mil ovos de 50 gramas, um peso com o qual o fabricante não trabalhava. Decidido a honrar a encomenda, o rapaz,

158 Escola da Vida

Alexandre Tadeu da Costa, fabricou os 2 mil ovos ele mesmo. Foram 3 dias trabalhando 18 horas por dia com a ajuda de uma senhora que fazia chocolates caseiros. Nascia ali, com o lucro daquela venda, a Cacau Show. O crescimento do negócio foi gradual. A primeira loja física só foi aberta em 2001. Neste meio-tempo, enquanto se ocupava de abastecer outros pontos comerciais, Alexandre estudava o *business*, tendo feito cursos no Brasil e especialização na Bélgica. Por isso, ao dar o salto, a ascensão foi rápida. Em 2002, a Cacau Show já tinha 18 franquias. Em 2006, já era a maior do ramo no país. Em 2008, a maior do mundo.

E na pandemia, com lojas fechadas, o que fez a Cacau Show? Com a expertise dos anos em que atendia pedidos sem lojas físicas, transformou uma operação de *e-commerce* de 200 pedidos de entregas por dia numa de mais de 60 mil pedidos. "O pessoal trabalhou duro", disse Alexandre à revista *Pequenas Empresas, Grandes Negócios*. "Para o empreendedor nato, instabilidade é o lugar certo. [...] Vamos fazer hoje o melhor que podemos. Amanhã faremos melhor com as ferramentas de que dispomos. [...] Onde tem problema, tem oportunidade."

Organizando sua relação com o dinheiro

O animismo consiste em atribuir a objetos e a seres inanimados características humanas. Quando alguns povos antigos diziam, por exemplo, que o Sol era um deus capaz de punir ou de recompensar os seres humanos, e cujas "decisões" poderiam ser influenciadas por meio de sacrifícios, estavam praticando uma espécie de animismo. Mas antes de lançarmos um sorriso condescendente à suposta ingenuidade de nossos ancestrais, é melhor darmos uma boa olhada em nosso comportamento. Nós também praticamos o animismo. E com muito mais frequência do que pensamos.

Quer ver um exemplo? Então observe frases como: "O dinheiro não traz felicidade", ou "O dinheiro muda as pessoas". Pensar assim é atribuir a um ser inanimado (o dinheiro) as características de um ser animado (o dinheiro "fez", o dinheiro "traz" etc.). Ou seja, é uma forma de animismo. Já nos cansamos de ouvir, repetir e concordar com essas frases... Todo mundo tem pelo menos uma história para contar que parece ilustrar – e comprovar – a pretensa verdade contida nesses ditos populares. "Depois que enriqueceu, fulano perdeu a cabeça, meteu os pés pelas mãos, afastou-se dos amigos, abandonou a família. O dinheiro o fez mudar...". Ou, então: "Beltrano se deixou seduzir pelo dinheiro fácil e se meteu numa série de negociatas. O dinheiro foi sua perdição". Ora, o dinheiro não é, em si, nem bom, nem ruim. É apenas um pedaço de papel ao qual é atribuído determinado valor de compra. Portanto, não é – nem pode ser – ele que "não traz felicidade" ou que "muda as pessoas". É o nosso caráter, bem como as atitudes e a relação que temos com o dinheiro, que provocam esses ou aqueles resultados. Culpar o dinheiro, ou a sua falta, é fácil. Tão fácil quanto inútil. Mais produtivo seria entender e trabalhar a forma como lidamos com ele.

Alguns talvez pensem: "O que é que o meu orçamento doméstico tem a ver com o meu sucesso profissional? Viver no vermelho não me impede de trabalhar bem". Será mesmo? A desorganização é algo muito difícil de ser contido num compartimento estanque. Um aspecto de nossa vida que esteja desorganizado poderá contaminar todos os outros. Problemas financeiros afetam os relacionamentos – atire a primeira pedra quem nunca passou por uma situação como essa. Afetam o convívio familiar e social, o sono, a saúde e até os momentos de lazer e descanso. E afetam também o desempenho profissional. Como é possível investir em sua produtividade pessoal se as preocupações e estresse causados pelos problemas financeiros estão drenando todas as suas energias? E, é claro, o caos financeiro afeta também a sua imagem. Não dá para transmitir uma imagem de eficiência e de sucesso quando você está sempre na corda bamba, queixando-se do salário, pedindo dinheiro emprestado, deixando que todos saibam que você ganha pouco e que não consegue pagar as contas no fim do mês. Pessoas bem-sucedidas também podem ter dificuldades com o dinheiro de vez em quando. A diferença é que elas se organizam rapidamente para resolver a situação, de forma que isso não chega a afetar a sua imagem e o seu desempenho profissional.

Há, ainda, uma outra relação entre a forma de organizar as finanças pessoais e o desempenho profissional. Essa relação foi bem observada por James Cash Penney, fundador da rede de lojas que leva o seu nome e que tem mais de 1.300 pontos de venda nos Estados Unidos. No sistema por ele criado, os vendedores que mais se destacassem poderiam fazer um empréstimo com a própria empresa para se tornarem sócios de uma das lojas da rede quando chegassem à gerência. Por isso, Penney costumava entrevistar pessoalmente muitos dos candidatos a um emprego de vendedor em suas lojas: ele não estava apenas procurando um empregado, mas um futuro sócio. Parte de sua estratégia consistia em oferecer um salário baixo ao vendedor em fase de treinamento. "A forma como ele gere seu dinheiro não é apenas um indício de seu caráter, mas também demonstra sua capacidade profissional", costumava explicar Penney. "Se ele encontra meios de eliminar desperdícios em seus assuntos pessoais para poder economizar e extrair o máximo de cada dólar de sua receita, é razoavelmente seguro concluir que será capaz de gerir um negócio com base nesses mesmos princípios saudáveis".

Assim como não é possível organizar o tempo, mas apenas sua relação com ele, com o dinheiro acontece a mesma coisa. Não se pode organizá--lo – a menos que você seja o caixa de um banco e tenha que empilhar as cédulas em compartimentos diferentes, de acordo com o valor de cada uma. A única coisa que você pode organizar é a sua relação com o dinheiro. Para começar a organizar essa relação, temos de aceitar o fato de que não existem soluções milagrosas e simplistas. Tudo vai depender da forma como você vê o dinheiro, de suas atitudes para com ele: como você o ganha e deixa de ganhá-lo, como o usa, emprega, gasta ou desperdiça. Não há como queimar etapas. Ninguém organiza sua relação com o dinheiro sem analisar a fundo todos esses aspectos. Alguns dizem: "Eu não gasto muito, eu ganho pouco. Se ganhasse mais, não teria problemas com o dinheiro". Só que as coisas não são bem assim. Seja qual for o seu salário, se você está gastando mais do que ganha é porque está gastando muito – muito mais do que poderia ou deveria. Se esse tipo de desorganização não for controlado, ganhar mais não vai resolver o problema – mesmo ganhando mais, você dará um jeito de continuar gastando mais do que ganha. Não faltam exemplos de pessoas que comprovam essa realidade. Você já se surpreendeu ao descobrir que um colega cujo salário é menor do que o seu conseguiu comprar uma casa, enquanto você ainda está pagando aluguel? Ou que aquela conhecida que tem 5 filhos e despesas muito maiores que as suas parece ter o poder de esticar o salário dela, embora ganhe o mesmo que você? Já se espantou ao ler nos jornais que aquele milionário que circula por aí a bordo de jatinhos deve até o último fio de cabelo para os bancos? Essas situações demonstram que a questão não é quanto ganhamos, mas quanto e como gastamos o que ganhamos.

Portanto, o primeiro passo para organizar sua relação com o dinheiro é aprender a viver com o que você ganha. Essa é a parte mais difícil, mas é também a mais importante. Afinal, se quiser conquistar sua liberdade e consolidar seu caminho para o sucesso e a prosperidade, você deve controlar o dinheiro em vez de permitir que ele o controle. Para assumir o controle, temos que saber primeiro quais são os drenos pelos quais nossos recursos escorrem. E tratar de fechá-los imediatamente.

Saiba exatamente quanto você gasta

Você é capaz de dizer quanto gasta por mês, centavo por centavo? Você sabe exatamente quanto gastou hoje? Conhece todas as suas despesas e sabe o quanto cada uma delas consome? Não ter noção dessas coisas é uma forma de autoengano. Preferimos não pensar muito nisso para não ficarmos assustados com a verdadeira dimensão de nossos gastos. Só que não tem outro jeito: há que se encarar a realidade e começar a anotar detalhadamente tudo o que entra e tudo o que sai. Funciona para as empresas, funciona para as pessoas. Não se pode fazer um controle orçamentário sem antes conhecer o orçamento e as despesas que ele deve cobrir.

Cuidado com os pequenos gastos

Qual é o problema de gastar 2 reais aqui, 5 ali, 10 acolá? É tão pouco. Talvez seja. Mas experimente somar todos esses pequenos gastos e veja qual é o total a que eles chegam no final do mês. Com certeza não será tão pouco assim. Você poderá descobrir que, com esse dinheiro, daria para pagar uma de suas contas maiores. Comece a anotar e a prestar atenção. Uma série de gastos aparentemente insignificantes acaba formando um dreno enorme. E o que é pior: nem sabemos exatamente para onde foi o dinheiro. E aí, ao conferir o saldo bancário, vem aquela inevitável exclamação: "Puxa! Mas onde foi que eu gastei tudo isso?".

Não viva além de suas posses

Não se iluda. Viver além de suas posses é viver mal. Você pode até achar que está vivendo melhor por conta dos confortos extras que está adquirindo. Mas no momento em que o orçamento estourar, a preocupação e o estresse irão afetar negativamente a sua qualidade de vida. Não se coloque numa roda-viva para viver além de suas posses. Em vez disso, empregue toda essa energia para se organizar, ganhar mais e comprar as coisas que você tanto quer, quando puder. Só assim todas essas coisas serão benefícios, e não prejuízos em sua vida.

Evite comprar por impulso

Comprar racionalmente é adquirir algo que você precisa ou que tenha alguma utilidade para você – isso depois de verificar se o valor do produto realmente cabe no seu orçamento, e se é possível adquiri-lo sem se endividar e sem ter de abrir mão de coisas mais importantes. Comprar por impulso é o oposto disso. Quem compra por impulso se deixa guiar por caprichos, e não por decisões racionais. Compra porque gostou e porque "não pôde resistir" – mesmo que não possa pagar e que nunca venha a usar o que comprou. Ceder a impulsos ocasionais já é o suficiente para causar estragos. Você viu na TV o anúncio de um aparelho de ginástica que promete milagres, entusiasmou-se achando que iria recuperar a boa forma instantaneamente, comprou e... a empolgação passou, e você sequer tirou o aparelho da caixa. E terá de continuar pagando as prestações durante um ano. Com um pouco de bom senso e de autocontrole é possível evitar as compras por impulso ocasionais. Mas se elas se tornarem tão constantes a ponto de a pessoa não conseguir mais se controlar, o problema é bem mais sério. Quem compra indiscriminadamente, o tempo todo e sem levar em conta o seu orçamento pode estar sofrendo de oneomania. Trata-se de um distúrbio psíquico e emocional que leva as pessoas a comprar compulsivamente, a ponto de contraírem dívidas que superam, e muito, o valor de seus próprios salários. Em geral, essas pessoas só admitem que estão com um problema quando sua situação já se tornou insustentável. Por isso é importante ficar atento aos sinais que caracterizam o comprador compulsivo e, ao identificá-los, procurar ajuda o quanto antes – por exemplo, frequentando grupos de Devedores Anônimos, que empregam métodos semelhantes aos dos Alcoólicos Anônimos para auxiliar os que sofrem de oneomania.

Evite a "shopping-terapia"

As compras e os gastos às vezes são usados como formas de autogratificação, isto é, como uma maneira de compensar algum outro problema. É quase como uma terapia informal. Você teve um dia difícil no trabalho e, à noite, gasta mais do que deve no bar ou na balada porque "precisa relaxar um pouco". Você está insatisfeito com os rumos de sua carreira e se endivida numa viagem de férias porque "precisa esfriar a cabeça". Você teve uma discussão com seu chefe e gasta todo o seu dinheiro no shopping porque "precisa espairecer". As justificativas podem variar, mas o roteiro é sempre o mesmo: você "precisa" gastar para compensar um aborrecimento ou alguma outra coisa que não está indo bem. No entanto, se isso chegar a comprometer o seu orçamento, você estará apenas tentando aliviar uma fonte de tensão criando outra fonte de tensão assim que a conta chegar. Pense nisso. Existem muitas formas de relaxar. Endividar-se não é uma delas. E gastar mais do que pode também não é uma forma de terapia.

Saiba planejar a longo prazo

Há pessoas que acham que a única coisa que as impede de realizar os seus sonhos é o dinheiro – ou a falta dele. Se eu tivesse dinheiro, poderia comprar uma casa. Se eu tivesse dinheiro, poderia abrir o meu negócio. Se eu tivesse dinheiro, poderia mudar de vida. Conforme vimos antes, o "ah, se eu tivesse" é uma forma de autoengano. A chave para a realização está sempre em algo externo – e não em você. E enquanto pensa no que não tem, você desperdiça o que tem. Quantos gastos inúteis ou não tão necessários podem ser cortados agora mesmo para que você comece a juntar dinheiro que precisa para comprar uma casa, abrir seu negócio ou mudar de vida? Reveja seu orçamento com atenção. Se não encontrar absolutamente qualquer gasto que possa ser cortado, então está na hora de tomar uma decisão. O que eu poderia sacrificar agora para que mais adiante possa realizar os meus sonhos? Mesmo que a quantia que você conseguir poupar lhe pareça pequena, não desista. O planejamento a longo prazo é a solução para quem não dispõe de dinheiro imediato para colocar seus planos em ação e não deseja se endividar para obter esse dinheiro.

Não conte com os ovos antes da galinha colocá-los

Gastar "por conta" é um dos drenos que mais escoa o nosso dinheiro. Dar cheques pré-datados "por conta" do salário do mês que vem e fazer empréstimos "por conta" da bonificação de final de ano comprometem não só o seu presente, mas também o seu futuro: você está gastando agora o dinheiro que ainda sequer ganhou. Pior ainda é gastar "por conta" de valores que você poderá receber, mas que talvez não receba: aquela promoção que "com certeza" vai sair, aquela venda que já está "garantida", aquele aumento que o chefe "prometeu"... E se isso não acontecer, ou se não ocorrer no momento esperado, quem paga a conta? Você.

Não se deixe explorar

Se quiser ou se precisar ajudar alguém, tenha a certeza de que está realmente ajudando – e que não está se prejudicando com isso. Dar dinheiro a um parente ou amigo necessitado é um ato de generosidade. Mas dar repetidas vezes a alguém que não apenas não se esforça para obter seu próprio dinheiro como também parece desperdiçar o que você lhe dá não tem nada a ver com generosidade – é deixar-se explorar. Você não está ajudando ao dar dinheiro a uma pessoa assim, está incentivando-a viver de modo irresponsável. Ofereça auxílio de outra forma – ajudando-a a encontrar um emprego, por exemplo. Não permita que outras pessoas se transformem em drenos financeiros em sua vida.

Poupe recursos para emergências

Nenhum orçamento vai funcionar se você não reservar uma quantia para os imprevistos. Eles sempre acontecem. Às vezes, é o carro que quebra. Outras vezes, é um súbito problema de saúde cujo tratamento envolve remédios caros. Isso para não falar nas grandes emergências, como uma demissão inesperada. Se em alguns meses você tiver a sorte de não ter nenhum imprevisto, resista à tentação de gastar com outras coisas o dinheiro que você reservou para isso. Use-o para aumentar a sua reserva de emergência.

Não contraia dívidas para amortizar outras

Muito cuidado ao contrair um empréstimo para amortizar outro que você já fez. Esse é o tipo de paliativo que pode provocar um efeito "bola de neve", aumentando ainda mais os seus problemas financeiros. A saída mais segura é apelar para o velho método: cortar despesas ao máximo e usar esse dinheiro para pagar as dívidas. Mas se elas se acumularam e você não tiver mais o que cortar, talvez seja o caso de fazer um novo empréstimo, desde que com ele você possa saldar (e não apenas amortizar) todos os outros e em condições mais favoráveis – como juros razoáveis e prestações que caibam em seu orçamento. Antes de tomar essa decisão, porém, verifique com atenção os prazos, os juros e as condições. Faça as contas na ponta do lápis e, se necessário, peça a alguém de confiança que entenda de finanças para ajudá-lo nos cálculos. E lembre-se: não faça nenhum outro empréstimo enquanto não terminar de pagar esse.

Pesquise preços

Como toda dona de casa sabe muito bem, os preços dos mesmos produtos podem ter variações enormes de loja para loja. Pesquise os preços antes de comprar o quer que seja – inclusive os alimentos que você consome diariamente. Mesmo que a diferença pareça pequena, pense no quanto essa diferença acumulada ao longo de um ano representa no seu orçamento.

Reveja os seus princípios

Vivemos num mundo no qual as tentações do consumo estão em toda a parte, a tal ponto que muitas pessoas passam a condicionar sua autoestima ao que elas possuem – ou ao que não possuem. Isso com frequência as leva a gastar

Produtividade Pessoal   165

mais do que podem para ostentar um estilo de vida acima de suas possibilidades reais. Quem está nessa situação precisa rever urgentemente os princípios que estão orientando sua vida. O que é mais importante: manter um falso status ou sair do vermelho? Não é possível organizar sua relação com o dinheiro sem antes aceitar sua situação atual. E se essa situação não for muito boa no momento, não há motivo para se envergonhar ou para sentir-se inferiorizado. Tudo é passageiro. Todos têm seus altos e baixos. Pare de se preocupar com o que os outros podem pensar e confie em você mesmo. Enfrente as dificuldades com a cabeça erguida e organize-se para melhorar sua condição financeira – em vez de piorá-la só para manter as aparências.

Valorize-se

Não se contente em ganhar menos do que merece ou menos do que o seu trabalho realmente vale. Invista em você, demonstre iniciativa, procure formas de ascender profissionalmente, de ganhar mais, de obter promoções. Não perca qualquer oportunidade de mostrar o seu valor. Se estiver trabalhando num lugar que não lhe dá chances de crescimento, não se acomode. Comece a pensar seriamente em mudar de emprego. Planeje sua transição e comece a agir. Quanto mais você se acomoda a uma situação limitante, mais você se desvaloriza. Não se engane dizendo a si mesmo que você não tem escolha. Acomodar-se é uma escolha. Valorizar-se também é.

Em prol das finanças da população: Cristina Junqueira

Paulista de Ribeirão Preto, formada em engenharia de produção pela USP, Cristina Junqueira chegou onde está sem contar com herança alguma. Inteligente e determinada, ela foi convidada a ocupar um cargo de liderança dentro do grupo Itaú Unibanco quando tinha apenas 24 anos. Seis anos mais tarde, desmotivada pela dificuldade de emplacar suas ideias inovadoras, tomou uma decisão ousada: fundar um banco que prezasse pelo excelente atendimento ao cliente e sem as taxas dos bancos convencionais.

Cristina tinha apenas 30 anos de idade quando fundou o Nubank em 2013, junto com colombiano David Vélez e, em seguida, com o americano Edward Wible. Com sua comunicação transparente, identidade visual vibrante e, claro, a ausência de taxas, o banco conquistou milhões de clientes e, um ano mais tarde, a pequena casa no Brooklyn paulista ficou pequena para abrigar a equipe. E a empresa crescia em paralelo à família da fundadora. Em 2017, 4 anos mais tarde, viajou para Nova York, grávida de 7 meses, para captar recursos para o empreendimento. Em 2021, tornou-se CEO da empresa e, grávida de 8 meses do terceiro filho, comemorou a abertura do capital da empresa na Bolsa de Nova York. Em fevereiro de 2022, o banco que comanda foi considerado o mais valioso da América Latina, avaliado em 245,7 bilhões de reais.

Não é de se espantar, portanto, que Cristina coleciona honrarias: primeira mulher em 22 anos a ganhar o Prêmio Executivo de Valor do jornal *Valor Econômico*, na categoria Serviços Financeiros; segunda mulher brasileira a tornar-se bilionária com o fruto do próprio trabalho; segunda mulher mais rica do país, atrás apenas de Luiza Trajano, e a primeira mulher a conquistar 1 bilhão no setor financeiro. Em março de 2021, foi eleita pela revista *FinTech*, do Reino Unido, a segunda mulher mais importante do mundo no universo das *fintechs*.

Gerando prosperidade

Organizar sua relação com o dinheiro é um requisito fundamental para melhorar sua situação financeira. E, conforme vimos, livrar-se do estresse e da tensão de estar sempre no vermelho o ajudará a aumentar sua produtividade pessoal, que agora poderá ser canalizada para o seu desenvolvimento, progresso e crescimento financeiro, profissional e pessoal – e não só para pagar as contas no fim do mês. Quando chegamos a esse ponto começamos a prosperar. Os objetivos mudam. A meta não é somente sobreviver, mas viver – e viver muito bem. É ter uma carreira de sucesso em vez de ter somente um empreguinho. É ter recursos para investir em vez de ficar somente contraindo e saldando dívidas. É construir um patrimônio em vez de contentar-se apenas em pagar o aluguel. É dar voos mais altos em vez de manter-se preso ao chão. É trocar a escassez pela abundância.

A prosperidade passa pelo progresso econômico, mas é muito mais do que isso. É um modo de ser, um estado de espírito. Você não *fica* próspero, você é próspero quando descobre em si a capacidade de cultivar seu equilíbrio interior. Esse equilíbrio irá se manifestar em todos os outros aspectos de sua vida – inclusive na sua relação com o tempo e com o dinheiro –, permitindo que você gere bem-estar e bens materiais, quaisquer que sejam as condições. A riqueza vai e vem. Se estamos no topo da roda da fortuna, assim que essa roda se colocar em movimento, corremos o risco de ficar embaixo – afinal, não há fortuna, título, cargo ou posição que não possam ser perdidos de uma hora para outra. A pessoa próspera, porém, não está nem em cima, nem embaixo: ela está no centro da roda. Mesmo que perca suas posses ou sua posição, ela é capaz

Produtividade Pessoal   167

de encontrar em si tudo o que precisa para recuperar-se, e até vir a possuir mais bens do que tinha antes, ou uma posição ainda mais elevada. A pessoa próspera confia em si mesma e não vê o mundo como um ambiente hostil e ameaçador. Ao contrário, ela vê o mundo e seus desafios como oportunidades de crescimento. Ela sabe que não existe uma "fonte mágica" da prosperidade: a prosperidade está nela mesma, todas as suas ações refletem isso.

Outra característica da pessoa próspera é que ela gera prosperidade não apenas para si, mas para os que a cercam. Quanto mais próspero for alguém, mais prosperidade ele irá gerar. A pessoa verdadeiramente próspera ajuda os demais a prosperarem porque sua prosperidade gera benefícios, exemplos edificantes, mudanças de mentalidade e de conduta, incentivo à educação e ao desenvolvimento, estímulos positivos, novas perspectivas e até empregos e riquezas. A prosperidade flui como um rio, fertilizando a terra em suas margens e beneficiando todos ao redor. Ela não pode ser guardada num cofre, apenas para proveito pessoal. O que se guarda num cofre é apenas dinheiro, e a satisfação e os benefícios que o dinheiro pode trazer dependerão da forma como ele for usado.

Preste atenção na seguinte história:

Ouro de tolo

Um homem muito avaro trabalhou para formar um patrimônio e depois o vendeu. Com o dinheiro, ele comprou algumas barras de ouro, que enterrou no chão de terra batida da cabana na qual passou a viver para economizar. Agora que tinha o ouro, não iria gastá-lo sob hipótese alguma. Um dia, o fazendeiro para o qual ele trabalhava precisou vender a fazenda. O homem poderia tê-la comprado, mas não ia vender seu ouro de jeito nenhum. Passou a ganhar a vida vendendo os frutos de uma pequena plantação que fez em seu quintal. Seus rendimentos, porém, mal davam para o gasto. A fazenda gerava muitos empregos e, sem ela, seus vizinhos ficaram sem trabalho, de forma que quase não havia compradores para os seus produtos. A crise fez com que as terras das redondezas se desvalorizassem. Era uma ótima oportunidade para comprá-las, investir nelas e fazer a região prosperar outra vez. Mas o homem continuava disposto a preservar o seu ouro a qualquer custo.

Um dia, ao chegar em casa, ele viu que o chão de terra havia sido revirado e que o ouro fora roubado. Desesperado, começou a gritar e a se lamentar. Atraído pelos gritos, um dos vizinhos veio em seu socorro. Ao saber do ocorrido, o vizinho lhe disse:

– Por que você não enterra uma pedra no lugar do ouro? Dá no mesmo.

O homem ficou furioso.

– Como assim, dá no mesmo? Você ficou louco? O que é que eu vou fazer com uma pedra?

O vizinho respondeu:

– O mesmo que você fez com o ouro. Nada.

Essa história representa a antítese da prosperidade. O único objetivo do personagem era acumular riqueza. Para ele, o ouro não era um meio de realizar seus sonhos: era um fim em si mesmo. Em vez de usá-lo para progredir, melhorar seu padrão de vida e multiplicar o que já possuía – como faria um verdadeiro empreendedor –, ele fez o contrário. Regrediu em vez de evoluir. E quando o ouro se foi, ele ficou sem recurso algum, incapaz de encontrar uma saída, pois a fonte de sua riqueza era o ouro, e não ele próprio.

Há uma outra história que exemplifica muito bem o que é a prosperidade. Observe e compare as duas.

A lenda da sopa de pedra

Em tempos remotos, um monge partiu em uma longa peregrinação. Exausto e faminto após vários dias de caminhada, ele parou para descansar nos arredores de uma pequena aldeia. Como não tinha nada para comer, acendeu uma fogueira e colocou sobre ela um pote contendo apenas água e uma pedra. Depois, sentou-se no chão e ficou tranquilamente observando o fogo.

Após algum tempo, um lavrador que residia na aldeia aproximou-se e ficou intrigado ao ver a pedra fervendo na água.

– O que é isso? – perguntou o lavrador.

– Estou fazendo uma sopa de pedra – respondeu o monge.

– É mesmo? Nunca ouvi falar disso. É um prato típico da sua terra? – quis saber o lavrador.

Os dois começaram, então, uma animada conversa. O monge contou de sua terra natal e de suas andanças pelo mundo. Suas histórias eram tão interessantes que atraíram a atenção de outros habitantes da aldeia. Mais gente foi chegando, e logo formou-se um círculo ao redor do monge e de sua sopa de pedra. Até que uma das aldeãs disse:

– Será que essa sopa não ficaria melhor se a gente acrescentasse umas cenouras? Tenho algumas que acabei de colher. Espere que eu vou buscar.

Produtividade Pessoal   169

As cenouras foram colocadas no pote e, imediatamente, outras ofertas surgiram. Um aldeão trouxe batatas, outro trouxe nabos e, em pouco tempo, havia tantos vegetais que o pote ficou pequeno. O problema foi resolvido pelo ferreiro da aldeia, que substituiu o pote por um grande caldeirão. A conversa prosseguiu animada e a sopa exalava um aroma tão delicioso que todos comeram até se fartar. Depois da refeição, o monge agradeceu a todos e se despediu. Mas os aldeões gostaram tanto da experiência que passaram a repeti-la. De tempos em tempos, eles se reuniam para conversar em torno de uma fogueira, colocavam uma pedra para ferver e acrescentavam os vegetais que cada um havia trazido. Os habitantes das aldeias vizinhas espantavam-se ao ver como aquele pequeno vilarejo parecia ter se tornado próspero, e perguntavam-se qual seria o segredo de seus moradores, que eram vistos rindo e comendo em torno de uma fogueira mesmo em épocas de escassez.

Depoimento: Sérgio Amoroso

Sérgio Amoroso é um empreendedor que, do nada, criou uma das maiores companhias de celulose do país, o Grupo Orsa. Criou também a fundação Orsa, para a qual é destinada, todos os anos, 1% da renda bruta do grupo. "O desenvolvimento dos negócios deve ser um fator de transformação da sociedade, por meio de ações economicamente viáveis, socialmente justas e ambientalmente corretas", diz Amoroso, ao explicar o objetivo da fundação. Responsável pelo desenvolvimento de projetos sociais nas áreas de saúde, educação e promoção social, a fundação Orsa realiza mais de 1 milhão de atendimentos por ano a crianças e adolescentes em situação de risco.

"Todos os projetos desenvolvidos pela Fundação Orsa são muito importantes, pois sempre têm como objetivo proporcionar a cada família progressos psicológicos, sociais e financeiros", diz Amoroso. É isso que a fundação faz, por exemplo, na região do Vale do Jari – uma das principais áreas de florestas nativas do planeta, localizada entre os estados do Pará e do Amapá. Ao adquirir o controle acionário da Jari Celulose, em 2000, Sérgio Amoroso assumiu também um grande desafio econômico, social e ambiental. A meta era fazer com que a empresa desse lucro, mas de forma sustentável: sem depredar o meio ambiente e de modo a proporcionar melhorias nas precárias condições de vida das populações nativas.

E ele conseguiu. Pela primeira vez em 3 décadas de existência, a fábrica de celulose está dando lucro. Seu projeto de reflorestamento é considerado o maior do mundo, e sua gestão ambiental é um padrão de referência. Por meio de parcerias com pequenos agricultores, pesquisa e investimento em tecnologia, a fundação criou um projeto de manejo florestal que tornou a atividade do grupo mais lucrativa e impulsionou o desenvolvimento local. Entre outros benefícios, o projeto trouxe uma renda anual de R$ 8.520 para 16 famílias de agricultores da região.

Os funcionários do grupo também se engajam nas ações sociais da fundação. "Criamos na empresa um programa de voluntariado corporativo. É um instrumento motivacional muito poderoso", explica Sérgio Amoroso. "Os colaboradores trazem sugestões, nós avaliamos e, se podemos ajudar, damos apoio técnico. Lá no Jari, por exemplo, temos pouco mais de 30 homens que cuidam da segurança da terra e que apresentaram um projeto para se tornarem agentes sociais. Temos funcionários que chegaram a receber propostas melhores de outras empresas e ficaram no grupo por conta de nossa responsabilidade social", conta ele. E conclui: "Precisamos pensar um pouco diferente. Não explorar apenas pensando no lucro, sem saber que existem milhares de pessoas que vivem sem as mínimas condições. É preciso perceber que tudo tem impacto no outro, inclusive o lucro concentrado".

Depoimento: Luis Norberto Pascoal

Aos 23 anos, Luis Norberto Pascoal assumiu a presidência da DPaschoal, empresa criada nos anos 1940 a partir de um pequeno posto de gasolina. Hoje, é a maior rede de serviços automotivos do país, com 2.500 funcionários e mais de 200 lojas próprias e franqueadas. Eleita várias vezes uma das melhores empresas para se trabalhar no Brasil, a DPaschoal tem demonstrado, desde sua fundação, a preocupação de fazer com que seus funcionários cresçam junto com ela. "Nas nossas empresas, os donos agem como funcionário e cada funcionário trabalha como se fosse dono", diz Luis Norberto. Não é exagero. Boa parte das ações da companhia está nas mãos de funcionários. O empregado pode parcelar em 5 vezes o valor do lote de ações que comprou e já recebe dividendos no ato do contrato.

A educação é outra das prioridades da empresa. Foi para investir em projetos educacionais que a DPaschoal criou, em 1989, a Fundação Educar, que também é presidida por Luis Norberto. Suas iniciativas vão do estímulo à cidadania e do voluntariado à distribuição gratuita de livros – a Educar já distribuiu nada menos que 25 milhões de livros. "Diz um ditado chinês: 'Se queres colher no curto prazo, plante cereais; se queres colher no longo prazo, plante árvores; se queres colher para sempre, eduque o homem'", explica Luis Norberto. "Na educação, mais do que em qualquer outra área, é preciso plantar

Produtividade Pessoal   171

no presente para poder colher resultados positivos no futuro. E, ao mesmo tempo, é plantando uma educação de qualidade no presente que poderemos colher um futuro melhor". Quanto à responsabilidade social, ele afirma:"Daqui a 20 anos, a empresa que não for socialmente responsável estará morta. No Brasil, isso ainda é realidade para um número ínfimo de organizações. Mas o que hoje é apenas uma vantagem mercadológica será uma condição para a empresa existir".

O pré-planejamento

Conforme vimos, há três fatores que você deve trabalhar para aumentar sua produtividade pessoal: a organização, o planejamento e o aperfeiçoamento. Organizando sua relação com o tempo e com o dinheiro, você estará também abrindo caminho para uma vida mais plena, produtiva e próspera. Para consolidar esse caminho é preciso aprender a planejar. Contudo, antes de começar a planejar tudo aquilo que você pretende fazer, é necessário rever tudo aquilo que você já se comprometeu a fazer – e ainda não fez. Resolver pendências é uma etapa fundamental que antecede todo planejamento bem-sucedido. Dependendo da forma como você organiza sua relação com o tempo e com o dinheiro, pode até ser possível colocar novos planejamentos em ação enquanto você resolve suas pendências. O que não é possível é ignorar as pendências e esperar que o planejamento funcione. E o motivo é simples. Uma pendência é algo que não foi feito, concluído ou solucionado, mas que precisa ser. Se não a resolver, ela voltará para "assombrá-lo", exigindo seu tempo e sua atenção exatamente quando você planejou fazer outras coisas. Isso basta para furar qualquer planejamento.

Suponha que você esteja se organizando para iniciar um projeto importante. Você já planejou todas as etapas da execução, as estratégias para realizá-las, o cronograma para cada fase... E então o seu chefe aparece para lembrá-lo de que aquela tarefa que você deveria ter concluído há mais de um mês, mas que ficou "empurrando com a barriga", precisa ser terminada imediatamente. Pronto. Lá se foi o seu planejamento.

Tanto as pendências pessoais como as profissionais são focos de desorganização – e de preocupação. Pedir dinheiro emprestado e não pagar, prometer um favor a alguém e não fazer, iniciar uma reforma em sua casa e não terminar, prometer a si mesmo que vai fazer uma dieta essencial para a sua saúde e nunca começar, comprometer-se a fornecer um produto ou serviço e não entregar, ser incumbido de uma tarefa e não a realizar... Tudo isso são pendências que afetam sua credibilidade. Não são apenas os outros que vão passar a não confiar em você. Sua autoconfiança também será prejudicada, pois sua autoimagem será a de uma pessoa que começa e não termina, que promete e não cumpre. E, é claro, sua produtividade pessoal sofrerá com esse acúmulo de coisas inacabadas e com a pressão e o estresse das cobranças constantes. E como tudo isso tem origem em ações que você iniciou no passado, é o passado que está controlando o seu presente – e até mesmo o seu futuro, já que as pendências de ontem não lhe deixam energia e espaço para dedicar-se aos novos desafios que o amanhã lhe trará. David Allen, autor de *A arte de fazer acontecer* e outros livros de sucesso sobre organização e gerenciamento do tempo, afirma que boa parte do estresse que aflige as pessoas não vem do fato de elas terem muitos afazeres: vem do hábito de não terminar o que começaram. "Se você permitir que muitas coisas que representam acordos mal resolvidos, mal acompanhados e mal administrados com você e com os outros se acumulem em seu espaço pessoal, isso começará a cobrar o seu preço – irá afetar sua produtividade. Você precisa ir até o fundo da bagunça e resolvê-la. Produtividade tem a ver com finalização".

Uma das principais dificuldades de resolver pendências é que, exatamente por terem virado pendências, perdemos o interesse nelas – se é que um dia tivemos interesse. E quanto mais enrolamos, menos motivações temos para resolvê-las de vez. Que motivação poderíamos ter para fazer algo que não temos vontade? Uma só: tirar isso do caminho o mais rápido possível e ter mais tempo, energia e paz de espírito para cuidar de outras coisas. Sendo assim, comece a colocar no papel todas as suas pendências, pessoais e profissionais, por ordem de urgência. Estabeleça prazos viáveis para concluir cada uma delas. E mãos à obra: a hora de começar é agora.

Aqui estão algumas orientações para ajudá-lo a resolver suas pendências:

- Não arrume pretextos para adiar ainda mais a solução das pendências. Pense em quantas oportunidades você pode estar perdendo apenas por não se desembaraçar logo de todas essas tarefas deixadas pela metade. Você gostaria de passar mais um ano de sua vida assim? Mais uma semana? Mais um dia que seja? Nesse exato momento, seu chefe pode estar considerando a possibilidade de lhe passar uma incumbência muito mais interessante e promissora. Mas então ele começa a pensar em tudo o que você tem que fazer e ainda não fez e... É provável que resolva dar a oportunidade a outra pessoa.

- Lembre-se de que eficácia e produtividade pessoal não são apenas uma questão de demonstrar iniciativa, mas também "acabativa". Pessoas criativas e cheias de ideias, que estão sempre iniciando novos projetos sem nunca terminar qualquer um, queimam sua reputação rapidamente. Elas são vistas como "fogo de palha": muita fumaça e pouca ação.
- Planeje a resolução de suas pendências. Escreva tudo o que você precisa fazer. Defina quando e como fará. Reserve algumas horas de seu dia para trabalhar nisso: ou acordando mais cedo, ou dormindo mais tarde, ou usando os fins de semana, se for preciso.
- Quando seu planejamento estiver pronto, não fique pensando em começar a executá-lo. Apenas comece. Pare de dizer: "Eu tenho que fazer isso", "Preciso fazer aquilo...". Essas frases são formas de autoengano. É como se só o fato de dizer ou pensar tirasse um pouco da culpa que você sente por não fazer. Você fica com a ilusão de que está fazendo alguma coisa, quando na verdade está apenas falando ou pensando em fazer.
- Se for possível, peça ajuda ou contrate alguém para ajudá-lo. É melhor dividir parte do seu lucro do que não ter lucro algum.
- Se suas pendências continuam se acumulando em níveis insuportáveis, é o caso de pensar seriamente por que você não está conseguindo dar conta de seus afazeres e compromissos. Talvez seja a hora de contratar mais pessoas. Talvez seja a hora de rever sua relação com o tempo e abrir mão de parte de suas atividades. Se você está sobrecarregado por causa da falta de estrutura e da desorganização da empresa na qual trabalha, analise se a situação é permanente ou temporária. Se for permanente, talvez seja hora de procurar outro emprego.
- Pare de embromar. Seja honesto. Se chegar à conclusão de que realmente não pode terminar algo que você prometeu fazer, procure a pessoa com a qual você se comprometeu, diga a verdade e assuma as consequências. Se houver alguma forma de compensá-la, compense-a. Se tiver que devolver o dinheiro que você recebeu como adiantamento, devolva-o. Dizer a verdade pode não ser fácil, mas é melhor do que fugir. Você vai se sentir aliviado depois que o fizer. E também irá recuperar o respeito próprio.
- Não crie novas pendências. Pense muito bem antes de assumir compromissos e fazer promessas. Verifique se você realmente tem tempo, interesse e condições de realizar o que está sendo solicitado. Veja alguns dos motivos que nos levam a nos comprometermos com coisas que não podemos cumprir e como lidar com eles:

- **Empolgação:** você fica entusiasmado na hora de aceitar, mas, depois, perde o interesse. Só tem um jeito de evitar isso: informe-se muito bem sobre o que você terá de fazer, detalhe por detalhe. Peça tempo para pensar. E reflita honestamente se você quer mesmo fazer ou não.
- **Desejo de agradar:** você não quer mesmo aceitar, mas tem receio de dizer não. Releia o que foi dito sobre assertividade na parte anterior deste livro e aprenda a defender os seus interesses.
- **Pressão econômica:** você aceita porque precisa do dinheiro, mesmo sem ter certeza de que poderá fazer. Essa é uma forma de perder dinheiro, e não de ganhar. Receber sem entregar irá prejudicar sua reputação, o que o fará perder novas oportunidades.
- **Avaliar mal os prazos necessários para executar a tarefa:** você aceita porque acha que vai ser fácil e rápido e, depois, descobre que não é bem assim. Para evitar isso, avalie muito bem cada etapa de execução da tarefa, bem como o tempo e o trabalho necessários para realizá-las. E, é claro, considere todas as outras coisas que você já tem para fazer e o tempo que isso consome.
- **Falta de organização:** você aceita, mas não consegue se organizar para fazer. Leia esta parte do início ao fim e aprenda a lidar com isso.

Planejamento

Para atingir metas é preciso planejar o que fazer, como fazer e quando fazer. Esse conjunto de ações intencionais, integradas, coordenadas e orientadas de forma a canalizar esforços e recursos para a obtenção de determinados resultados recebe o nome de estratégia. Identificar as estratégias mais adequadas para alcançar o resultado que você deseja é o segredo de um planejamento eficaz. Obviamente, para que essas estratégias funcionem é essencial que você já tenha organizado – ou ao menos começado a organizar – sua relação com o tempo e com o dinheiro. Afinal, não há como fazer com que seu planejamento funcione em meio à desorganização generalizada.

Na primeira parte deste livro, vimos que, para fazer os sonhos virarem realidade, temos de transformá-los em metas. No entanto, não são apenas os grandes sonhos que devem seguir esse processo para que possam ser realizados. Nossos objetivos cotidianos, tanto os pessoais quanto os profissionais, também devem ser planejados, se quisermos concretizá-los em vez de ficarmos apenas na intenção. Um bom planejamento aumenta as chances de conseguirmos o que queremos porque nos permite tirar o máximo proveito de nossas habilidades e recursos, direcionando-os para metas definidas – razão pela qual ele é um dos pilares da produtividade pessoal.

Há muitas ideias equivocadas sobre o que é um planejamento e como ele funciona. Por isso, é necessário esclarecer essas questões antes de prosseguirmos.

Prefiro agir em vez de planejar

Há pessoas que colocam toda a ênfase na ação e pouca, ou nenhuma, no planejamento. Contudo, para tornar as ações mais efetivas, é preciso planejá-las. Do contrário, estaremos correndo o risco de agirmos na base do improviso. Quem falha ao se preparar, prepara-se para falhar, já dizia Benjamin Franklin. Um pouco de improviso e de jogo de cintura podem ajudar na hora certa, mas de modo algum substituem o bom planejamento feito com antecedência.

Planejar inibe a iniciativa e não permite reagir às circunstâncias

Se ele inibe a iniciativa, então não é um bom planejamento. Para ser eficaz, ele deve ser dinâmico e flexível. Isto é, deve ser constantemente revisto para que as estratégias possam ser reformuladas ou aperfeiçoadas sempre que surgirem fatos novos ou sempre que as circunstâncias mudarem.

Quem planeja demais pouco faz

A questão não é planejar demais ou "de menos", mas planejar bem. E, é claro, executar bem o que foi planejado. Assim como a ação não deve dispensar o planejamento, o planejamento também não deve dispensar a ação. Planejar e não executar não passa de fazer planos – que não possuem nenhuma relevância se não forem executados. Por isso Winston Churchill dizia que planos são de pouca importância, mas o planejamento é essencial.

Planejar para quê? Se tiver que dar errado, vai dar errado mesmo

Esse tipo de mentalidade serve apenas para colocar a lei de Murphy em ação. Trata-se daquela "lei" que diz: "Se alguma coisa pode dar errado, dará. E mais, dará errado da pior maneira, no pior momento e de modo que cause o maior dano possível". A citação, atribuída a um engenheiro do exército norte-americano chamado Edward A. Murphy, deu origem a uma série de livros e até se tornou parte da cultura popular. No entanto, o que nem sempre é levado em conta é o poder que nossas ações têm de influir nos resultados, de forma a determinar que algo possa dar certo ou dar errado. Ao planejar e executar

176   Escola da Vida

corretamente, aumentamos as chances de que dê certo. Ao deixarmos tudo ao acaso, fazemos exatamente o inverso.

Para começar a planejar nossas metas pessoais e profissionais precisamos primeiro identificar quais são essas metas. Elas cobrem objetivos que queremos alcançar em diferentes aspectos de nossa vida, e todos são importantes. Assim como um carro não pode se mover adequadamente se uma de suas rodas estiver com problemas, nós também teremos nossa produtividade afetada se concentrarmos todas as metas num só aspecto de nossa vida, deixando os demais com um "pneu furado". É o que acontece, por exemplo, com aquela pessoa que direciona todas as suas energias para os objetivos profissionais, deixando de lado as metas de qualidade de vida. Com o tempo, problemas relacionados à saúde e ao bem-estar – como o estresse, a tensão nervosa e as doenças causadas pela falta de cuidado com o próprio corpo – começarão a exercer um efeito negativo em seu desempenho profissional e na realização dos objetivos estabelecidos nessa área.

Uma vez identificadas as metas, há que se definir as estratégias mais adequadas para alcançá-las e estabelecer um cronograma para executar as estratégias. Mas é preciso ter bom senso na hora de definir estratégias e cronogramas. É mais produtivo planejar uma série de pequenas ações viáveis, que você realmente possa executar, dentro de prazos possíveis de serem cumpridos, do que uma grande ação que resolveria tudo de uma vez – mas que você não tem condições de executar. Suponha que sua meta de qualidade de vida seja emagrecer e ficar em forma. Para isso, terá de controlar a alimentação e se exercitar. Você então resolve fazer uma dieta radical e praticar exercícios pesados cinco vezes por semana. Dificilmente ações tão extremas quanto essas irão ajudá-lo a atingir sua meta rapidamente. É mais provável que você perca a motivação – e ainda coloque sua saúde em risco. Um planejamento mais eficiente incluiria, por exemplo, consultar um médico para formular uma dieta mais racional e mais adequada às suas necessidades, e exercícios leves, de curta duração, para que seu corpo possa se adaptar à nova rotina. É claro que seguir o planejamento requer persistência e determinação, mas nenhuma meta pode ser alcançada se você desistir no meio do caminho.

Talvez você tenha a impressão de que, se analisar seus objetivos em diferentes aspectos da vida, transformá-los em metas e estabelecer um planejamento para cada um deles, ficará tão sobrecarregado que não conseguirá realizar coisa alguma. Só que não é assim que funciona. O que realmente o deixa sobrecarregado é negligenciar áreas importantes de sua vida e permitir que os problemas se acumulem. Há pessoas que, mesmo assim, conseguem atingir o sucesso financeiro e profissional. O preço disso, porém, é sacrificar sua vida familiar, social e profissional, às vezes de forma irreversível. No entanto, esse risco pode ser evitado se você planejar suas metas para os diferentes setores de sua vida. Assim, você não se tornará apenas um profissional bem-sucedido, mas um ser humano bem-sucedido, com uma vida plena de realizações. Além disso, muitas metas não necessitam de ações drásticas e complexas para que sejam atingidas. Por exemplo, suponha que seu objetivo na área afetiva seja melhorar seu relacionamento com sua esposa ou companheira. Você pode conseguir isso por meio de ações como aproveitar melhor o tempo que vocês passam juntos, ouvi-la mais em vez de discutir, mostrar-se atencioso, fazer com que ela se sinta valorizada, demonstrar o quanto você a aprecia. Essas ações não precisam interferir em outras que você esteja empreendendo para alcançar metas diferentes, nem exigem grandes recursos: bastam boa vontade e disposição.

A seguir, você encontrará uma relação das diferentes áreas da vida, pessoal e profissional. Verifique quais são suas metas em cada uma dessas áreas (cada área pode ter mais de uma meta) e inclua outras, se achar necessário. Anote-as, bem como o seu planejamento para alcançar cada uma delas. Lembre-se: todas são importantes para o seu sucesso.

Planejamento pessoal

A construção de metas individuais impacta diretamente como equilibramos nossas conquistas e obtemos sucesso em todas as esferas da vida.

- **Metas afetivas e sociais:** família, amigos e relacionamentos. Quais são os seus objetivos em relação às pessoas? Passar mais tempo com a família ou começar uma família? Ampliar o seu círculo de amizades? Iniciar um namoro? Casar-se? Melhorar o relacionamento com seu parceiro ou parceira? Ou encontrar um parceiro? Inclua aqui todos os objetivos que você acha que podem contribuir para melhorar sua vida afetiva.
- **Metas materiais:** incluem os bens materiais que você precisa ou deseja adquirir, a formação de um patrimônio, investimentos financeiros etc. Talvez seja possível alcançar essas metas reduzindo despesas e economizando. Talvez seja necessário também obter um aumento em seus rendimentos, ou até um emprego. Se esse for o caso, essas metas deverão ser planejadas com suas metas profissionais.
- **Metas de educação e aprendizado:** incluem desde leitura de livros, jornais e revistas até cursos, ou mesmo uma faculdade, se isso estiver em seus planos. Quando foi a última vez que você abriu um livro? Quando

foi a última vez que investiu no seu aprendizado? Até as leituras podem ser planejadas, principalmente se isso não for um hábito para você.

- **Metas de saúde e de qualidade de vida:** as metas de saúde incluem tanto a parte física quanto a emocional. Podem ir desde começar uma dieta ou parar de fumar até terminar um tratamento dentário ou começar uma terapia. Incluem também o lazer, as férias, os hobbies, voltar a praticar algum esporte, dedicar-se a um passatempo: enfim, tudo o que contribua para melhorar sua qualidade de vida.

- **Metas espirituais:** como diz o Evangelho, nem só de pão vive o homem. As metas espirituais são as necessidades íntimas de cada um: a paz interior, a busca de significados, o reencontro com a fé e tudo o que representa nossas aspirações mais pessoais e elevadas. Algumas pessoas recorrem a práticas religiosas para alcançarem suas metas espirituais. Outras não seguem religião alguma e buscam sua maneira de se desenvolver espiritualmente. Seja qual for o seu caminho, é importante estar atento àquelas necessidades que vão além das preocupações cotidianas e encontrar formas de preenchê-las.

- **Metas pessoais paralelas:** incluem tudo o que não foi abrangido pelas outras áreas. Por exemplo: escrever um livro, fazer um trabalho voluntário, ser um membro mais ativo de sua comunidade, envolver-se em ações filantrópicas, iniciar um projeto de cunho pessoal. Compreendem também aspectos de sua personalidade que você deseja trabalhar: tornar-se uma pessoa mais generosa, menos crítica, mais amigável, menos tensa, mais compreensiva, menos atribulada...

Planejamento profissional

- **Metas para a atividade profissional atual:**
  - **Metas de relacionamento:** melhorar, consolidar ou expandir relacionamentos profissionais com chefes, colegas, subordinados, sócios, parceiros, colaboradores e clientes.
  - **Metas de imagem:** definir a imagem que você quer transmitir como profissional e estabelecer ações que possam contribuir para esse fim.
  - **Metas de produtividade e eficácia:** definir o que você deseja melhorar nessa área e estabelecer ações que possam contribuir para esse fim, como organizar sua relação com o tempo e com o dinheiro.
  - **Metas de progresso profissional:** definir o seu próprio plano de carreira. Onde você quer chegar nos próximos meses? No próximo ano? Nos próximos cinco anos? Quais são as estratégias que o farão chegar lá?

- **Metas para uma atividade profissional futura:**
  - **Metas de obtenção de emprego** ou de mudança de emprego ou área de atividade, abrir um negócio próprio, tornar-se um profissional autônomo em vez de um empregado contratado ou vice-versa. Seja qual for sua meta nessa área, você deve começar planejando a fase de transição, isto é, a obtenção dos recursos, do conhecimento e dos contatos necessários para fazer a mudança.
  - **Metas de aprimoramento profissional:** cursos de especialização ou de atualização, leituras, estágios, participação em palestras e seminários.
  - **Metas profissionais paralelas:** atividades secundárias que o ajudarão a obter mais prestígio e reconhecimento, como dar aulas, fazer palestras, ministrar treinamentos, escrever livros ou artigos sobre sua área de atuação.

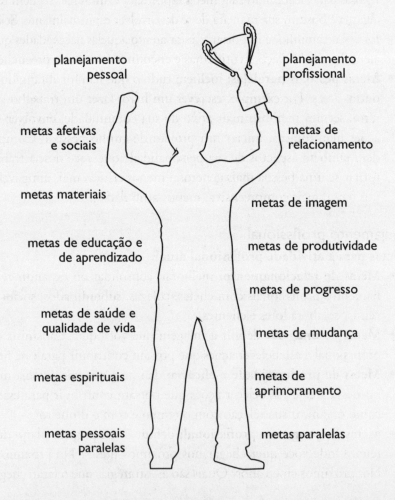

O aperfeiçoamento

Mesmo que você se organize e planeje, isso não significa que o trabalho esteja concluído. Seus métodos de organização e os seus planejamentos devem ser constantemente revistos e aperfeiçoados para que possam responder de maneira eficaz aos novos desafios que surgirem em sua vida. E não é só isso. Você também deve se aperfeiçoar se não quiser ficar para trás. Assim como os músicos afinam seus instrumentos antes de cada apresentação, nós igualmente temos de "afinar" nossas habilidades e competências de modo a propiciar um desempenho cada vez melhor e mais eficiente. Abraham Lincoln, que começou a vida como lenhador e se tornou um dos maiores presidentes da história dos Estados Unidos, costumava dizer: "Se me derem 8 dias para cortar uma árvore, passarei 7 afiando o machado". Todo esse cuidado se justifica: se o machado estiver em mau estado ou com a lâmina sem fio, 8 dias não serão suficientes para cortar a árvore. Mas se ele estiver em perfeitas condições, um dia é suficiente para realizar a tarefa.

O mesmo acontece com nossas habilidades e competências. Se não as mantivermos sempre "afiadas", elas correm o risco de "perder o fio". Por exemplo, por mais que você seja competente no que faz, se não se mantiver atualizado em relação às mudanças e novidades em sua área de atuação, sua competência fatalmente será comprometida. É por essa razão que o aperfeiçoamento é um dos tripés da produtividade pessoal. Mas aperfeiçoar-se não é apenas fazer cursos e atividades de atualização profissional – esse é um modo de obter o aperfeiçoamento em um determinado aspecto, porém não é o único. Você se aperfeiçoa quando aprende coisas novas e as utiliza de modo a ampliar sua compreensão, seu repertório de informações e de recursos e a sua eficácia, não só no trabalho, mas na vida em geral. Você se aperfeiçoa quando aprende a controlar características de personalidade que não conduzem a resultados positivos – como o egocentrismo, a ganância, a avareza, o destempero emocional – e cultiva o oposto de tudo isso – a compaixão, a ambição saudável, a generosidade, o equilíbrio. Você se aperfeiçoa quando aprende com os erros, quando aprende a perdoar, quando aprende a aceitar a si mesmo e aos outros. Quando tenta de novo em vez de desistir. Esses são aprendizados que beneficiam todas as áreas de nossas vidas e que nos tornam mais eficientes, produtivos e bem-sucedidos não só como profissionais, mas como pais, mães, maridos, esposas, amigos, companheiros – como seres humanos.

Talvez um dos piores equívocos que possamos cometer é achar que já sabemos tudo, que não temos mais nada a aprender. Os budistas costumam dizer:

mesmo chegando, estamos sempre caminhando. A cada dia, a cada minuto aprendemos algo novo – desde que olhemos a tudo com olhos de aprendiz. Em seu livro *Como ficar rico*, Donald Trump diz: "Se eu termino o dia sem saber mais do que sabia quando acordei, pergunto a mim mesmo: 'O que eu perdi hoje? Estou ficando preguiçoso?'". Mesmo nas tarefas rotineiras que você realiza todos os dias há sempre algo mais a aprender, há sempre alguma coisa que pode ser melhorada. Se você não pensa assim, cuidado: corre o sério risco de perder o emprego ou o negócio para alguém que age dessa forma.

Um dos maiores entraves ao aprendizado e ao aperfeiçoamento é nos apegarmos a certos procedimentos e atitudes achando que, por terem funcionado uma vez, irão funcionar sempre – independentemente das circunstâncias. Uma pesquisa feita com ratos de laboratório nos fornece uma interessante analogia para esse aspecto do comportamento humano. Cobaias foram colocadas em um labirinto, no qual apenas um dos corredores conduzia à comida. Quando a fome bateu, os animais se puseram a percorrer aleatoriamente os corredores do labirinto até encontrar um que acionava um alarme. Quando o alarme tocava, a comida era colocada naquele local. Depois de algum tempo, eles já haviam memorizado o caminho e o procedimento. O toque do alarme era um sinal infalível de que a comida iria aparecer.

Até que um dia os cientistas mudaram o padrão. Outros alimentos foram deixados o tempo todo à disposição em um corredor diferente. Não era mais preciso acionar o alarme para que a comida aparecesse. Se a encontrassem, os animais poderiam se alimentar quando quisessem. Contudo, eles continuaram se limitando a andar pelo mesmo corredor e a se alimentar somente quando o alarme soava. Na etapa seguinte, a comida deixou de ser colocada no local de sempre e, mesmo que o alarme fosse acionado, não surgia alimento algum por ali. No outro corredor, porém, os alimentos continuavam à disposição. Mas, apesar da indicação de que o padrão havia mudado – após o toque do alarme não surgia comida alguma no local habitual –, o comportamento dos animais não mudou. O condicionamento tornara-se tão forte que nem mesmo a necessidade os levou a buscar alternativas. Continuaram fazendo o que sempre faziam. Resultado: acabaram morrendo de fome.

Por incrível que pareça, nem mesmo o instinto de sobrevivência conseguiu fazer com que os animais mudassem sua rotina. Essa experiência não é muito diferente de certas atitudes que observamos no ambiente profissional, como o apego à rotina e ao "procedimento padrão", cuja existência muitas vezes é justificada pelo fato de que "isso sempre foi feito assim", e a tentativa de enquadrar em fórmulas fixas e imutáveis processos que envolvem uma série de variáveis, que mudam de acordo com as circunstâncias.

Miyamoto Musashi, o mítico samurai japonês, dizia que não se deve ter uma arma preferida. Segundo ele, limitar-se ao uso de uma única arma em vez de escolher a que é mais apropriada para a ocasião é tão prejudicial quanto o conhecimento inadequado de seu manejo. A experiência e a prática acumuladas não podem se transformar num condicionamento, numa forma automática e repetitiva de reagir às circunstâncias. O aprendizado adquirido deve ser uma ferramenta para o sucesso, e não uma camisa de força que nos limita ao que já é conhecido e nos impede de buscar novas respostas, novas soluções, novos caminhos, impedindo assim o nosso aperfeiçoamento. Aquela velha frase que diz "Se melhorar, estraga" expressa uma ideia enganosa, que pode servir de lema a quem já se acomodou. E seu reverso é um bom epitáfio para uma carreira que mergulhou na estagnação: "Estragou porque não melhorou".

Os riscos de apegar-se a pensamentos e comportamentos condicionados são representados por aquela fábula das duas moscas que caíram num copo de leite. A primeira mosca começou a se debater, mas como viu que seus esforços pareciam ser inúteis parou de lutar e se afogou. A segunda mosca continuou se debatendo sem parar, indo além dos limites de sua força. De tanto agitar o leite, ele se transformou em coalhada, e ela conseguiu escapar com facilidade. Tempos depois, a mesma mosca caiu em outro copo cheio. "É fácil", pensou ela, toda cheia de si. "Já sei o que fazer para escapar." E se pôs a debater-se feito louca, certa de que, conforme acontecera antes, o conteúdo do copo iria endurecer-se, facilitando sua escapada. Dessa vez, porém, por mais que se debatesse, nada acontecia, e a mosca acabou morrendo de exaustão. Uma outra mosca que observava seus esforços desesperados, pensou: "Por que ela fez tudo isso? Bastava voar para a borda" – pois o segundo copo não continha leite. Ele estava cheio de água. Será que a mosca realmente aprendeu alguma coisa? Aprender não é uma questão de decorar fórmulas, mas de adaptar o conhecimento à experiência prática que você está vivendo no momento. Só assim ele se transforma numa ferramenta útil para o seu progresso e aperfeiçoamento.

PARTE V

Determinação, persistência e proatividade: o fator DPP

"Determinação é a recusa absoluta de desistir. Persistência é a constante e consistente recusa de desistir. Nunca, nunca, nunca, nunca desista!"

WINSTON CHURCHILL

Determinação

Para transformar seus sonhos em realidade e chegar ao sucesso é preciso mais do que querer ou desejar. É preciso estar realmente determinado a atingir os seus objetivos. A determinação é a resolução firme, a decisão inabalável de ater-se a um propósito e de não desistir até realizá-lo. Você pode pensar que está determinado, pode até jurar que está, mas não é isso que irá comprovar sua determinação. Ela se revela somente por meio de atitudes e ações, constantes e incansáveis, direcionadas para a realização de metas estabelecidas.

"Desejo não é determinação. Ambas começam com a mesma letra, mas não terminam no mesmo ápice do sucesso", costumava dizer J. C. Penney, fundador da cadeia de lojas que leva seu nome. Conforme você leu na parte anterior, Penney oferecia a seus vendedores a chance de se tornarem sócios de suas lojas – razão pela qual ele conduzia várias das entrevistas de emprego em sua empresa. Para testar a determinação dos candidatos, ele começava descrevendo o emprego da forma menos atraente possível. Destacava as longas horas de trabalho, a possibilidade de mudar-se para uma cidadezinha do interior e o baixo salário inicial. "Se o homem for do tipo que consegue projetar para o futuro, enxergar o que tem a ganhar e estiver disposto a pagar o preço, saberei naquele momento. Os homens costumam sorrir depois de eu ter pintado um quadro tão sombrio e dizer: 'Você não me assusta. Quero o emprego!'. Se eles forem desse tipo, nós o queremos. Se vacilarem diante do quadro que descrevo, não servem para nós", explicou Penney em um texto que, muito a propósito, intitula-se "Uma coisa é desejar – outra, determinar" (publicado no livro *Gênios dos negócios*, de Peter Krass).

A determinação está na base de todas as grandes conquistas, descobertas e realizações. Afinal, não há como superar obstáculos sem dispor da força que você adquire quando se dedica de corpo e alma a um propósito. Edmund Hillary tinha um propósito firme e inabalável: ele estava determinado a escalar a montanha mais alta do mundo. Após uma tentativa malsucedida, ele disse: "A montanha me venceu dessa vez mas eu vou vencê-la na próxima, porque ela já cresceu tudo o que tinha de crescer e eu ainda estou crescendo". Apesar das inúmeras dificuldades, ele não renunciou a seu objetivo. E tornou-se o primeiro homem a chegar ao topo do Monte Everest.

A determinação é a força que move os atletas, que constantemente superam seus limites e quebram recordes; os cientistas, que se empenham a elevar o conhecimento humano a novos patamares; e os empreendedores, que começam do nada e criam grandes negócios. É essa a força que nos move na perseguição de nossos sonhos e metas, do grande objetivo de nossas vidas aos pequenos desafios cotidianos. Nenhuma resolução é levada a cabo sem determinação – seja organizar a papelada que se acumulou em sua escrivaninha, seja promover aquela grande mudança que o conduzirá ao sucesso.

Talvez, ao ler estas linhas, você esteja pensando: "De onde vem a força da determinação? Como posso aprender a me tornar mais determinado?".

Bem, o fato é que não se pode ensinar alguém a ser determinado. No entanto, podemos refletir sobre os fatores que enfraquecem a determinação, compreender como eles agem e tratar de mudar as crenças e atitudes que lhes dão origem. Dispor-se a fazer isso é a única forma de se tornar uma pessoa determinada. Esses fatores serão indicados a seguir.

- **Desmotivação:** para motivar-se, você deve saber quais são os seus verdadeiros objetivos, aquilo que você realmente quer na vida – é aí que nasce a determinação. Não há como ser determinado se você não sabe ao certo o que quer, ou se estiver perseguindo um objetivo movido por pressões externas, e não por vontade própria.
- **Desconexão com o seu poder interior:** às vezes, as crenças negativas que adquirimos nos fazem sentir que não temos qualquer controle sobre nossas vidas. Passamos a agir como se fôssemos meras marionetes nas mãos dos outros ou nas mãos do "destino". É a velha cantilena do "não adianta": "Não adianta tentar me esforçar porque o meu chefe não me valoriza", "Não adianta ter iniciativa porque trabalho numa empresa ruim", "Não adianta sonhar com algo melhor porque preciso

desse emprego", e assim por diante. É curioso notar que, ao agir dessa forma, também demonstramos determinação: estamos determinados a ser vítimas das circunstâncias. Ao assumir que você é responsável por suas escolhas, essa situação começa a mudar. Você passa a ter contato com o seu poder interior e a usar a determinação de forma positiva – como, por exemplo, para decidir que caminho irá trilhar.

- **Comodismo:** determinação e preguiça são incompatíveis. Nem tudo na vida nos é entregue em uma bandeja de ouro – na verdade, quase nada é. A determinação se expressa pela disposição de lutar, de esforçar-se, de dar duro, de enfrentar desafios e até de fazer sacrifícios quando necessário. A recompensa, porém, não é pequena: é a realização de nossos sonhos. Para sacudir a acomodação e a preguiça, pergunte-se honestamente: "É essa a vida que eu quero? Que fim levaram os meus sonhos? Será que estou mesmo satisfeito em viver abaixo do meu potencial?".

- **Medo:** são tantos os medos que nos impedem de agir: medo de perder o emprego, de passar por dificuldades financeiras, de ser criticado, de não se mostrar à altura do desafio, de ser posto à prova, de fracassar, de ter sucesso – e de não saber lidar com ele, de não ser amado, de não ser aceito, de não ser compreendido, de arriscar-se, de enfrentar o desconhecido... No entanto, não vamos ficar mais seguros e protegidos só porque nos deixamos paralisar pelo medo. Ao contrário: isso só nos deixa mais frágeis e despreparados. Em vez de permitir que o medo corroa sua determinação, use a determinação para enfrentar o medo.

Observe, a seguir, como a determinação fez a diferença na vida desses empreendedores de sucesso.

A determinação inabalável de Soichiro Honda

A vida de Soichiro Honda é tão incrível que, se fosse transformada em filme, faria as pessoas dizerem: "Essas coisas só acontecem na ficção". Mas aconteceram de verdade: sua história é um poderoso exemplo do que uma pessoa realmente determinada é capaz de realizar. Soichiro nasceu em 1906, na aldeia de Komyo, na cidade de Hamamatsu, no Japão. Filho mais velho de um ferreiro, era uma criança curiosa, fascinada por motores – costumava montá-los e desmontá-los para tentar descobrir como funcionavam. Aos 8 anos, construiu uma bicicleta e, aos 13, já havia criado uma série de pequenas invenções.

Com 16 anos, Soichiro foi para Tóquio como aprendiz numa oficina mecânica. Pouco tempo depois, voltou a Hamamatsu e abriu sua própria oficina.

O negócio prosperou e tornou-se muito lucrativo. Soichiro pôde, então, dedicar-se a uma de suas grandes paixões: as corridas automobilísticas. Foi então que ele teve de superar um grande desafio – a primeira de uma série de provações que iriam testar ao máximo sua resistência e determinação. Ele acabara de conquistar um novo recorde de velocidade quando sua carreira foi interrompida por um violento acidente no All Japan Speed Rally, de 1936. Ele sobreviveu por pouco, e a recuperação foi lenta e dolorosa. Após essa experiência, Soichiro achou que era hora de concentrar-se em suas atividades empresariais. Resolveu, então, que em vez de consertar peças, iria fabricá-las. A fim de atingir esse objetivo, empenhou as joias da esposa e passou a dedicar-se integralmente ao negócio, chegando até a dormir na oficina. Contudo, as peças que ele fabricou foram rejeitadas pelos clientes, sob a alegação de que o padrão de qualidade não era bom.

O negócio ficou à beira da falência. Soichiro já havia passado da casa dos 30, e as perspectivas não eram nada animadoras. Como tantos outros, ele poderia simplesmente ter dito: "Isso não é para mim", e desistido. Em vez disso, porém, decidiu voltar à escola a fim de adquirir o conhecimento necessário para fabricar peças melhores. Para estudar mais os metais, entrou no Instituto de Tecnologia de Hamamatsu. Como tinha um objetivo definido em mente, só assistia às aulas que lhe interessavam. Quando o reitor lhe explicou que, por causa disso, ele não poderia receber o diploma, Soichiro respondeu: "Diploma? Isso vale menos que um ingresso de cinema. O ingresso lhe garante a entrada no cinema, pois você pagou. Já o diploma não garante que se possa ganhar a vida com ele". Essa filosofia iria estar presente em seus futuros empreendimentos. Em suas empresas, os funcionários seriam promovidos pelo trabalho e competência, independentemente do grau de instrução.

Soichiro enfim conseguiu produzir peças de qualidade, e seus negócios voltaram a crescer. E as adversidades também. A Segunda Guerra Mundial estava no auge, e sua fábrica foi atingida por um bombardeio. Soichiro a reconstruiu. A fábrica foi atingida por um segundo bombardeio. Ele a reconstruiu novamente. E aí, num evento que lembra as provações passadas pelo Jó bíblico, sua fábrica foi destruída novamente – dessa vez por um terremoto. Três destruições consecutivas poderiam fazer com que até mesmo a mais determinada das pessoas desistisse. Mas não Soichiro. Mais uma vez ele tentou reconstruir seus negócios a partir dos escombros. A situação, porém, era das mais complicadas.

O Japão havia acabado de render-se às forças aliadas, e o futuro era incerto. Ainda assim, Soichiro conseguiu pôr sua fábrica de pé e vendê-la para a Toyota, que era cliente de suas peças. E usou o dinheiro para criar um instituto de desenvolvimento tecnológico.

No caos que seguiu o pós-guerra, porém, as oportunidades eram minguadas, para dizer o mínimo. Havia uma carência generalizada de combustíveis, e Soichiro, assim como muitos outros japoneses, não podia sequer sair de carro para comprar comida para a família. Em desespero, ele lembrou-se de seus inventos da infância e adaptou um pequeno motor à sua bicicleta. Assim que começou a circular em seu novo veículo, as pessoas o paravam nas ruas, perguntando onde poderiam obter um igual. Imediatamente, Soichiro vislumbrou aí uma oportunidade fantástica. Havia um problema, porém. Como obter o capital necessário para produzir aqueles veículos em série?

Sua solução foi apelar para os 18.000 proprietários de lojas de bicicletas no Japão, escrevendo a cada um deles uma carta pessoal. Disse-lhes que, se investissem em seu invento, estariam desempenhando um papel crucial na reconstrução do país, oferecendo à população um meio de transporte barato e acessível, revitalizando a economia e, é claro, beneficiando-se nesse processo. Nada menos do que 5 mil lojistas atenderam ao seu apelo e lhe enviaram dinheiro. E foi assim que nasceu a Honda, o maior fabricante de motocicletas do mundo.

Mas Soichiro não ficou apenas nas motocicletas. A Honda também produz carros, geradores, motores para barcos, máquinas agrícolas e muitos outros produtos, vendidos em todos os cantos do planeta. Retomando sua antiga paixão pelas corridas, Soichiro começou a produzir também motores para carros de Fórmula 1. Dois anos depois de estrear nas pistas, o carro com motor Honda venceu seu primeiro campeonato. Uma frase de Soichiro resume sua trajetória: "Vivo no presente, para construir o futuro com a experiência do passado".

A determinação para a vitória de Rolim Adolfo Amaro

A vida de Rolim Rodolfo Amaro, que se tornou conhecido como comandante Rolim, é um impressionante exemplo de como a determinação pode transformar sonhos em realidade – por mais inacessíveis que esses sonhos pareçam ser.

O homem que deixou sua marca na história da aviação brasileira teve uma infância modesta no interior de São Paulo, morando com a família em uma casa de sapé sem luz nem banheiro. Aos 13 anos, Rolim abandonou a escola para trabalhar e fez um pouco de tudo: foi ajudante de caminhoneiro, cortou madeira, carregou toras em uma serraria. Mas aos 17 anos achou que era hora de realizar seu grande sonho e tirar um brevê de piloto. Teve de fazer vários bicos no Aeroclube de Catanduva para custear o curso e vender tudo o que tinha para pagar o exame final. Com o brevê nas mãos, Rolim foi para Londrina, no Paraná, e tentou empregar-se em uma empresa de táxis aéreos. Conseguiu emprego, mas não salário. Esse foi um dos inúmeros testes aos quais sua determinação foi submetida. Qualquer sacrifício era válido para ficar perto de seus amados aviões: limpava as aeronaves, comia sobras das refeições dos passageiros e dormia no hangar, usando jornais como cobertor.

Seus esforços renderam resultados. Depois de algum tempo, Rolim foi contratado como piloto da Táxi Aéreo Marília (TAM). Contudo, como era o último piloto da escala, só teria chances de pular a lista se o cliente o solicitasse. Foi então que ele aprendeu uma lição sobre a importância de conquistar a clientela que o acompanharia por toda a vida.

Um convite para voar no Araguaia o fez deixar o emprego e transferir-se com a família para essa região. Moraram em uma casa de tijolos com telhado de folhas de coqueiro, mas o sacrifício não foi em vão. Rolim conseguiu comprar seu primeiro avião e, apenas 2 anos depois, já tinha uma frota de 15 aeronaves.

Sua ascensão não parou por aí. Rolim recebeu um convite para tornar-se sócio da TAM e assumir a direção da companhia. Suas iniciativas inovadoras e sua visão estratégica fizeram da empresa uma das mais bem-sucedidas do país. À época de seu falecimento em um acidente de helicóptero, em 2001, a TAM havia chegado à marca dos 13 milhões de passageiros transportados.

A determinação para recomeçar de José Eugênio Farina

A lenda da fênix – a ave mitológica que renasce das próprias cinzas – contém uma alusão à capacidade humana de se valer da determinação para transformar fracassos em sucesso. É o caso de José Eugênio Farina, o empreendedor que fez sua empresa renascer das cinzas – literalmente. Farina começou a trabalhar aos 12 anos, como balconista. Tempos depois, quando trabalhava numa revendedora de automóveis, seu desempenho foi tão bom que o patrão lhe ofereceu uma bonificação. Farina usou esse prêmio da tornar-se sócio da firma. Os negócios prosperaram, e Farina fundou uma metalúrgica, que depois vendeu para investir em outro negócio: a compra de uma fábrica de instrumentos musicais chamada Todeschini, situada na cidade gaúcha de Bento Gonçalves.

Pouco depois de fechar o negócio, porém, a fábrica foi totalmente destruída por um incêndio. Para tornar a situação ainda pior, a empresa não tinha seguro. "Quando adquiri as ações da Todeschini, vendi todos os meus bens, inclusive o carro da minha esposa. Com o incêndio, fiquei absolutamente sem nada! E eu tinha filhos pequenos e colaboradores que dependiam da minha decisão para manterem seus empregos", conta Farina. "A opção por reconstruir a fábrica veio da minha força de vontade, com o apoio da minha família, dos colaboradores da empresa e da comunidade". E assim ele recomeçou das cinzas, num galpão cedido pela prefeitura. Contudo, nesse meio-tempo, o empresário concluiu que não valia a pena investir em instrumentos musicais. O acordeão, principal produto da antiga Todeschini, já estava fora de moda, e a demanda por instrumentos era escassa. Ele então decidiu reinventar o negócio todo: a nova Todeschini iria produzir móveis.

Sua determinação rendeu frutos. A empresa, que antes funcionava num galpão de 450 metros quadrados, hoje está instalada em uma área de 54 mil metros quadrados. E a ex-fabricante de acordeões virou uma das maiores fabricantes de móveis da América Latina. Os funcionários que tanto ajudaram Farina nesse processo de renascimento não foram esquecidos. "Criamos mecanismos de compartilhamento do sucesso. O ser humano foi destacado como o diferencial competitivo da empresa", diz Farina. Como resultado dessa política, a Todeschini foi eleita várias vezes uma das melhores empresas para se trabalhar no Brasil.

A determinação e lição de vida de Thai Nghia

O vietnamita Thai Quang Nghia sabe muito bem o que é determinação. Para fugir da guerra que devastava seu país, ele lançou-se ao mar a bordo de um velho barco pesqueiro. Thai viajava num porão apinhado, com mais de 60 pessoas, quando a embarcação, que estava em péssimo estado, ficou à deriva. Essa situação desesperadora perdurou por uma semana, e talvez ele não tivesse sobrevivido se o destino não houvesse colocado em seu caminho um petroleiro da Petrobras, que o resgatou e o trouxe para o Brasil.

Thai desembarcou sem falar uma palavra de português e sem um tostão no bolso. Sobreviveu por algum tempo com a ajuda da Cruz Vermelha, morou em albergues e resistiu a uma tentativa de assalto na qual levou vários tiros à queima-roupa. "Passei muitas dificuldades", diz ele. "Fui obrigado a dormir até na rua, passei frio, catei frutas em fim de feira e comi pão com mortadela de dia e miojo à noite. Mas estava feliz. Não estava mais num país que me perseguia como cidadão. A sensação de liberdade era maravilhosa".

Seu primeiro emprego foi numa copiadora. E seu primeiro salário foi usado para comprar um dicionário, que ele usava para estudar português, sozinho, enquanto copiava documentos.

Depois, passou por diversos empregos. Foi vendedor na periferia, caixeiro-viajante e bancário. Mesmo tendo estudado português por conta própria, conseguiu entrar na USP (Universidade de São Paulo), onde cursou matemática. Em 1986, quando o Plano Cruzado levou muita gente à falência, uma amiga para a qual Thai havia emprestado dinheiro ficou sem nada. O negócio que ela tentou abrir com o empréstimo naufragou, e Thai foi pago com as 400 bolsas que haviam sobrado. Sem ter outra opção para recuperar seu dinheiro, ele resolveu vender as bolsas de porta em porta. Vendeu tanto que acabou deixando o emprego no banco e a faculdade para abrir uma fábrica de bolsas.

A grande virada aconteceu quando Thai completou 18 anos de Brasil. Nessa época, ele empreendeu uma longa viagem para reencontrar-se com suas raízes. Um dia, ao visitar um museu francês, deparou-se com um tambor vietnamita de quase 3 mil anos de idade. "Quando voltei no avião, a imagem do tambor me lembrou a alma do povo brasileiro – que é guerreiro, mas não abandona as raízes. E decidi fazer um produto que personificasse esse conceito", conta ele. Foi então que lhe ocorreu a ideia de fabricar sandálias com sola feita de borracha de pneus reciclados, que eram muito populares no Vietnã. O sucesso foi estrondoso. As sandálias tornaram-se o carro-chefe da linha de bolsas e calçados Goóc – uma das grifes que compõem o Grupo Domini. Sob o comando de Thai, a empresa já vendeu milhões de pares de sandálias em mais de 5 mil pontos de vendas e 15 lojas próprias no Brasil, além de exportá-las para 20 países. "Gosto muito de desafios. Quando eu acredito em uma coisa, pode me machucar ou me fazer sofrer, mas eu sigo em frente", resume Thai. A propósito: Goóc significa "raiz".

Persistência

Se a determinação é uma resolução firme e inabalável, a persistência é a capacidade de perseverar, de continuar, de insistir em empreender ações que expressem essa resolução. Se você está determinado a atingir o sucesso, irá agir de forma a alcançar esse objetivo – isso é determinação.

E continuará insistindo sobretudo, e principalmente, diante dos obstáculos que surgirem – isso é persistência. Evidentemente, uma coisa não pode existir sem a outra. Quem é determinado, persiste. E quem persiste o faz porque é movido pela força da determinação. A determinação é o motor da persistência. E a persistência é o que expressa concretamente a determinação. Se você acha que é determinado, mas não persiste, então é porque não é. A persistência é a prova de que você é realmente determinado – ou não.

Durante 20 anos, Napoleon Hill, um dos pioneiros da literatura sobre o sucesso, entrevistou mais de 500 pessoas que estavam entre as mais bem-sucedidas de sua época – como o genial inventor Thomas Edison e grandes empreendedores como Henry Ford e John Rockefeller, apenas para citar alguns. Seu objetivo era descobrir o segredo por trás do enorme sucesso que eles alcançaram. Durante esse tempo, Hill teve a oportunidade de observar de perto várias dessas pessoas. Suas conclusões estão no livro *Pense e enriqueça*, um *best-seller* que já vendeu mais de 20 milhões de exemplares. A obra dedica um capítulo inteiro à persistência, que Hill define como "o esforço sustentado necessário para induzir à fé". Vale a pena nos determos um pouco nessa definição.

Muitos acham que a fé é algo que surge e que se mantém espontaneamente, sem que tenhamos de fazer algo para que isso aconteça. Porém, se analisarmos as histórias de vida de pessoas que se destacaram pela enorme fé que possuíam – Gandhi, Madre Teresa de Calcutá, Irmã Dulce, Martin Luther King e muitos outros, inclusive os que não tiveram sua trajetória ligada à religião – veremos que essa fé se manifestou por meio da persistência. Por acreditarem em seus ideais, eles não desistiram diante dos obstáculos. E, quanto mais persistiam, mais crescia sua fé. Eles empreenderam esforços sustentados, isto é, contínuos, constantes e consistentes, porque quem tem fé acredita, e quem acredita, faz – e continua fazendo, seja qual for o desafio que surgir no caminho.

A base da persistência é a força de vontade, nos diz Napoleon Hill, e aqui a força de vontade pode ser vista como algo muito próximo da determinação. Também nesse caso, uma coisa não existe sem a outra. Como o próprio nome sugere, a força de vontade é uma determinação tão poderosa que não há limitações que ela não possa superar. Quem é determinado tem força de vontade. Quem tem força de vontade é determinado. E quem possui os dois não desiste nunca, porque é daí que vem a persistência.

"Não há substituto para a persistência", escreveu Napoleon Hill. "Ela não pode ser suplantada por nenhuma outra qualidade. [...] Aqueles que cultivaram o hábito da persistência parecem desfrutar de um seguro contra o fracasso. Não importa quantas vezes forem derrotados, eles finalmente emergem no topo da escada". Após observar por tantos anos as pessoas que chegaram ao ápice do sucesso, ele concluiu que a persistência é um estado mental e, como tal, pode ser cultivado. Como? Exercitando a força de vontade e vencendo a tentação de desistir. "Antes que o sucesso chegue na vida de alguém, essa pessoa com certeza irá se deparar com a derrota temporária, e talvez com alguns fracassos. Ao se confrontar com a derrota, a coisa mais fácil e lógica a fazer é desistir", explica

Hill. No entanto, as mais de 500 pessoas bem-sucedidas que ele entrevistou lhe disseram que seus maiores sucessos aconteceram exatamente um passo depois daquele ponto no qual elas tiveram de se confrontar com a derrota. Quantas vezes isso já ocorreu em sua vida? Quantas vezes você achou que não havia mais nada a fazer, mas, ainda assim, resolveu tentar de novo e conseguiu? Esse passo a mais que reverte um insucesso em sucesso é a persistência em ação.

"Muitos dos fracassos da vida aconteceram com pessoas que não perceberam quão perto estavam do sucesso quando desistiram", disse Thomas Edison, e ele sabia muito bem o que estava falando. Aos 12 anos, Edison foi convidado a deixar a escola porque os professores o consideravam muito "devagar". Na mesma época, perdeu quase que inteiramente a audição. Por incrível que pareça, esse autodidata que, na opinião dos professores, não tinha futuro nenhum, tornou-se um dos maiores inventores de todos os tempos. E a surdez avançada não o impediu de inventar o fonógrafo – um aparelho que gravava e reproduzia sons, e que é o "avô" dos gravadores e toca-discos.

A trajetória de Edison nos mostra que, muitas vezes, a persistência é a diferença entre o impossível e o possível. "Quase todo o homem que desenvolve uma ideia trabalha nela até um ponto no qual sua execução parece impossível, e então se sente desencorajado. Esse não é o momento de perder a coragem", dizia ele. Suas realizações provam que Edison estava certo. Após passar por empregos como entregador de jornais e operador de telégrafo – e de investir em sua educação, primeiro com a ajuda da mãe e depois por conta própria –, Edison decidiu fundar um pequeno laboratório no qual pudesse se dedicar aos seus inventos. A história de como ele inventou a lâmpada elétrica é uma verdadeira saga de persistência e determinação. Disposto a substituir a iluminação a gás da época pela eletricidade, Edison conseguiu um financiamento para trabalhar na nova invenção. Ele sabia que, para fazer a lâmpada funcionar, era necessário aquecer um filamento com a eletricidade até fazê-lo ficar incandescente. O grande problema era como produzir esse filamento. Edison e seus assistentes fizeram experimentos com todo o tipo de material. No entanto, assim que entravam em contato com a eletricidade, eles pegavam fogo em vez de produzirem luz.

Muitos cientistas daquele tempo desacreditaram Edison publicamente, afirmando que dominar a eletricidade era missão impossível e chamando o inventor de farsante. Sua resposta foi prometer que, até a noite de Ano-Novo, ele iria acender nada menos do que 2 mil lâmpadas elétricas. Edison trabalhou incansavelmente. Desanimados, seus assistentes ameaçavam desistir de tudo. Mas o inventor lhes dizia: "Nós já tentamos mil tipos diferentes de filamentos. O truque é ter coragem de tentar o milésimo primeiro". E acrescentava: "Não me sinto desencorajado, porque cada tentativa que dá errado é mais um passo adiante". Sua assombrosa persistência foi finalmente recompensada. Na noite que marcou a passagem para o ano de 1880, pessoas se aglomeravam em frente a seu laboratório, perto de Nova York. Entre incrédulas e maravilhadas, elas admiravam os arredores, que reluziam sob a luz de milhares de lâmpadas elétricas. "Eu não falhei", disse Edison. "Apenas descobri dez mil maneiras que não funcionavam."

Muitas décadas separam as histórias de Thomas Edison e de Bill Porter. Edison foi um inventor. Porter é um vendedor. Uma coisa, no entanto, eles têm em comum: a capacidade de persistir até superar todos os obstáculos e vencer. Porter, um americano de Portland, no estado de Oregon, nasceu com paralisia cerebral. Por causa disso, tinha dificuldades de aprendizado e de comunicação, atrofia muscular e dores constantes. Durante boa parte de sua vida, foi tratado como incapaz pelas escolas, pelos empregadores e pela sociedade em geral – com exceção de seus pais, que sempre o apoiaram. Na idade adulta, porém, Porter decidiu que não iria mais viver às custas da família e de uma pensão que o governo concedia aos deficientes. Teria uma vida produtiva e seria responsável por seu próprio sustento.

Determinado a obter um emprego de vendedor, Porter procurou dezenas de empresas. Foi sistematicamente rejeitado até que, em desespero de causa, invadiu a sala do chefe de vendas de uma firma de produtos de limpeza e o desafiou a lhe dar uma chance na pior área possível para um vendedor. Conseguiu a oportunidade que queria, mas os problemas estavam longe de acabar. Ao verem aquela pessoa que se movia de uma forma estranha e cuja aparência era um tanto esquisita por causa de sua condição física, as pessoas simplesmente fechavam a porta em sua cara. Mas, quando uma porta se fechava, Porter não desistia. Simplesmente batia em outra. De tanto insistir, ele começou a se tornar conhecido no bairro e, aos poucos, foi formando sua clientela. Como não podia escrever devido à atrofia nas mãos, pedia aos clientes que preenchessem os formulários e os cheques. Em vez de acharem isso inconveniente, as pessoas passaram a admirar sua franqueza e determinação. Como não podia andar muito, eram os pais de Porter que entregavam os produtos aos clientes. Ao chegar em casa, ele escrevia os itinerários das entregas batendo com um dedo na máquina de escrever, tecla por tecla. Persistente, ele trabalhava 10 horas por dia e foi superando todas as limitações até tornar-se um vendedor de sucesso.

A história de Porter deu origem a reportagens em jornais e TV, e a um filme chamado *De porta em porta*. Em uma comovente cena, Porter senta-se num banco para comer seu almoço. Ele estava cansado e não havia conseguido fechar uma única venda. Ao desenrolar o sanduíche que a mãe tinha lhe preparado, notou que, de um lado do pão, ela escrevera com molho de tomate a seguinte palavra: paciência. Do outro lado do pão havia mais uma palavra escrita: persistência. Porter trabalha há mais de 40 anos na mesma empresa. Já ganhou vários prêmios e medalhas e, por muito tempo, foi o vendedor com o maior volume de vendas da firma. Embora já tenha passado da casa dos 70 e seus problemas de mobilidade tenham aumentando, ele não parou de trabalhar. Continua fazendo vendas online e por telefone. Em seu *site*, Porter diz: "O 'mundo' me disse que eu nunca poderia ganhar a vida. Minha mãe disse que eu podia e meu pai disse que eu devia. Foi isso o que fiz, e ainda faço".

Talvez o melhor discurso sobre persistência tenha sido aquele feito por Winston Churchill para estudantes universitários. Conta-se que o lendário ex-primeiro-ministro britânico, que conduziu a Inglaterra à vitória sobre os nazistas na Segunda Guerra Mundial, foi certa vez convidado para falar aos jovens que estavam iniciando o ano letivo na Universidade de Oxford. Ao ser chamado para dirigir-se ao microfone, Churchill deixou de lado seu inseparável charuto e disse com sua trovejante voz: "Nunca desistam. Nunca desistam!" e foi embora, pois já havia dito tudo que havia para dizer.

É simples assim: sem persistência, não há vitória. Observe honestamente suas atitudes. Você não está sendo persistente quando:

- não termina o que começa.
- tem muitas ideias, mas não realiza nenhuma.
- desiste ante os obstáculos.
- encontra uma série de desculpas para justificar suas desistências.
- deixa-se paralisar pelo pessimismo, pela falta de fé ou por mera preguiça.

A essa altura, você já deve ter percebido a importância da persistência. Assim como ocorre com a determinação, não há como ensinar alguém a ser persistente. Você apenas se conscientiza do que isso significa para o seu sucesso, para os seus sonhos, para os seus objetivos de vida, e faz. No entanto, para os que buscam o grande "segredo" da persistência, pode-se dizer que ele se resume a duas "leis":

- Tente mais uma vez.
- Quando estiver pensando em desistir, aplique de novo a lei nº 1.

A determinação para a justiça de Edu Lyra

Quando uma ideia cria raízes na mente, suas ramificações podem se estender até bem longe. Eduardo Lyra escreveu o livro *Jovens falcões* em 2011, quando cursava faculdade de jornalismo. O livro conta as histórias de 14 jovens que ascenderam socialmente, e Lyra, que o publicou de forma independente, vendendo 5 mil unidades de porta em porta, fundaria 2 anos depois o Instituto Gerando Falcões, uma organização cuja meta era exatamente promover a ascensão social de jovens da periferia.

Lyra conhecia a realidade das pessoas que pretendia ajudar. Ele nasceu na favela Jardim Vila Nova Cumbica, em Guarulhos, criado apenas pela mãe, com o pai na cadeia. "Dormia numa banheira azul, minha família não tinha dinheiro para um berço." E a ONG tem objetivos ambiciosos: "Antes do Elon Musk chegar a Marte, nós vamos solucionar a miséria nas favelas do Brasil".

Isso não se faz sozinho, claro, e ele está longe de estar isolado. Seus investidores incluem nomes como Jorge Paulo Lemann, um dos maiores incentivadores de que ele precisa "sonhar grande". A Gerando Falcões é hoje uma rede que apoia outras ONGs atuantes em favelas. E Lyra, condecorado pelo Fórum Econômico Mundial como um dos 15 jovens brasileiros com potencial de mudar o mundo, segue à risca a dica do mentor e sonha alto. "Nosso sonho é um dia colocar a miséria da favela no museu."

Depoimento: Ricardo Bellino

Costumo ouvir com frequência perguntas do tipo: "Já bati em todas as portas e ninguém acredita em minha ideia. O que devo fazer?". Ou, então: "Já tentei de tudo e nada parece funcionar. Até quando devo continuar tentando?". Acredito que a melhor resposta está no Evangelho de Lucas, numa passagem que, ao longo dos anos, sempre me serviu de inspiração e alento. O trecho relata um dos primeiros encontros entre Jesus e Pedro, que na época ainda se chamava Simão.

Simão havia passado a noite inteira pescando, mas não havia conseguido pegar um único peixe. Jesus então lhe disse para lançar a rede ao mar mais uma vez. Simão estranhou. De que adiantaria isso? Se seus esforços não deram nenhum resultado, por que agora seria diferente? Ainda assim, decidiu fazer mais uma tentativa. E para seu grande espanto, a rede voltou tão carregada de peixes que chegou a rebentar, e ele precisou pedir ajuda para conseguir dar conta de tudo o que havia pescado.

Teria sido um milagre um resultado tão positivo após tantos esforços frustrados? Talvez. A resposta fica a critério da fé de cada um. Mas o fato é que, milagre ou não, esse resultado só foi possível porque Simão se dispôs a tentar mais uma vez. Mesmo depois de tudo dar errado, mesmo depois de ele ter tentado inutilmente até a exaustão, mesmo quando tudo parecia indicar que era hora de desistir, ele tentou mais uma vez. E conseguiu.

Às vezes pode ser necessário parar um pouco, recuperar as energias, rever as estratégias. Mas o que não podemos fazer é desistir de tentar. Não faltam exemplos de pessoas de sucesso que viram inúmeras portas se fechar diante delas, e que passaram por diversos negócios malsucedidos até que, finalmente, conseguiram triunfar. Pode-se pensar: "Se tudo tem dado errado, só um milagre faria com que agora as coisas dessem certo". Bem, só há um modo de saber se esse milagre está à sua espera. Lançando sua rede ao mar. Mais uma vez.

Proatividade

Proatividade é muito mais do que um sinônimo de iniciativa. No livro *Em busca de sentido*, o psiquiatra austríaco Viktor Frankl descreve a pessoa proativa como alguém que assume responsabilidade por sua própria vida em vez de se colocar à mercê das circunstâncias ou de outras pessoas. Muitas vezes sentimos que fazemos o que fazemos porque não temos escolha. Achamos que não podemos dar início às mudanças que gostaríamos de ver em nossas vidas porque as circunstâncias não permitem. Não podemos crescer como profissionais porque "o patrão não nos dá uma chance". Não podemos seguir nossa vocação porque "precisamos desse emprego". Não podemos perseguir nossos sonhos porque "temos que pagar as contas no fim do mês". E, assim, uma longa lista de "não podemos" é que passa a controlar nossas vidas.

Não é nada fácil convencer uma pessoa que está presa ao "não posso" de que na verdade ela pode. Se lhe dissermos: "Mas por que você não procura outro trabalho? Por que não muda de emprego? Por que não procura meios de fazer o que gosta? Por que não encontra outro jeito de ganhar dinheiro?", ela irá repetir as mesmas justificativas de sempre e pôr um fim à conversa dizendo: "Falar é fácil. Você não sabe o que é estar no meu lugar". É quase como estar num transe hipnótico no qual a pessoa só consegue ver um modo de fazer as coisas, um modo de encarar a realidade, um modo de viver, e esse modo é sempre o do "eu não posso".

Mas Viktor Frankl, que já foi mencionado neste livro, era uma dessas pessoas que não concordava com isso. Ele passou por uma das experiências mais extremas que um ser humano pode passar. Por ser judeu, foi feito prisioneiro em um campo de extermínio nazista durante a Segunda Guerra Mundial. E Frankl percebeu que, naquele grupo de pessoas submetidas às mesmas condições desumanizantes, havia aquelas que decidiam lutar pela sobrevivência e aquelas que desistiam, aquelas que se esforçavam para manter a dignidade e aquelas que não faziam isso. "O homem, por força de sua dimensão espiritual, pode encontrar sentido em cada situação da vida e dar-lhe uma resposta adequada", concluiu Frankl. "Nós que vivemos nos campos de concentração podemos lembrar de homens que andavam pelos alojamentos confortando a outros, dando o seu último pedaço de pão", escreveu ele. "Eles devem ter sido poucos em número, mas ofereceram prova suficiente que tudo pode ser tirado do homem, menos uma coisa: a última das liberdades humanas – escolher sua atitude em qualquer circunstância, escolher o próprio caminho". Aqueles que se agarram com afinco ao "eu não posso" deveriam refletir sobre as palavras de Frankl: "O ser humano não é completamente condicionado e definido. Ele define a si próprio, seja cedendo às circunstâncias, seja se insurgindo diante delas. Em outras palavras, o ser humano é, essencialmente, dotado de livre-arbítrio. Ele não existe simplesmente, mas sempre decide como será sua existência, o que ele se tornará no momento seguinte".

Há uma frase que diz: "Existem três tipos de pessoas – as que fazem as coisas acontecerem, as que olham as coisas acontecerem e as que se perguntam o que está acontecendo". As do primeiro tipo são proativas – assumem a responsabilidade de agir e decidem como vão agir. Demonstram iniciativa, antecipam-se aos problemas e, é claro, são determinadas e persistentes. As do segundo e do terceiro tipos são o oposto disso. São pessoas reativas. O reativo, como o próprio nome indica, é aquele que *reage* em vez de agir. Ou seja, ele espera as coisas acontecerem e só toma uma atitude quando é forçado a isso – motivo pelo qual uma das frases preferidas dos reativos é: "Eu não tive escolha". Na verdade, ele não ficou sem escolhas; elas apenas foram reduzidas porque ele só resolveu fazer alguma coisa quando já era tarde demais. Mas é claro que o reativo nunca verá a situação sob esse ponto de vista, afinal, a culpa nunca é dele: é sempre dos outros e das circunstâncias.

O reativo costuma ser do tipo "cabeça quente". Se algo o deixa zangado, irritado ou frustrado, ele irá reagir de acordo com essas sensações sem pensar nas consequências. E as consequências são sempre as mesmas: piorar os problemas em vez de solucioná-los. Mas, de acordo sua maneira de pensar, nada nunca é decisão dele. O reativo diz: "*O que eu poderia fazer?* Aquele homem me deixou irritado", ou "*Fui obrigado* a apelar para a violência. Fulano me deixou furioso". Será que só existe uma única resposta à pergunta: "O que eu poderia fazer?". Será que somos mesmo "obrigados" a reagir de forma destrutiva em vez de optarmos por uma forma de ação mais positiva? Pense bem antes de responder a essas questões. Suas respostas irão indicar se você é proativo ou reativo.

É fácil perceber em qual dessas duas categorias uma pessoa se encaixa. Basta observar suas atitudes. Compare os seguintes exemplos:

- Há sérios indícios de que a situação da empresa não está nada bem. É grande a possibilidade de que ocorram cortes de pessoal ou até falência.

  Atitudes reativas – continuar agindo como se nada estivesse acontecendo, deixar-se paralisar pela ansiedade ou se limitar a torcer para que as coisas melhorem. E quando a demissão ocorre, o reativo é pego desprevenido, não sabe ao certo o que fazer e culpa a empresa e a crise econômica pelo que lhe aconteceu.

  Atitudes proativas – buscar soluções para melhorar a situação da empresa ou, se não for possível, começar a fazer contatos, a procurar outro emprego ou pensar em alternativas de trabalho, além de organizar o orçamento, cortar despesas e poupar dinheiro para uma possível fase de transição. E quando a demissão ocorre, o proativo não é pego desprevenido, pois já tem um novo trabalho em vista. Ou então nem esperou que a demissão chegasse e já arrumou outro emprego.

- Um novo gerente começa a chefiar o seu departamento.

  Atitudes reativas – esperar que ele diga o que fazer, ficar quieto num canto para não chamar atenção (talvez ele não perceba a sua existência e o deixe em paz), ficar inseguro ou irritado ante a possibilidade de que ele introduza mudanças nos procedimentos aos quais você está acostumado.

  Atitudes proativas – apresentar-se ao novo gerente, oferecer-lhe apoio, mostrar-se útil, conhecer o seu estilo e o seu plano de ação, adaptar-se às mudanças imediatamente, encontrar formas de ser ainda mais eficiente face à nova situação.

- A chefia da empresa inibe a iniciativa e a criatividade dos funcionários.

  Atitudes reativas – melhor para mim. Não sou pago para pensar.

  Atitudes proativas – por estar comprometido com o seu sucesso, o proativo não consegue ficar por muito tempo em lugares assim. A essa altura, ele já está trabalhando em outro lugar onde possa crescer e prosperar.

Veja um resumo das características proativas e reativas:

Proativo	Reativo
Antecipa-se às mudanças.	Reage às mudanças.
É responsável por suas escolhas.	Acha que não tem escolha.
Toma iniciativas para melhorar o ambiente a seu redor.	Sente-se impotente para melhorar o que quer que seja.
Não espera que lhe digam o que fazer.	Sempre espera ser mandado.
Busca introduzir melhorias e aperfeiçoar processos.	Acomoda-se à situação.
É criativo, dinâmico e inovador.	É desinteressado demais ou inseguro demais para introduzir inovações.
Tem autocontrole e pensa antes de agir.	É impulsivo e age sem pensar.
Usa seu poder de decisão.	Adia decisões, sente-se vítima das circunstâncias.
Sabe se motivar.	Espera que os outros o motivem.
Transmite entusiasmo.	Apega-se ao pessimismo.

As pesquisadoras Sharon Parker e Catherine Collins, do Instituto de Psicologia do Trabalho da Universidade de Sheffield, na Inglaterra, estabeleceram três dimensões nas quais o comportamento proativo se manifesta no nível profissional. Elas são complementares, isto é, para obter resultados positivos e ter uma carreira de sucesso, você deve ser proativo nessas três dimensões. São elas:

Comportamento proativo dentro da empresa
Foco: melhorar o ambiente de trabalho.

- Assumir responsabilidades e agir voluntariamente.
- Promover mudanças que tornem os procedimentos mais eficazes.
- Influenciar positivamente os colegas (transmitir entusiasmo, solucionar conflitos, compartilhar informações úteis, dar o exemplo por meio de sua conduta etc.).

- Identificar questões que afetam o trabalho, saber expressá-las e oferecer sugestões e recomendações para resolvê-las. Agir com assertividade se houver resistência.
- Inovação. Ter ideias e abordagens criativas e implementá-las.
- Não apenas resolver os problemas existentes, mas também atuar na prevenção de possíveis problemas.

Comportamento proativo estratégico

Foco: melhorar o desempenho da empresa.

- Identificar questões externas relevantes à empresa. Essas questões podem se referir à solução ou à prevenção de problemas (melhorar o relacionamento com clientes e fornecedores, tornar mais eficaz a comunicação da empresa com seu público-alvo, consolidar a imagem da companhia etc.) ou à criação de novas oportunidades (novas tendências de mercado, ampliação dos serviços ou da área de atuação, novos produtos, novos consumidores em potencial etc.).
- Levar as questões identificadas ao conhecimento da chefia e apresentá-las de forma a influir nas decisões estratégicas da empresa (isso requer falar assertivamente, conhecer bem as informações que você está transmitido, entender de que forma elas podem ser úteis à empresa e ter uma ideia clara de como transformar essas informações em estratégias viáveis).

Exemplo: João trabalha numa empresa especializada na venda e na locação de imóveis. Na região em que a empresa atua, há uma grande quantidade de imóveis antigos, em mau estado de conservação. Os proprietários se recusam a reformá-los porque não querem ou não podem arcar com as despesas. Essa é a principal reclamação dos clientes que ele leva para visitar os imóveis, e é também o principal motivo pelo qual parte significativa das vendas não é fechada. Ele relatou a situação à chefia e fez a seguinte sugestão: a empresa pagaria algumas reformas básicas nos imóveis e, em troca, pediria aos proprietários uma porcentagem maior sobre as vendas. João também se ofereceu para fazer os acordos com os proprietários, contratar os serviços necessários e acompanhar as reformas – o que implicaria aumento de sua porcentagem como corretor. A ideia foi implementada com sucesso, as vendas da empresa aumentaram e João foi promovido a gerente.

Comportamento proativo pessoal de adaptação ao ambiente profissional

Foco: melhorar a si mesmo.

- Saber quais são as exigências do cargo que você ocupa.
- Desenvolver e aperfeiçoar o conhecimento e as habilidades necessários para executar com eficiência as exigências de seu cargo. As estratégias para isso incluem:
  - Buscar informações (sobre o cargo, a empresa, a área de atuação etc.)
  - Pedir *feedback*, isto é, pedir que seu chefe avalie seu desempenho, a forma como você executou determinada tarefa etc. Mais uma vez, é preciso usar a assertividade: você não está pedindo um *feedback* porque se sente inseguro, mas para aperfeiçoar sua atuação.
  - Observar os colegas mais experientes e bem-sucedidos e aprender com eles.
  - Antecipar as oportunidades de crescimento. Não espere que a empresa passe a exigir que os funcionários falem inglês. Comece um curso de idiomas imediatamente (o mesmo é válido para qualquer outra habilidade que você possa adquirir ou aperfeiçoar).
- Aprender a negociar condições de trabalho, execução de tarefas, prazos, salários etc. (lembre-se do que foi falado sobre assertividade na terceira parte deste livro).
- Estar em sintonia com os valores da empresa. Saber qual é a missão da firma, bem como a conduta que ela espera de seus funcionários, e agir de acordo.
- Planejar a carreira em vez de pensar no assunto apenas quando as oportunidades surgirem. Você não está na empresa só porque precisa de dinheiro ou para ver no que vai dar. Você está lá para construir uma carreira. Ou não? Planejar a carreira é saber onde você quer chegar a curto, médio e longo prazo, e empreender as ações necessárias para atingir essas metas.

Por fim, cabe lembrar que a proatividade não é uma qualidade restrita ao ambiente profissional. Devemos ser proativos em tudo: nas questões pessoais, nos relacionamentos, em nossa relação com o tempo e com o dinheiro e em todos os aspectos da vida. Esse é um elemento fundamental para que possamos assumir o controle e atingir as metas que estabelecemos.

A proatividade persistente de Ozires Silva

Enquanto muitos perfilados deste livro passaram todas as suas vidas profissionais no campo da iniciativa privada, a história de Ozires Silva, que completou 92 anos no início de 2023, se confunde com o Estado brasileiro. Engenheiro aeronáutico, foi cofundador e presidente da Embraer e presidiu ainda a Petrobras e a Varig. Paulista de ascendência portuguesa e formação militar, esteve à frente da Embraer por 16 anos (de 1970 a 1986) e voltou em 1992, comandando a reestruturação que precedeu a privatização, em 1994 (neste meio-tempo, havia sido ministro da Infraestrutura).

Em 2021, ele se tornou o primeiro brasileiro a ganhar a Medalha Guggenheim, uma das mais importantes honrarias aeronáuticas do mundo. Entre os feitos que lhe valeram tamanho reconhecimento, a criação do protótipo do que viria a se tornar depois o avião Bandeirante. Sua sabedoria, porém, se estende a outras áreas, como atesta a participação na criação em 2003 da Pele Nova Biotecnologia, empresa que desenvolve tecnologias de regeneração e engenharia tecidual. Mais recentemente, tornou-se reitor da Unimonte, em Santos, posto em que permaneceu até 2018, quando a universidade foi comprada pelo grupo Ânima. Desde então, é chanceler da Universidade São Judas Tadeu e presidente do Conselho de Inovação da Ânima.

O olhar amplo o ajuda a compreender os desafios planetários do momento. "Os recursos do planeta têm sido usados para proveito da humanidade. Nesse processo, nós agredimos a natureza. A pandemia atual foi fruto deste modelo. Devemos aprender a melhorar o uso dos recursos que nosso lindo planeta oferece."

Depoimento: José Carlos Semenzato

Para ter sucesso é fundamental que sejamos proativos e que estejamos sempre à frente das mudanças. Por exemplo, houve um tempo em que o mercado do ensino de informática, que era a base das atividades da Microlins, começou a dar sinais de saturação. A solução foi diversificar nossos produtos e passar a oferecer também cursos profissionalizantes para jovens. Não foi fácil convencer os franqueados que estava na hora de mudar o rumo, mas paguei para ver e não me arrependi. A Microlins foi pioneira na área dos cursos profissionalizantes e acabou abrindo caminho para muita gente.

Proatividade significa também agilidade. No mundo dos negócios, não é o maior que engole o menor, é o mais rápido que engole o mais lento. Sinal de agilidade é nossa parceria com a Embelleze Cosméticos para formar o Instituto Embelleze, rede de franquias que oferece cursos de cabeleireiro, manicure, entre outros, e a criação do Instituto Ricardo Almeida, primeira escola livre privada do país voltada para a formação profissional de mão de obra para a indústria de confecção. O instituto leva o nome de Ricardo Almeida, considerado um dos maiores criadores de moda masculina do Brasil e que também é sócio do empreendimento. Se atinjo uma meta, imediatamente procuro outra. É de meta em meta que um sonho é realizado. Ou mais de um.

Eficácia – o esforço correto

Depois de tudo que você leu sobre determinação, persistência e proatividade, provavelmente deve estar pensando que a combinação desses três elementos é imbatível como forma de potencializar suas chances de obter o resultado esperado. E é mesmo – desde que tudo isso seja adequadamente direcionado por meio do esforço correto. Você pode ser determinado, persistente e proativo, mas se não aplicar o esforço correto dificilmente obterá o resultado desejado. O motivo é simples: você pode estar sendo eficiente, contudo, não está sendo eficaz. É de crucial importância perceber a diferença entre um e outro. Segundo Peter Drucker, o economista austríaco considerado o "pai da gestão moderna", "Eficiência consiste em fazer certo as coisas; já a eficácia consiste em fazer as coisas certas" – isto é, aplicar o esforço correto para atingir determinado resultado.

É comum ouvirmos frases do tipo: "Não sei como as coisas deram errado, eu me esforcei tanto...". Ou, então: "Fiz tudo certo e, ainda assim, não consegui o que queria". Se você já passou por essa situação, sabe que poucas coisas são tão frustrantes quanto a sensação de que seu empenho foi em vão. É um duro golpe para a autoconfiança sentir que, por mais que você faça tudo certo, não consegue chegar a lugar algum. Nessas horas, a tendência é se deixar dominar pelo desânimo e começar a questionar sua própria capacidade – o que só serve para aumentar a desmotivação. Obviamente, esse caminho o conduzirá apenas ao beco sem saída do pessimismo e da falta de confiança em si mesmo. Para sair desse estado mental, não questione sua capacidade – questione se o esforço que você está aplicando é correto ou não. Lembre-se da diferença entre eficiência e eficácia e pergunte-se: "Será que estou fazendo as coisas *do jeito certo* ou estou fazendo *a coisa certa*? E qual seria a coisa certa a fazer?".

Veja os seguintes exemplos:

- Pedro está desempregado. Ele é um profissional experiente e com boas recomendações, e está determinado a obter um emprego. Para isso, não mede esforços. Atualizou seu currículo e o enviou para várias empresas. Além disso, tratou de ampliar seus contatos e obteve diversas indicações. A cada nova entrevista, ele se prepara cuidadosamente. Mas, apesar dos elogios que ouve, não consegue emprego algum. E o tempo está passando. Pedro tem certeza de que está fazendo tudo certo: possui iniciativa, está bem preparado, é persistente... E continua desempregado. Ao refletir sobre a situação, ele concluiu que sua área de atuação estava saturada. Havia excesso de mão de obra, e a demanda por profissionais de seu ramo de atividade não estava crescendo de modo a absorver todo esse excedente. Seu próximo passo foi pesquisar em quais cidades a demanda por profissionais como ele era maior. E essa era realmente a coisa certa a fazer: em pouco tempo, Pedro encontrou emprego em uma cidade vizinha.

- Carlos é gerente de uma pizzaria. O consumo está caindo e sua missão é aumentar as vendas em pelo menos 20%. Ele, então, implementou diversas estratégias. Investiu na melhoria dos produtos e dos serviços e passou a oferecer descontos e promoções aos clientes. Carlos esforçou-se ao máximo. No entanto, mesmo considerando-se que as pizzas eram excelentes, o serviço era ótimo e o preço muito bom, as vendas subiram apenas 6%. Tentando entender o que estava acontecendo, Carlos fez uma pesquisa com os moradores do bairro no qual a pizzaria estava localizada. Boa parte dos entrevistados queixou-se da falta de tempo e de disposição para sair à noite. Carlos percebeu que a coisa certa a fazer era criar e divulgar um serviço de entrega em domicílio. E com isso ele superou a meta estipulada, aumentando as vendas em mais de 30%.

Como vimos, não basta empenhar-se e fazer as coisas do jeito certo. É preciso também agir com eficácia – aplicar o esforço correto a fim de atingir o resultado almejado. Para isso, observe os aspectos abaixo.

- **Objetivo correto:** certifique-se de que você sabe exatamente a meta a ser alcançada. Conhecer bem o objetivo é fundamental para que você possa saber como direcionar esforços.
- **Estados mental e emocional corretos:** confie em si mesmo. A insegurança, o pessimismo e o desânimo afetam sua capacidade de pensar com clareza e de descobrir a coisa certa a fazer.

- **Visão correta:** antes de optar por um caminho ou direção, analise o quadro geral. Avalie todos os aspectos de seu objetivo, bem como os recursos disponíveis para otimizar seus esforços.
- **Informação correta:** reúna todos os dados necessários e cheque se estão certos. Não dá para aplicar o esforço correto se você dispõe de informações incompletas ou incorretas.
- **Compreensão correta:** analise as informações, estude-as e compreenda-as. Uma informação que não é compreendida não possui nenhuma utilidade.
- **Interpretação correta:** depois de compreender as informações, é necessário interpretá-las, isto é, perceber de que forma elas podem ajudá-lo a atingir seu objetivo.
- **Conclusão correta:** com base nos 6 itens anteriores, entender qual é a coisa certa a fazer.
- **Habilidades corretas:** verifique qual é o conjunto de habilidades que você precisa empregar para alcançar seu objetivo e trate de aplicá-las – e de desenvolvê-las, se for o caso.
- **Estratégia correta:** estabelecer as ações mais eficazes para que a meta seja realizada.
- **Planejamento correto:** definir como, quando e com que recursos as ações que você estabeleceu serão postas em prática.
- **Comunicação correta:** a menos que você seja o único habitante de uma ilha, é inevitável que outras pessoas sejam envolvidas nesse processo: seu patrão ou seu futuro empregador, seu sócio ou seu possível investidor, colegas, colaboradores, subordinados etc. Se sua comunicação com eles não for eficaz, todo o processo poderá ser comprometido.
- **Ação correta:** colocar em prática seu planejamento, levando em consideração todas as etapas anteriores. Ou, em outras palavras, fazer a coisa certa.

A magia de Carlos Wizard nos negócios

Seu nome de batismo, na verdade, é Carlos Roberto Martins, e suas origens são humildes: filho um de motorista de caminhão e de uma costureira, o destino do empresário mudou ao viajar ao exterior através de missões religiosas em nome da Igreja de Jesus Cristo dos Santos dos Últimos Dias. De volta ao Brasil, precisou complementar a renda da família e resolveu dar aulas de inglês na sala de casa. Inspirou-se nos seus correligionários, os mórmons, que precisam desenvolver habilidades em outras línguas rapidamente antes de ingressar nas missões. Suas aulas, muito voltadas para a conversação e a absorção rápida do idioma, fizeram sucesso e ele logo abriu uma escola. Assim nasceu o curso Wizard. A rede de cursos é tão icônica que o empresário acabou adotando o sobrenome Wizard, que significa "mago".

O sucesso do empreendimento o levou a adquirir outros cursos de inglês, como a Yázigi, e fundar a Multi Educação, vendida por 1,95 bilhão de reais no fim de 2013 para a editora britânica Pearson. Ao longo dos anos, seus negócios se diversificaram. Desde 2014, ele é o dono da rede Mundo Verde, de produtos naturais e orgânicos. Em 2016, trouxe para o Brasil a rede de *fast-food* americana Taco Bell. Seus negócios incluem ainda as operações brasileiras da KFC, da Pizza Hut e as marcas de esportivos Rainha e Topper, além da Ronaldo Academy, franquia de escolas de futebol em parceria com o ex-jogador. O guarda-chuva coletivo é a *holding* Sforza, que ele administra com dois dos seis filhos.

No entanto, Wizard nunca abandonou sua vontade de ensinar e compartilhar conhecimento. Em 2017, voltou às origens ao tornar-se sócio de Flávio Augusto na rede de ensino de idiomas Wise Up. O bilionário também se dedica a divulgar lições de empreendedores através de livros e da escola de negócios Wizarbell, em parceria com Ricardo Bellino.

Autodisciplina – mantendo o foco

Determinação, persistência e proatividade complementam-se com a aplicação do esforço correto. Mas isso ainda não é tudo. Para transformar essas qualidades em hábitos, há que se usá-las constantemente – afinal, de que adiantaria ser determinado apenas de vez em quando, ou mostrar-se proativo só quando tiver vontade?

É uma questão de lógica: se utilizar essas qualidades de modo irregular e errático, você obterá resultados irregulares e erráticos, ou seja: dá um passo para frente e dois para trás, avança aqui, retrocede acolá, e assim por diante. Você se lembra do que foi dito neste livro sobre os hábitos de vencedor? Só podemos adquiri-los por meio da repetição. É aí que entra a autodisciplina. Trata-se de disciplinar a si mesmo para fazer o que deve ou o que precisa ser feito a fim de atingir um objetivo, mantendo uma trajetória definida e constante. Sem a autodisciplina, essa trajetória irá se transformar numa trilha incerta e tortuosa, que provavelmente não o levará a parte alguma. Observe:

Nem sempre o que deve ou o que precisa ser feito é o que gostaríamos ou o que sentimos vontade de fazer num determinado momento. Você pode ter de terminar um trabalho quando na verdade gostaria de sair para se divertir. Você pode ter de controlar seu orçamento doméstico quando na verdade gostaria de gastar todo o dinheiro num carro novo. No entanto, é preciso pensar: qual é mesmo o seu objetivo? É obter uma satisfação imediata e passageira sem se preocupar com as consequências ou investir no sucesso sustentável e duradouro a médio e longo prazo?

Todo mundo quer ter sucesso. Mas são poucos os que se dispõem a fazer o que as pessoas bem-sucedidas fizeram para vencer. Com certeza houve momentos em seu caminho para o sucesso nos quais essas pessoas trocaram uma festa por uma noite de trabalho, o prazer de adquirir novos bens de consumo pelo controle orçamentário, a vontade de render-se à preguiça pela necessidade de aproveitar melhor o seu tempo. E, se fizeram isso, foi porque tiveram autocontrole suficiente para lidar com impulsos, desejos e caprichos momentâneos, que poderiam desviá-las de seu objetivo maior. Aprender a se controlar é a chave para a autodisciplina. Não há como ser disciplinado se você permitir que a menor distração ou impulso seja capaz de desviá-lo de seu caminho.

Ter autodisciplina pode significar, às vezes, renunciar a coisas prazerosas, mas desnecessárias naquele momento, por outras não tão prazerosas, mas absolutamente necessárias. Isso inclui uma certa dose de sacrifício – e seria mentira dizer que você pode vencer sem ele. A recompensa, porém, vale a pena: é o seu sucesso que está em jogo. Contudo, desenvolver a autodisciplina não implica levar uma vida sem nenhum prazer ou distração. É tudo uma questão de usar o bom senso e distrair-se nos momentos certos – e não quando você deveria estar trabalhando por suas metas – e da forma certa – isto é, sem colocar seus objetivos em risco.

A autodisciplina é fundamental para que você possa adquirir hábitos de vencedor. Não só a determinação, a persistência e a proatividade, mas todos os outros que você já viu até agora neste livro, bem como aqueles que você ainda vai ver até chegar à última página. Por isso, antes de prosseguir, reflita bem sobre a seguinte pergunta: você está realmente comprometido com o sucesso? A resposta vai depender do quanto você está disposto a se disciplinar e a exercer o autocontrole para adquirir e manter hábitos de vencedor.

O psicólogo Daniel Goleman, autor do livro *Inteligência emocional*, costuma contar em suas palestras uma curiosa experiência que enfatiza a importância do autocontrole – mesmo em questões aparentemente inofensivas como conter o desejo de comer um doce. Nesse experimento realizado nos anos 1960 na Universidade Stanford, nos Estados Unidos, crianças de 4 anos depararam-se com a seguinte escolha: elas poderiam comer um marshmallow assim que o recebessem ou esperar um pouco antes de comê-lo. Se optassem por comer o doce imediatamente, ganhariam apenas um. Se optassem por esperar antes de comer, mais tarde ganhariam outro. Algumas decidiram esperar, enquanto um terço das crianças comeu seus marshmallows assim que pôs as mãos neles. Doze anos mais tarde, os pesquisadores entraram em contato com as mesmas crianças – agora já adolescentes – e as submeteram a novos testes. As diferenças entre as que haviam comido os doces imediatamente e as que esperaram para ganhar dois eram dramáticas. Aqueles que haviam sido capazes de resistir à tentação em troca de uma recompensa posterior apresentaram um desenvolvimento social e emocional muito maior. Eles se mostraram mais dispostos a enfrentar desafios, não desistir diante de obstáculos, controlar o temperamento e manter a calma quando se encontravam sob pressão. Já os do outro grupo – os adolescentes que não conseguiram se controlar diante do desafio do marshmallow realizado anos atrás – apresentaram características opostas: eram propensos à teimosia ou à indecisão, frustravam-se com facilidade, tinham um temperamento difícil e perdiam a calma ante a menor pressão. Em resumo, as crianças que demonstraram mais autocontrole no teste apresentaram, à medida que foram crescendo, características que potencializavam suas chances de se tornarem adultos bem-sucedidos, como o equilíbrio, a autoconfiança e a determinação, enquanto as que apresentaram menos autocontrole acabaram desenvolvendo características opostas.

O experimento sugere dois aspectos importantes da autodisciplina. O primeiro é que ela pode se revelar até mesmo em coisas aparentemente insignificantes, como a decisão de comer um único doce agora ou esperar um pouco e ganhar dois. Contudo, ao acompanharmos o desenvolvimento das crianças que não resistiram à tentação, concluímos que essa pequena demonstração de falta de autocontrole pode indicar uma tendência: se não aplicamos a autodisciplina nas coisas menores, dificilmente conseguiremos aplicá-la em questões mais importantes. O segundo aspecto é que, com base nesse estudo, podemos presumir que algumas pessoas são, por natureza, mais autodisciplinadas do que outras. No entanto, ainda que isso seja verdade, o importante é compreender que essa situação não é imutável. Mesmo que a autodisciplina não seja o seu ponto forte, você poderá fortalecer essa característica por meio do autocontrole, da força de vontade e da persistência. Só assim ela se tornará um hábito, e o mais importante deles: é o hábito da autodisciplina que lhe permitirá adquirir e manter todos os outros hábitos de vencedor.

Podemos definir a autodisciplina como a capacidade de administrarmos a nós mesmos. Ela é o nosso "gerente interno", cuja função é administrar com o máximo proveito possível todos os recursos de que dispomos: nossas habilidades, talento, inteligência, energia, determinação, persistência, proatividade, vontade, tempo e dinheiro. E quanto maior for a competência desse "gerente", ou seja, quanto maior for a sua autodisciplina, maiores serão suas chances de chegar ao sucesso. Contudo, o oposto também é verdadeiro. A falta de autodisciplina é uma das principais causas do desperdício de potencial e do fracasso, dos problemas de saúde causados pelos maus hábitos e das dificuldades financeiras, e de todas as confusões que ocorrem quando damos livre vazão a nossos impulsos e caprichos.

A melhor forma de fortalecer sua autodisciplina é começar a pensar em todas as áreas de sua vida nas quais ela pode estar faltando e as consequências negativas que isso está lhe trazendo. Mas seja honesto – deixe todas as desculpas e justificativas de lado e concentre-se apenas no seu comportamento e atitudes. Veja alguns exemplos:

- Quais são os problemas de saúde que eu tenho ou que posso vir a ter por causa dos meus hábitos nocivos?
- Quantas oportunidades profissionais ou perdi ou estou perdendo porque não consegui me disciplinar?
- Será que estou sendo suficientemente disciplinado para realizar meus sonhos ou fico esperando que um dia eles se realizem por si?
- Sou disciplinado ao usar o meu tempo?
- Sou disciplinado ao usar o meu dinheiro?
- Costumo planejar e seguir o planejamento até o fim?
- Quantas vezes deixei de fazer coisas necessárias por pura falta de vontade?

- Costumo me empenhar para cultivar relacionamentos ou faço o que me dá na cabeça, sem me importar com os outros?
- Minhas ações são consistentes e direcionadas ou oscilam ao sabor do momento?
- Sou capaz de me motivar para continuar ou desisto assim que a empolgação passa?

Se suas respostas indicarem falta de autodisciplina, você já tem uma boa pista do caminho a seguir. Esse caminho pode não ser fácil, mas, no fundo, tudo se resume a uma questão: você está determinado a chegar ao sucesso ou não?

Para chegar ao sucesso, é preciso manter o foco em seus objetivos. Manter o foco significa não os perder de vista. Você mantém o foco quando sabe onde está e para onde vai, e empreende ações constantes e planejadas para chegar lá. E essa é outras das razões pelas quais a autodisciplina é fundamental: sem ela, é quase impossível manter o foco. Como alguém irá se concentrar em seus objetivos se está sempre cedendo a impulsos e permitindo que distrações o desviem do caminho?

Uma pessoa focada em suas metas é como o arqueiro experiente que mira o alvo. Ele pode estar em meio a uma multidão ruidosa ou até no campo de batalha – mas nada disso é capaz de perturbar sua concentração. O arco e a flecha tornam-se extensões de suas mãos. Ele percorre com o olhar e com a atenção o trajeto que levará a flecha diretamente ao alvo e concentra toda a sua energia nessa direção. O arqueiro tem controle sobre suas emoções, conhece sua força e sabe como transferi-la para o arco e para a flecha. E quando finalmente lança a flecha, ela segue de modo firme e preciso e se crava exatamente no alvo que ele escolheu. Só mesmo por acaso é possível acertar um alvo sem estar concentrado nele – e, ainda assim, as chances de isso acontecer são extremamente remotas.

Quando você mantém o foco, fica automaticamente alerta a tudo o que pode ajudá-lo a atingir seu objetivo: informações, contatos, oportunidades. É nesse ponto que se atinge aquele estado quase mágico no qual tudo parece fluir, e você tem a sensação de que "o universo conspira a seu favor". Na verdade, é você que, por estar focado no seu objetivo, passa a perceber e a buscar coisas que provavelmente não perceberia nem buscaria se sua atenção estivesse em outro lugar.

Aqui estão algumas dicas para ajudá-lo a manter o foco:

- Concentre-se numa coisa de cada vez. Deixe-se absorver pela tarefa que você estiver realizando no momento e dedique toda a sua atenção a isso.

- Se começar a pensar em coisas que não têm nenhuma relação com o que você está fazendo, não lute contra elas – senão sua atenção será absorvida pelo esforço de afastar esses pensamentos. Apenas deixe-os ir e vir, sem apegar-se a eles. Aja como o motorista que percebe a paisagem passando pelas janelas do carro, mas mantém a atenção no caminho à sua frente.
- O estresse e as preocupações dificultam a concentração. Aprenda a relaxar. Busque um equilíbrio entre o trabalho e os momentos de lazer.
- Foco está relacionado com atenção, e não com tensão. Perceba a diferença entre ficar tenso e ficar concentrado.
- Se você tem dificuldade de concentração, comece devagar. Crie seu próprio programa de treinamento: mantenha a atenção por alguns minutos e depois, progressivamente, vá aumentando o tempo.
- Para concentrar-se em seus objetivos, cultive o hábito de visualizá-los. Crie visualizações vívidas. Imagine-se realizando o seu sonho e sinta o prazer e a alegria que essa vitória lhe traz. Use essas sensações advindas da imaginação criativa para recarregar as energias e manter-se motivado.
- Alterne a imaginação criativa (a visualização de seus objetivos sendo alcançados) com a imaginação proativa (a visualização dos meios concretos pelos quais você pode alcançá-los).
- Como manter o foco numa tarefa que não lhe dá prazer, mas que você precisa realizar? Não pare o tempo todo para pensar como é chato o que você está fazendo. Apenas faça e concentre-se na ação – e não na sensação.
- Quanto maior for a sua dificuldade em manter o foco, mais autodisciplina você deve usar para continuar tentando. Pense no quanto seus objetivos são importantes para você e siga em frente.

Pessoas que não conseguem se concentrar de forma alguma podem estar sofrendo de um problema chamado TDAHI – Transtorno do Déficit de Atenção com Hiperatividade – e que se caracteriza pela desatenção, inquietude e impulsividade constantes, a ponto de dificultar, ou até mesmo impossibilitar, a organização e o planejamento das atividades diárias. Quem possui ou acha que possui esse transtorno deve procurar ajuda médica, pois existe tratamento.

Focado no Crescimento: José Isaac Peres

Aos 22 anos de idade, José Isaac Peres já fundava seu primeiro negócio, a promotora de vendas de imóveis e incorporadora Veplan Imobiliária. Surgida em 1963, era uma das maiores do país já em 1971. Por mais rápido que tenha sido seu crescimento, ele empalidece diante da atividade atual de Peres: fundador e acionista do grupo Multiplan, um dos maiores construtores de shopping centers de alto padrão do país, incluindo o BarraShopping e o New York City Center, no Rio, e o Morumbi Shopping, em São Paulo, que lhe rendeu um patrimônio contabilizado em 2018 pela *Forbes* de 1,5 bilhão de dólares.

Se os 19 shoppings e os dois centros comerciais administrados hoje pela Multiplan enchem os olhos, os feitos de Peres à frente da Veplan são igualmente dignos de nota: o primeiro prédio que vendeu, na Lapa carioca, foi todo comercializado em 19 dias. Em 1966, o edifício Cidade do Rio de Janeiro, na rua Almirante Barroso, no Centro, primeiro do município a ter garagem mecânica, foi todo vendido em dois dias.

O bairro carioca da Barra da Tijuca, onde fica a sede da Multiplan, vive um grande crescimento há algumas décadas, crescimento este diretamente relacionado à chegada dos shoppings de alto padrão abertos pela empresa, bem como de condomínios de alto luxo como o Barra Golden Green, na Avenida Sernambetiba, também fruto dos esforços da Multiplan.

O fator DPP em ação

Quem se apressa em dar uma receita fácil para o sucesso pode dizer que a determinação é o elemento essencial para chegar lá. Ou a persistência. Ou a proatividade. Mas, como vimos, as coisas não são bem assim. Essas três qualidades devem andar juntas, ser direcionadas pelo esforço correto e mantidas pela autodisciplina. É dessa forma que colocamos o fator DPP (determinação + persistência + proatividade) em ação.

Depois de compreender o que é o fator DPP e como ele funciona, é hora de ver como podemos usá-lo na prática – e os resultados que isso produz. Preste atenção nas histórias abaixo:

A disciplina mais incrível que a ficção de Chris Gardner

Quem assistiu ao longa-metragem À *procura da felicidade*, protagonizado pelo ator Will Smith, já tem uma ideia de quem é Chris Gardner, o homem cuja vida serviu de inspiração para o filme. A infância de Gardner foi marcada pela pobreza e pela violência doméstica. Ao tornar-se adulto, decidiu que daria a seu filho todo o carinho e proteção que ele próprio não teve. E manteve sua decisão, ainda que diante das dificuldades – que não foram poucas. Abando-nado pela esposa e cheio de dívidas, Gardner tentou garantir sua sobrevivência e a do filho como vendedor de um equipamento médico. Ele tinha determi-nação e persistência, mas, ainda assim, as vendas não prosperavam. Por quê? Porque, embora se esforçasse, ele não estava aplicando o esforço correto. O produto era caro e dispendioso demais para os médicos, que preferiam enviar seus pacientes para fazer exames em hospitais do que investir na aquisição de um equipamento como aquele.

Foi então que Gardner demonstrou sua proatividade. Ao ver um homem bem-vestido saindo de um carro caríssimo, ele lhe perguntou o que ele fazia para ter esse estilo de vida. O homem respondeu que era corretor da bolsa de valores. Disposto a encontrar um trabalho que fosse, ao mesmo tempo, satisfatório e lucrativo, Gardner inscreveu-se num programa de treinamento para futuros corretores. Sua determinação era tanta que ele conseguiu uma vaga, apesar de não ter contatos, experiência na área nem formação univer-sitária. O salário pago durante o treinamento era tão baixo que Gardner não podia sequer pagar um aluguel. Uma cena do filme nos mostra o momento em que, sem ter onde morar, ele e seu filho passam a noite dormindo num banheiro público.

Porém, mesmo em meio a essa situação desesperada, Gardner sabia que havia encontrado a coisa certa a fazer: concluir o curso, aprender uma nova profissão e tentar ser contratado por uma das empresas de investimentos que atuavam na bolsa de valores. Apesar de viver na condição de sem-teto, foi disciplinado o suficiente para manter o foco em seus dois objetivos: destacar-se no programa de treinamento e cuidar do filho. Foi assim que um sem-teto acabou sendo con-tratado como corretor da firma de investimentos Bear, Stearns & Company, na qual tornou-se um dos funcionários mais bem pagos. A fantástica trajetória de Gardner não parou por aí. Algum tempo depois, ele abriu sua própria empresa de corretagem. Hoje, a Christopher Gardner International Holdings atua nos Estados Unidos e no exterior. E a fortuna pessoal de Gardner é estimada em 600 milhões de dólares. Ativamente engajado em causas sociais e filantrópicas, ele realiza palestras motivacionais nas quais ensina a superar obstáculos e a romper círculos viciosos. Tudo com base na experiência de quem aprendeu fazendo.

A disciplina em ação, um pão de cada vez: Alberto Saraiva

Foi um trágico acontecimento que fez com que Alberto Saraiva descobrisse sua veia empreendedora. Poucos dias depois de comprar uma padaria no bairro paulistano do Belém, seu pai morreu, vítima de um assalto ocorrido no estabelecimento. Aos 20 anos, Saraiva era um estudante de medicina que não entendia nada da venda de pães. Contudo, a fim de ajudar a mãe e os dois irmãos menores, ele se viu forçado a abandonar a faculdade e cuidar da padaria.

A situação não era nada animadora. Havia cinco outros concorrentes na região. Por serem mais bem equipados, eles absorviam quase todos os clientes – de forma que o estabelecimento da família Saraiva se encontrava praticamente às moscas. A falta de recursos para investimentos não impediu que Saraiva demonstrasse sua proatividade. Naquela época, o preço dos pãezinhos era controlado por uma tabela da antiga Sunab (Superintendência Nacional de Abastecimento), órgão do governo federal posteriormente extinto. Não era permitido vender por preços superiores aos da tabela. Mas ninguém disse que era proibido vender por menos. Foi essa a estratégia usada por Saraiva: ele passou a vender o produto mais barato do que a concorrência, e oferecia um pão a mais, gratuitamente, para quem comprasse dez. A iniciativa funcionou tão bem que até mesmo os ambulantes que revendiam pão nas ruas passaram a comprar dele.

O começo foi difícil. Saraiva precisou se valer de toda a sua autodisciplina para prosseguir. "Sofri muito naquela padaria, estive para desistir dela diversas vezes, mas foi lá que aprendi a vender barato para ter cliente", conta ele. O negócio prosperou e Saraiva pôde retomar o curso de medicina. Empenhando-se para conciliar os estudos com o trabalho na padaria, conseguiu se formar, mas não exerceu a nova profissão. Em vez disso, decidiu continuar investindo nos negócios. Com o conhecimento que adquirira na prática, criou outros empreendimentos no setor alimentício, como lanchonetes, churrascarias, pizzarias e pastelarias – todos sempre lotados de fregueses.

Certa vez, quando estava em uma de suas lanchonetes, um senhor por volta dos 70 anos veio lhe pedir emprego de cozinheiro. Ele era de origem árabe e sua especialidade eram as esfihas e quibes. Saraiva lhe deu o trabalho e aprendeu suas receitas. Imediatamente percebeu que havia ali uma oportunidade de expandir os negócios. "Percebi que a culinária árabe estava restrita à comunidade e à classe média alta que frequentavam os restaurantes especializados. O plano era abrir uma lanchonete com pratos típicos, mas que também tivesse itens de grande consumo, como pizzas e sanduíches", relembra ele. Essa ideia marcou o nascimento do Habib's, o primeiro fast-food do país cujo carro-chefe são as esfihas. Com o foco que Saraiva tem em seus negócios, o crescimento foi espantoso. O Habib's possui cerca de 300 lojas e gera 15 mil empregos diretos, o que faz com que seja considerada a maior rede de fast-food de comida árabe do mundo – em um único ano, a rede vendeu 600 milhões de esfihas.

A história do Habib's, que começa em 1988, é pautada pela coerência. Como já fizera na padaria e no primeiro negócio que montou por conta própria, a Casa do Pastel, Saraiva procurou trabalhar com preços tão baixos quanto fosse possível. De tão baixo, uma cliente estranhou. Tranquilizada pelo dono, que explicou sua filosofia, ela se tornaria sua primeira franqueada. "Quanto mais baixo for, mais eu vendo." Para aplicar sua política de preços baixos, Saraiva não apenas negocia com os fornecedores como também abriu uma fábrica de laticínios e outra de sorvete para abastecer o Habib's, além de uma empresa de engenharia encarregada da reforma das lojas. "Sempre trabalhei muito, com persistência, determinação, conhecimento de cada uma das etapas do negócio e fé. Quem é empreendedor só consegue tocar alguma coisa se for assim", ensina Saraiva.

Aprendendo a virar o jogo

Utilizar o fator DPP em sua vida pessoal e profissional não é garantia de que você nunca irá errar ou que estará imune a qualquer adversidade. A diferença é que, com ele, você terá muito mais chances de reverter a situação e virar o jogo a seu favor. Essa é a sua "arma secreta" para mudar aquilo que, na visão de muitas pessoas que não conhecem o fator DPP, só mesmo um "milagre" poderia salvar. A determinação lhe dá a força para não deixar o seu sonho morrer. A persistência o impede de jogar a toalha e desistir. A proatividade e o esforço correto o levam a encontrar os meios de extrair a vitória de uma aparente derrota. E a autodisciplina o ajuda a manter o foco e a fazer o que tem de ser feito.

No livro *O poder do foco,* de Jack Canfield, Mark Victor Hansen e Les Hewitt, os autores contam a história de Brent Vuori que, aos 20 anos, quase morreu em consequência de uma grave crise asmática. Sua doença havia sido agravada por seu estilo de vida, caracterizado pelos excessos e pelo abuso do álcool, das drogas e dos cigarros. Após aquela crise quase fatal, porém, Brent decidiu mudar. Ele abandonou os hábitos nocivos e começou a cuidar de sua forma física e mental. No espaço de alguns anos, tornou-se professor de aeróbica, disputou diversos campeonatos, retomou os estudos que havia abandonado e abriu uma pequena indústria em sociedade com um amigo. A indústria era a Typhoon Sportswear, que hoje é uma empresa multimilionária especializada na confecção de roupas para esportistas.

Se Brent usou o fator DPP para mudar hábitos nocivos e encontrar o caminho da prosperidade, Frederick Hawk o utilizou para superar uma "sentença de morte". Aos 19 anos, um médico lhe disse que seu coração era muito fraco e ele não viveria mais do que um ano, quando muito. Em vez de entregar os pontos, ele preferiu fazer o máximo com o tempo que lhe restava. Contrariando as previsões médicas, Frederick não morreu no ano seguinte, nem no outro, nem no outro. Viveu o suficiente para recuperar uma mina falida que sua família havia comprado e, a partir dela, fundar a bem-sucedida continental Mineral Processing Co. Aos 102 anos, o homem que, de acordo com os médicos, não passaria dos 20 anos, ainda era visto trabalhando em seu escritório na cidade de Cincinatti, nos Estados Unidos. E que lição ele tirou de sua fantástica história de vida? Frederick a resumiu na seguinte frase: "Suas únicas limitações são aquelas que você mesmo planta em sua mente".

Harland Sanders é outro exemplo de como mudar o jogo usando o fator DPP. Quando tinha apenas 6 anos, Sanders perdeu o pai, que trabalhava numa mina de carvão. Para sustentar a família, a mãe teve de empregar-se numa fábrica e ele ficou encarregado de cuidar dos irmãos menores – inclusive de cozinhar para eles. Com o tempo, Sanders passou por uma série de empregos até se tornar frentista num posto de gasolina. Por iniciativa própria, começou a vender, aos motoristas que paravam para abastecer, refeições que ele preparava no quartinho em que vivia nos fundos do posto. Seu prato de maior sucesso era uma receita especial de frango frito empanado que ele havia aprendido com a mãe. O negócio funcionou tão bem que Sanders conseguiu reunir recursos para abrir seu próprio restaurante.

O empreendimento ia de vento em popa, até que um acontecimento inesperado colocou Sanders à beira da ruína. Uma nova rodovia foi construída na região, o que desviou todo o trânsito que passava em frente de seu restaurante. Não havia qualquer perspectiva para um estabelecimento comercial situado junto a uma estrada na qual não passava veículo algum. Aos 65 anos, falido e sem dinheiro, Sanders achou que era hora de aposentar-se. Contudo, alguma coisa mudou quando ele recebeu sua primeira aposentadoria. O valor era tão insignificante que Sanders resolveu não se contentar com aquilo. Sabia que era capaz de dar a volta por cima, e não seriam a idade, a falência e a falta de recursos que iriam impedi-lo. Ele deu início, então, a uma verdadeira peregrinação para tentar vender frango frito preparado de acordo com sua receita especial. Ouviu centenas de "nãos" e uma infinidade de portas eram fechadas em sua cara. Até que sua incansável persistência deu resultados. Ele enfim encontrou um investidor, e essa foi a origem do Kentucky Fried Chicken. Com filiais em mais de 80 países, a empresa tornou-se uma das maiores companhias alimentícias do mundo.

Até em situações nas quais aparentemente não há nada mais a fazer, o fator DPP nos mostra que sempre existe esperança – cabe a você agir. Em 18 de abril de 1906, Amadeo Peter Giannini foi bruscamente acordado pelo terrível terremoto que destruiu boa parte da cidade de San Francisco, nos Estados Unidos, onde ele morava. Desesperado, Giannini correu até o Bank of Italy, empresa que ele havia fundado há 2 anos à custa de muitos sacrifícios. Seus piores temores se concretizaram. O prédio todo havia sido reduzido a ruínas. Passado o choque inicial, Giannini não perdeu tempo se lamentando. Começou a vasculhar os escombros e recuperou 2 milhões de dólares em ouro, moedas e papéis. Discretamente, colocou tudo numa carroça, cobriu com vegetais para não chamar a atenção dos saqueadores e foi para casa. Agora ele precisava achar um jeito de recomeçar.

Alguns banqueiros achavam que era melhor manter os bancos fechados até que a situação melhorasse. Outros pensavam que era mais aconselhável mudar-se para outro lugar. Giannini era a única voz discordante. Ele acreditava que a coisa certa a fazer era ajudar os habitantes de San Francisco a retomarem suas vidas. Acreditava também que isso deveria ser feito o quanto antes. Em vez de esperar que a cidade fosse reconstruída, foi até o porto, montou uma banca feita com um pedaço de madeira colocado sobre dois barris e começou a oferecer crédito para pequenos empresários e qualquer um que precisasse de recursos para recomeçar após a tragédia. Como filho de imigrantes que aos 14 anos havia abandonado a escola para trabalhar, Giannini sempre teve como filosofia favorecer os que passavam por dificuldades como as que ele tinha enfrentado. Numa época na qual os serviços bancários se restringiam às pessoas de posse, ele foi pioneiro no fornecimento de crédito para operários e cidadãos de baixa renda. Com sua determinação, Giannini não apenas superou as dificuldades após a destruição causada pelo terremoto como também ajudou muita gente a fazê-lo. O Bank of Italy depois transformou-se no Bank of America, que mais tarde se tornou o maior banco dos Estados Unidos. "Servir às necessidades dos outros é o único negócio legítimo hoje em dia", costumava dizer Giannini.

Dessas histórias podemos extrair algumas importantes lições. A principal delas é que o fator DPP é uma ferramenta decisiva para reverter situações-limite. O poder de usá-lo, porém, está em suas mãos. Se você passou ou está passando por um momento como esse em sua vida, lembre-se:

- Não se desespere. Há sempre uma saída se você estiver determinado a encontrá-la.
- Confie em sua capacidade de superar as dificuldades. Reflita sobre as histórias que você acabou de ler e perceba que, se eles conseguiram, você também pode conseguir.
- Não perca tempo com lamentações. A autopiedade só serve para ocultar sua verdadeira força. Pense em tudo o que você aprendeu sobre o fator DPP e comece a aplicá-lo agora.
- Nunca acredite que é tarde demais para recomeçar. Frederick Hawk continuou a trabalhar e a criar mesmo sendo centenário. Harland Sanders fundou o Kentucky Fried Chicken depois de perder tudo, quando já estava com mais de 60 anos. Amadeo Peter Giannini voltou quase à estaca zero quando suas ambições profissionais pareciam já estar consolidadas, reconstruiu seu banco a partir de escombros e o transformou no maior do país. Pare de pensar no que você perdeu e dirija seu foco para o que você ainda pode ganhar.
- Não permita que a preocupação com suas aflições o torne insensível às outras pessoas. Esse é o pior momento possível para se isolar – a história de Giannini é uma boa prova disso.
- O fator DPP é o seu melhor seguro contra as adversidades. Faça bom uso dele.

Depoimento: José Carlos Semenzato

Acredito na importância da experiência e da prática que a vida nos traz, seja através de desafios, seja através de nossas escolhas. A vida foi a melhor faculdade que já fiz. Mas, como sempre, para vencer temos que passar pela grande prova. Para mim ela veio em 1994, com o advento do Plano Real, que traria toda a estabilidade da qual desfrutamos hoje. Na ocasião, porém, vários empresários tiveram que pagar um preço alto para que isso acontecesse. Meus contratos de financiamento eram todos em dólar e, devido à paridade entre a moeda americana e a brasileira estabelecida pelo Plano Real, em apenas 6 meses, todo o faturamento das escolas da Microlins – quase 20, naquela época – tornou-se insuficiente para pagar as prestações dos financiamentos.

Foram momentos terríveis. Perdi o nome, perdi o crédito, enfim, quebrei. Depois de ir ao chão, tive que escolher entre dois caminhos: abandonar tudo e voltar a trabalhar como empregado ou dar a volta por cima. Decidi dar a volta por cima. Com muita perseverança, chamei um por um de meus credores e lhes pedi apenas que acreditassem, pois tinha um bom negócio e com certeza todos eles iriam receber o que lhes era devido. Foram 6 anos trabalhando apenas para pagar dívidas. Mas paguei tudo. Uma das estratégias que usei para sair da crise financeira foi o "dividir para multiplicar", ou seja, entrar no sistema de *franchising*. Para não ser obrigado a fechar as escolas, franqueei a marca e o método no final de 1994.

Assim começamos a crescer novamente e, desde então, não paramos mais.

Em 2001, passamos novamente por uma grande prova. Já contávamos com 150 escolas franqueadas e precisávamos optar por uma estratégia de expansão. Uma das possibilidades era investir em anúncios na televisão. Meu sócio na época se opôs. Os gastos com publicidade chegariam a 100 mil dólares, e ele achava loucura gastar tudo isso em propaganda. Eu, porém, achava que essa era a coisa certa a fazer. Para resolver o impasse, decidi assinar sozinho o contrato de publicidade e dar bens de meu patrimônio pessoal como garantia. Trinta dias depois de as propagandas começarem a ser veiculadas, o sucesso foi tão grande que mal conseguíamos atender à demanda. De 150 escolas franqueadas, passamos para as mais de 700 que temos hoje, o que faz da Microlins a maior franquia de cursos profissionalizantes da América Latina.

Ao refletir sobre o sucesso, acredito que o ponto de partida é sempre o sonho – sem ter o que sonhar, não há o que realizar. Mas o sonho precisa vir acompanhado pela persistência, pois sem ela jamais teria chegado onde cheguei. Foi nos momentos mais difíceis que busquei forças em meus sonhos e em minha inabalável fé na vitória para dar a volta por cima.

Buscando o equilíbrio

O fator DPP é algo que precisa ser constantemente reajustado. Movidos pelo anseio de vencer e de realizar nossos sonhos, corremos o risco de exagerarmos na dose, deturpando assim as suas características. Quando isso acontece, a determinação se transforma em obsessão. A persistência dá lugar à teimosia cega. A proatividade vira atividade frenética. O esforço correto é subvertido pela falsa noção de que os fins justificam os meios. E a autodisciplina é confundida com a inflexibilidade e a intolerância. É evidente que, se submetermos o fator DPP a tamanha distorção, ele deixará de ser uma ferramenta a ser usada a nosso favor para se tornar o oposto disso: um mecanismo que, ao funcionar "ao contrário" do que deveria, acaba nos prejudicando em vez de ajudar. Observe as diferenças:

Determinado	Obcecado
Emprega sua energia para atingir seus objetivos.	Deixa-se consumir por seus objetivos.
Persistente	**Teimoso**
Não desiste de tentar, mas modifica os meios pelos quais está tentando, se perceber que não estão dando certo.	Insiste no erro. Não se preocupa em encontrar o jeito certo, mas em provar que o seu jeito está certo – mesmo não estando.
Proativo	**Hiperativo**
Combina a ação com a razão. Não age por agir, mas para atingir determinado fim.	Confunde ação com agitação, e agitação com competência.
Esforço correto	**Esforço indiscriminado**
Faz a coisa certa (tanto do ponto de vista estratégico quanto do ponto de vista ético) para obter o resultado desejado.	Faz qualquer coisa para obter o resultado desejado, ainda que para isso tenha de abrir mão da ética.
Autodisciplinado	**Inflexível**
Exerce o autocontrole para adquirir e manter hábitos de vencedor.	É intolerante consigo mesmo e com os outros. Usa a disciplina como uma camisa de força.

Reajustar o fator DPP significa checar a forma como o estamos usando, verificar se seus conceitos não estão sendo subvertidos e agir com equilíbrio para corrigir a situação. Antes, porém, precisamos entender o que é o equilíbrio.

Nos dias de hoje, está na moda usar a palavra equilíbrio. Todo mundo tem a sensação de que precisa encontrar o equilíbrio, embora com frequência não se tenha muita certeza do que isso significa. O verdadeiro equilíbrio interior é uma conquista contínua e ininterrupta. Acreditar que já se chegou a ele, e que nenhum esforço é mais necessário para mantê-lo, é uma boa maneira de perdê-lo. E o empenho de mantê-lo não pode estar desassociado do empenho de praticá-lo. Do contrário, viveremos na ilusão de que somos equilibrados apenas porque é essa a imagem que gostaríamos de ter, enquanto nossos atos refletem o oposto.

O equilíbrio não depende de condições externas. Na verdade, são essas condições que o colocam à prova. Você já deve ter ouvido, ou talvez até já tenha dito, algo do tipo: "Eu sou uma pessoa muito equilibrada, mas aquele cara me tira do sério". Ora, se o equilíbrio é seu, como alguém pode tirá-lo de você? Que tipo de equilíbrio interior é esse que depende das atitudes e das reações alheias? É exatamente o contrário: quanto mais "irritante" for a outra pessoa, mais equilíbrio temos que demonstrar para lidar com ela. É claro que existem pessoas e situações que põem à prova até mesmo a paciência de um monge, e diante das quais é impossível manter-se impassível. Mas equilíbrio não tem nada a ver com passividade. É normal sentir raiva, mas depende de você o que fazer com ela. O equilíbrio não pressupõe nem a supressão da raiva, o que apenas a tornaria mais poderosa e inconsciente, nem sua livre vazão, o que pode nos arrastar para uma espiral de eventos cada vez mais caóticos. O equilíbrio pressupõe apenas que usemos o bom senso e o autocontrole para lidar com ela.

O equilíbrio é necessário nos momentos felizes, pois é a âncora que nos prende à realidade, que nos lembra de que tudo é passageiro e que desfrutar de um instante feliz não implica agir irrefletidamente, movido pela euforia. E também é necessário nos momentos não tão felizes, permitindo-nos agir com serenidade e nos recordando de que isso também vai passar. Conforme disse Dalai Lama em uma de suas palestras: "Se uma pessoa possui a capacidade de ser tolerante e paciente, mesmo que viva num ambiente tenso, agitado e estressante, sua serenidade e presença de espírito não serão perturbados".

O equilíbrio é uma característica fundamental de uma pessoa competente. Não há como fazer um trabalho bem-feito, transformar uma ideia numa bem-sucedida realidade, fechar um bom negócio ou ser um líder capaz de motivar seus colaboradores sem ter equilíbrio – do contrário, corre-se o risco de "meter os pés pelas mãos", oscilar ao sabor das circunstâncias e das reações do momento e permitir que a eficiência seja corroída pela instabilidade emocional. Uma pessoa pode ficar com uma marca que o acompanhará por toda a vida se os outros se referirem a ela com frases como: "Fulano é competente, *mas* é temperamental". É o tipo de frase dúbia, na qual o *mas* lança suspeitas sobre o que é dito antes dele. Nos dias de hoje, a inteligência emocional conta tanto quanto a capacidade profissional na hora encontrar um emprego, obter uma promoção ou fechar um negócio. E quando o empregador ou o investidor tiver de optar entre o competente, *mas* temperamental, e o competente, ponto-final, não é difícil imaginar com quem estará a vantagem.

Equilíbrio é uma questão de bom senso, de evitar os excessos e de agir com sensatez. Até mesmo características positivas podem se transformar em negativas se forem utilizadas de forma desequilibrada. É bom ser prudente? É claro que é. Desde que seja na medida certa. A imprudência conduz ao desastre – metafórica e literalmente. Já a prudência em excesso paralisa, tolhe a iniciativa e sufoca a criatividade. É bom ser perfeccionista? Claro que sim, mas na dose exata. A desatenção aos detalhes pode colocar um negócio a perder. Por outro lado, uma pessoa obsessivamente preocupada com a perfeição está, na verdade, perseguindo uma quimera.

Você pode fazer uma lista interminável de adjetivos e verá que todos adquirem uma conotação negativa se estiverem associados ao excesso. Até mesmo a felicidade? Sim, pois ninguém é feliz o tempo todo. Para manter essa ilusão, é preciso ignorar os problemas e fugir da realidade – e isso já não é mais felicidade, é escapismo. E a bondade? Bondade em excesso, sem nenhum senso crítico, vira complacência, que não faz bem para ninguém: os que a praticam tornam-se presa fácil de todo tipo de abuso; os que a recebem perdem a oportunidade de amadurecer, de desenvolver seus valores pessoais e de aprender a lutar por seus objetivos.

Com o fator DPP não é diferente. Também ele deve ser usado com equilíbrio, como tudo na vida. Compreender isso é um passo crucial em sua jornada para o sucesso.

PARTE VI
Liderança

"Liderança não é uma fórmula nem um programa, é uma atividade humana que vem do coração e que leva em conta o coração das pessoas. É uma atitude, não uma rotina."

LANCE SECRETAN

Autoridade pessoal

Até aqui você viu como transformar sonhos em metas e estimular o seu espírito empreendedor. Viu também como criar e projetar uma imagem positiva, comunicar-se de modo eficiente, cultivar relacionamentos, aumentar sua produtividade pessoal e utilizar o fator DPP. A aplicação prática e constante desses conceitos o levará a adquirir hábitos de vencedor em todas essas áreas, e o deixará preparado para a etapa seguinte: tornar-se um líder. É nesse momento que você realmente começa a se destacar. Ser percebido como um profissional competente com certeza lhe abrirá muitas portas e impulsionará sua carreira. Mas ser percebido como um líder o elevará a um novo patamar em termos de sucesso, conquistas e realizações. E há uma boa razão para que seja assim. O profissional competente realiza muito bem o seu trabalho. O líder competente faz isso e mais: ele inspira, orienta e motiva os outros a realizarem muito bem o trabalho deles. Em outras palavras, ele lidera. Observe:

1. Profissionais competentes

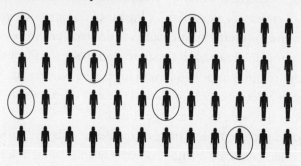

Figura 1

2. Líder

Figura 2

O profissional competente se destaca pela eficácia de seu desempenho profissional, mas pode não se destacar em relação àqueles que apresentam o mesmo nível de competência. Ele é percebido como um componente do processo produtivo (Figura 1). Já o bom líder obtém um destaque muito maior por atuar como um gerador de influência, capaz de catalisar o talento, o empenho e a cooperação dos que o cercam e canalizá-los para a execução de tarefas e missões e o cumprimento de metas. Ele é percebido como o motor do processo produtivo (Figura 2).

Talvez você esteja pensando: "Isso tudo será muito útil quando eu for promovido a um cargo de chefia. Por enquanto não estou em posição de dar ordens". Cuidado: esse é um engano fatal para a sua ascensão profissional. Primeiro porque a liderança não é só uma questão de "dar ordens" – é também uma questão de dar o exemplo. E você pode, e deve, dar o exemplo, independentemente da posição que ocupa. Segundo porque é um equívoco achar que é preciso esperar até ser promovido a um cargo de chefia para só então manifestar características de liderança. Na verdade, costuma ocorrer o contrário: as pessoas que desde o início demonstram possuir perfil de líder é que são promovidas a cargos de chefia. É por isso que qualidades como proatividade, autoconfiança, entusiasmo, habilidade de se comunicar e de se relacionar – entre outras – são tão valorizadas no mercado de trabalho: elas fazem parte das características de um líder. E, como diz Tom Peters, um dos mais respeitados consultores de negócios do mundo e autor de sucessos editoriais como *Vencendo a crise* e *O círculo da inovação*: "A liderança é o atributo que tem a maior demanda e a menor oferta no mercado". Com base em sua vasta experiência como consultor de algumas das maiores empresas do planeta, Peters afirma: "Durante os próximos anos não haverá lugar para burocratas. Somente as pessoas que tomam a determinação pessoal de liderar sobreviverão – e isso é verdade para todos os níveis de todas as organizações".

Muito bem, você já percebeu que é preciso manifestar seus atributos de líder desde já, mas por onde começar? Vamos começar falando sobre a autoridade pessoal. Uma das definições de autoridade é o direito ou o poder de se fazer obedecer, de tomar decisões, de agir.

A autoridade costuma ser vista como algo externo: quem a detém é o chefe, o diretor da empresa, os membros do governo e dos órgãos públicos – praticamente todo mundo, exceto nós. Mas espere um pouco. Leia mais uma vez a definição de autoridade como o direito ou o poder de se fazer obedecer, de tomar decisões e de agir. Será que só alguns indivíduos que ocupam determinadas posições possuem esse direito ou poder? É claro que não. A expressão "autoridade pessoal" é usada para enfatizar o fato de que cada pessoa possui uma autoridade inerente às suas atribuições – por mais humildes que essas atribuições possam parecer.

Imagine, por exemplo, o porteiro de um prédio. Entre suas tarefas está a de controlar o acesso ao edifício. Isso significa que ele tem autoridade para impedir o acesso de pessoas não autorizadas. Se não exercer essa autoridade, ele não estará cumprindo a sua função. Veja este outro exemplo: você está em meio a um trabalho importante e um colega inconveniente decide conversar, contar piadas e perturbá-lo com questões não pertinentes àquele momento e lugar. Você tem autoridade para lhe pedir que não o interrompa, que dê prosseguimento à conversa em outra ocasião. Se não fizer isso, você não poderá cumprir corretamente sua função.

Temos uma autoridade inerente a cada conjunto de atribuição que nos cabe nos diferentes aspectos da vida: autoridade de pai ou de mãe, de membro de uma família e de uma comunidade, de cidadão – por exemplo, como cidadão você tem autoridade para protestar contra o comportamento antiético de políticos eleitos pelo voto popular. E, é claro, também temos a autoridade referente às funções que exercemos como profissionais, e sem a qual essas funções não poderiam ser exercidas de maneira adequada.

A autoridade pessoal deve ser exercida com educação, bom senso e respeito. Incorrer em excessos conduz ao autoritarismo, que é o abuso do poder, é ir além da autoridade que lhe cabe. No extremo oposto do espectro, estão as pessoas que não exercem autoridade alguma – seja por desconhecer que possuem esse direito ou poder, seja por insegurança, baixa autoestima ou mero comodismo. Ao fazerem isso, elas estão fugindo da responsabilidade que lhes foi atribuída, pois, como vimos, não é possível desempenhar bem suas funções sem exercer sua autoridade pessoal.

Esse é um tema central para começarmos a entender o que é liderança. O ponto de partida para desenvolver e manifestar as características de líder é assumir e exercer sua autoridade pessoal. Ela não é um dom com o qual nascemos ou não, não é um privilégio de poucos, não é um brinde que vem com um cargo de chefia. É um direito ou poder que, nas devidas proporções, todos nós temos. Em última análise, é o direito ou o poder de agir.

Veja, nas histórias a seguir, como estes empreendedores manifestam sua liderança.

As qualidades do líder: Lee Iacocca

Filho de imigrantes italianos, criado num bairro operário, Lee Iacocca tornou-se uma lenda no mundo empresarial. Quando ele assumiu a direção da Chrysler, tradicional empresa americana do setor automobilístico, a companhia estava à beira da bancarrota. Depois da profunda reestruturação comandada por Iacocca, a empresa retomou o crescimento, aumentou a produtividade e os lucros e recuperou o prestígio. Hoje na casa dos 80 anos, o ex-CEO da Chrysler acumulou vasta experiência como líder empresarial – a ponto de fundar o Iacocca Institute for Leadership, cujo foco é o desenvolvimento de programas e atividades voltadas para a formação de líderes.

Além de ter sido ele próprio um líder, Iacocca também teve contato direto com vários outros: 9 presidentes americanos, vários chefes de estado e inúmeros dirigentes empresariais. Toda essa bagagem serviu de base para um de seus livros, intitulado *Cadê os líderes*, no qual Iacocca estabelece as características de um líder competente: "Elas não são pretensiosas nem complicadas", explica ele. "São apenas qualidades claras e óbvias que qualquer líder deve ter". Curiosidade, criatividade e competência são algumas delas.

"Uma pessoa não nasce líder, ela se torna líder", ensina Iacocca. "Se eu tivesse que resumir em uma única palavra as qualidades que caracterizam um bom empresário, eu as reduziria à decisão. O homem de negócios tem que ser um líder, delegar funções e, acima de tudo, motivar o corpo funcional. Tem que se comunicar com toda a cúpula e fazer com que todos trabalhem em equipe. A qualidade tem que ser o seu foco."

O líder que dá o exemplo: Francesco Matarazzo

O espírito empreendedor levou o italiano Francesco Matarazzo a cruzar o oceano para tentar fazer fortuna em terras brasileiras. Mas seu primeiro empreendimento, o projeto de comercializar uma tonelada de banha de porco que trouxera da Itália, afundou com o navio que a transportava. Longe de desestimulá-lo, o prejuízo serviu para aumentar ainda mais sua determinação.

Em Sorocaba, no interior paulista, o imigrante obteve um empréstimo para abrir um pequeno armazém. E retomou a ideia de produzir banha de porco. Em pouco tempo, Matarazzo percebeu que era preciso inovar se quisesse aumentar os lucros, e passou a vender o produto enlatado.

Como todo bom empreendedor, ele aliava a intuição a um aguçado senso de oportunidade. Quando começou a faltar farinha de trigo no país, Matarazzo obteve um empréstimo e abriu um moinho em São Paulo. Seu faturamento cresceu tanto que, no início do século XX, ele já era um milionário. Na década de 1920, ergueu o primeiro grande parque industrial do Brasil na zona oeste de São Paulo – uma área de 100 mil metros quadrados na qual funcionavam serrarias, refinarias, destilarias, frigoríficos, fábricas de sabão, perfume, adubo e dezenas de outros produtos. Nos anos 1930, abriu filiais em outros estados, e a renda bruta de seu conglomerado era a quarta maior do Brasil – à sua frente estavam apenas a União federal, o Departamento Nacional do Café e o Estado de São Paulo. Chegou a ter 365 fábricas, que empregavam mais de 15 mil funcionários. Com tamanho cacife, acabou fundando o Centro das Indústrias do Estado de São Paulo (Ciesp), do qual foi o primeiro presidente.

Matarazzo foi um líder exemplar. Durante mais de 30 anos, foi o primeiro a chegar e o último a sair da empresa, trabalhando em média 14 horas por dia. Ele morreu em 1937, aos 83 anos. Tempos depois de sua morte, seu império se dissolveu. Mas o nome Matarazzo continua sendo, até hoje, sinônimo de empreendedorismo e de liderança empresarial.

Visão para liderar: Lawrence Ellison

Depois de abandonar duas faculdades, Lawrence Ellison valeu-se do pouco de informática que aprendeu em sua breve experiência universitária para sobreviver, pulando de um emprego para outro. Em um desses trabalhos, criou um grande banco de dados para a CIA, o serviço secreto americano, cujo nome-código era Oracle.

Em 1977, Ellison e um colega fundaram o Software Development Labs, um negócio sem grandes pretensões que se mantinha prestando assessoria para diversas empresas. A grande virada aconteceu quando o empresário leu um artigo no qual um funcionário da IBM descrevia um novo protótipo que ele havia desenvolvido, chamado Structured Query Language (SQL). O funcionário achava que isso não tinha nenhum valor comercial, mas Ellison discordava. Com base nesse protótipo, ele e o sócio criaram um programa de banco de dados que podia ser usado tanto por computadores de grande porte quanto pelos micros. Eles mudaram o nome de sua empresa para Oracle, e seus primeiros clientes foram nada menos que a CIA e a Força Aérea Americana. Em 1980, Oracle tinha apenas 8 funcionários e faturava menos de 1 milhão de dólares por ano. Logo em seguida, porém, a própria IBM passou a adotar o sistema da Oracle, e as vendas da empresa começaram a dobrar de ano em ano, pelos próximos 7 anos.

A maré favorável acabou nos anos 1990, quando a Oracle começou a registrar prejuízos. Foi um momento crítico, no qual Ellison teve de demonstrar a visão empreendedora que caracteriza um líder: ele substituiu o *staff* por profissionais mais experientes e, pela primeira vez, delegou a administração do negócio para que pudesse se dedicar à criação de novos produtos. Suas decisões provaram-se acertadas. A nova versão que ele criou do Oracle foi um sucesso, e a companhia voltou aos trilhos. Segunda maior produtora independente de *softwares* do planeta, a Oracle fornece tecnologia para 98 das 100 maiores empresas do mundo, segundo o *ranking* da revista *Fortune*. Em menos de 30 anos, seus lucros cresceram 76%, e Ellison aproximou-se de Bill Gates na disputa pelo título de homem mais rico do mundo.

Construindo a liderança: Sebastião Camargo

Nascido no interior de São Paulo em 1909, Sebastião Ferraz de Camargo Penteado era filho de humildes agricultores e estudou apenas até o terceiro ano primário. Com 17 anos, começou a transportar terra retirada de construções em carroças puxadas por burros. E assim nasceu o primeiro empreendimento do homem que viria a ser o proprietário de uma das maiores construtoras do país. O jovem Sebastião pegou duas carroças, uma pá e se pôs a trabalhar na construção de estradas. Em pouco tempo, aprendeu a lidar com terraplenagem e abriu, em sociedade com o advogado Sylvio Corrêa, uma pequena empresa batizada de Camargo Corrêa & Cia Ltda. Engenheiros e Construtores.

A empresa prosperou, mas a grande guinada só ocorreu nos anos 1950, quando teve início a construção de Brasília. Ao participar da licitação, ouviu um funcionário do governo lhe dizer que não teria condições de ganhar, já que não possuía máquinas suficientes para enfrentar a enormidade da tarefa. Camargo respondeu ao desafio demonstrando a iniciativa e o poder de realização de um verdadeiro líder: em apenas três dias, apresentou-se à frente de uma fila de mais de cem tratores, o que lhe valeu um contrato para abrir as estradas de acesso à nova capital. Depois, seguiram-se outras grandes obras,

230 Escola da Vida

como a Usina de Jupiá, no rio Paraná, uma das maiores do Brasil. Nos anos 1970, a empresa ficou em segundo lugar na licitação para construir a ponte Rio-Niterói. Mas uma série de acidentes e desmoronamentos fez com que o próprio presidente, na época o general Emílio Médici, apelasse a Camargo para que assumisse a construção – tamanho era seu prestígio de líder eficaz.

Décadas depois de começar a vida transportando terra em carroças, Sebastião Camargo tornou-se o líder de um conglomerado composto por 34 empresas, que atuavam em setores tão diversos quanto a siderurgia e a agricultura. Sua construtora tem no currículo mais de mil obras, entre as quais a Usina de Itaipu, o gasoduto Brasil-Bolívia e as rodovias Imigrantes e Bandeirantes. Na década de 1990, Sebastião Camargo passou a integrar a lista de bilionários da revista *Forbes*, com uma fortuna pessoal avaliada em 1,3 bilhão de dólares. Mas para os que o conheceram, o que ficou foi a imagem de um grande líder e de um homem de visão.

O líder que contribui para uma causa maior: André Esteves

Se a conservação da Amazônia é o assunto do momento, André Esteves é voz das mais importantes a se ouvir. Membro do conselho da Conservação Internacional e parte da Aliança 5P, grupo de empresários, banqueiros e médicos que luta pela conservação do Pantanal, defendendo e propondo planos ambiciosos, como o de criar um fundo de 3 bilhões de dólares para restaurar as florestas do Brasil. O objetivo, expresso em 2021, seria adquirir áreas degradadas e restaurar parte delas com mata nativa, investindo posteriormente em processamento de madeira para produtos de duração perene, com participação de comunidades locais "no plantio, monetarização e manutenção das florestas".

Dono do banco BTG Pactual, Esteves certamente tem a credibilidade requerida pelo mercado para investir em grandes projetos. Carioca da Tijuca, começou a trabalhar no Banco Pactual aos 21 anos de idade e, 4 anos depois, já era sócio. Aos 37 anos, entrou na lista de bilionários brasileiros da *Forbes*. Após a compra do Pactual pelo banco suíço UBS, assumiu o comando do UBS Pactual para depois sair, criar a BTG Investments, empresa global de investimentos que, em 2009, por 2,5 bilhões de dólares, compraria o banco, criando o BTG Pactual. Uma saga de ascensão vertiginosa.

A Amazônia não é seu único foco de investimentos e apoios. Da Universidade de São Paulo à Fundação Iberê Camargo, em Porto Alegre, passando pelo Museu de Arte do Rio e a Orquestra Filarmônica de Minas Gerais, Esteves tem por hábito distribuir a riqueza que gera.

Depoimento: José Carlos Semenzato

Minha equipe é formada principalmente por gente que possui experiência prática, como eu, e o trabalho é medido através de resultados. Como líder, sou enérgico quando necessário, mas sei que a ferro e fogo não se chega a lugar algum. Não economizo nos investimentos feitos na reciclagem da equipe – cerca de 15% do faturamento da Microlins é investido em treinamento. Há alguns anos, criei a Universidade Corporativa Microlins com o objetivo de aperfeiçoar a gestão. A reciclagem constante é essencial para que a rede consiga ir além do que o manual de franquia determina. Uma equipe forte, bem-preparada e atualizada é uma base de apoio imprescindível para que qualquer liderança possa funcionar. É isso que vai gerar qualidade, e é a qualidade que irá gerar a excelência. Só tem excelência quem entrega ao cliente mais do que foi pedido. O nível de aprovação de nossos cursos é de 94%, segundo pesquisa feita pela Premiun Marketing, empresa especializada em processos de qualidade. Isso é motivo de orgulho, e é também um grande desafio. Temos que melhorar sempre para estar à altura das expectativas de nossos alunos. Atender as expectativas do cliente – e mesmo superá-las – é uma das principais missões de um líder empresarial.

Um líder também deve:

- Acreditar no próprio sonho e saber compartilhá-lo com seus colaboradores. Quem deixa de sonhar se perde pelo caminho.
- Entender que somos mais fortes do que todos os obstáculos. Só chega ao sucesso quem acredita que o amanhã será sempre melhor do que hoje.
- Ter paciência, manter um diálogo aberto e agir com transparência.
- Ter faro empreendedor para enxergar tendências e antecipar as necessidades de seus consumidores.
- Crescer com solidez. Construa uma base sólida para poder prosperar.

As atribuições do líder

Existem vários estilos de liderança, e é natural que seja assim. Afinal, cada ser humano possui sua personalidade própria, distinta, única, e é inevitável que isso se manifeste em tudo o que fazemos – inclusive no modo de liderar. Alguns líderes se destacam por seu carisma, outros por serem hábeis comunicadores, pioneiros, visionários, administradores eficazes, solucionadores de crise, motivadores... Enfim, são os traços predominantes de sua personalidade que definirão seu estilo de liderança. Contudo, é preciso lembrar que um líder possui atribuições definidas. Cabe a ele mostrar o caminho que levará aos resultados pretendidos e obter a cooperação e o engajamento de todos para que esses resultados sejam alcançados. E isso exige habilidades específicas – seja qual for seu estilo de liderança. As principais atribuições do líder são:

Criar visão empreendedora

O líder não apenas estabelece objetivos e as estratégias para atingi-los; ele também cria uma visão. Os objetivos são expressos pelas metas de curto e médio prazo. Já a visão indica onde queremos chegar no futuro. Aumentar as vendas em 15% no período de 6 meses é uma meta. Tornar-se a melhor e a mais lucrativa empresa do ramo é uma visão. A visão não é um mapa específico de como chegar lá – isso é função do plano de negócios. Ela é um cenário que nos mostra onde queremos estar. Há dois fatores essenciais para criar uma visão:

- Conhecimento, tanto da empresa quanto do mercado, combinado ao uso do instinto e da intuição a fim de perceber novas tendências e saber para onde os ventos vão soprar. De que adiantaria empregar todos os seus esforços para tornar-se o melhor fabricante de máquinas de escrever quando os computadores pessoais começavam a se popularizar? Ou ser o maior produtor de discos de vinil quando os *compact discs* já estavam surgindo no horizonte? Isso não é uma visão – na verdade, é um sinal de falta de visão. Para criar uma visão empreendedora do futuro, é necessário antecipar-se às mudanças, e isso requer uma boa dose de coragem e ousadia para enfrentar a oposição daqueles que ainda não perceberam a necessidade de mudar e para mexer em sistemas que parecem funcionar muito bem – mas que estão com os dias contados. É preciso também sair da zona de conforto e dispor-se a correr riscos, pois esse é o preço da inovação e do pioneirismo.

- Saber compartilhar. A visão não serve para nada se ficar apenas na cabeça do líder. Ela deve ser transformada numa causa comum, capaz de motivar a todos na empresa e incentivá-los a cooperar e a dar o melhor de si. Partilhar a visão não é apenas uma questão de comunicá-la aos demais. Limitar-se a divulgar um memorando descritivo da visão exercerá pouco ou nenhum efeito sobre os funcionários. É o entusiasmo, a energia e a convicção do líder que farão a diferença na hora de transformar a visão num ideal compartilhado por todos.

Podemos encontrar um bom exemplo de visão empreendedora na trajetória de Jack Welch, o ex-CEO da General Eletric. Quando Welch assumiu o comando da GE, a empresa fundada por Thomas Edison era tida como um modelo de solidez e de sucesso. Para muitas pessoas, a missão do novo líder parecia óbvia: dar continuidade a um sistema que, segundo se pensava, parecia estar funcionando muito bem. Mas a visão de Welch apontava para um caminho diferente. Do lucro total da companhia, 80% eram provenientes da fabricação de produtos elétricos e eletrônicos, e essa atividade estava se tornando cada vez menos lucrativa nos Estados Unidos. Além disso, Welch achava que a estrutura da empresa era burocrática e ultrapassada, o que logo a faria perder terreno para as indústrias japonesas, muito mais ágeis e produtivas. Em sua opinião, esse quadro só permitia duas escolhas: mudar ou quebrar. E, é claro, ele escolheu mudar.

As mudanças implantadas por Welch foram profundas e radicais. Várias unidades de negócios que não eram líderes em seus setores foram vendidas, e outras que não eram tradicionalmente ligadas à área de atuação da empresa foram adquiridas. O quadro de funcionários e o sistema administrativo foram inteiramente remodelados. Como era de se esperar, as mudanças provocaram resistência, mas Welch soube conquistar os corações e as mentes de seus funcionários. No livro *Jack Welch, o executivo do século*, o autor Robert Slater diz que o ex-CEO da GE é um comunicador por excelência. "De todos os seus segredos gerenciais, sua capacidade sobrenatural de se comunicar, de engendrar o entusiasmo em seus funcionários, pode ser o maior deles. Ele sabe que não basta levantar uma ideia com eles. Não é suficientemente ingênuo para acreditar que todos os 270 mil funcionários absorverão suas ideias prontamente. Sabe que terá de continuar a repetir uma ideia até que ela finalmente seja compreendida por todos da empresa".

Na gestão de Welch, a GE tornou-se a empresa com maior valor de mercado em todo o mundo – chegando a valer 50 bilhões de dólares a mais do que a companhia que estava em segundo lugar. Além disso, também obteve uma das classificações mais altas na lista de empresas mais lucrativas dos Estados Unidos. Eis aqui um resumo de seus princípios de liderança:

- Não complique as coisas.
- Enfrente a realidade.
- Não tenha medo de mudanças.
- Lute contra a burocracia.

- Use o cérebro de seus trabalhadores.
- Descubra quem tem as melhores ideias e coloque-as em prática.

Propiciar uma atmosfera de participação e engajamento

A liderança não é um exercício solitário. O líder que se isola em sua posição de comando e espera ser obedecido apenas pela força de seu cargo dificilmente obtém bons resultados. E é fácil entender o motivo: esse tipo de atitude não gera motivação entre seus colaboradores. Sem motivação não há comprometimento. E, sem comprometimento, o máximo que se pode esperar são resultados medíocres – ou nem isso. Alguns líderes tentam manipular seus funcionários por meio do medo – de ser demitido, de levar uma bronca, de ser publicamente humilhado. Obviamente, isso não é motivação, é apenas pressão. O problema da pressão é que ela não faz as pessoas darem o melhor de si, muito ao contrário: inibe a criatividade e a iniciativa e faz com que elas ajam de má vontade – quem é que pode demonstrar boa vontade ao sentir-se incessantemente pressionado e ameaçado? A consequência disso é que as pessoas acabam fazendo o mínimo necessário para manter o emprego (afinal, seu único objetivo é aliviar a pressão). Em vez de admirar e respeitar o líder, elas simplesmente o detestam – quem poderia culpá-las? – e algumas farão o possível para minar sua autoridade e sabotar suas iniciativas.

Outros líderes seguem o caminho oposto. Acreditam que, para motivar, basta oferecer bônus e prêmios e acirrar a rivalidade entre os funcionários. Só que essa também não é a forma certa de motivar. A tática de jogar uma pessoa contra a outra dificulta o trabalho de equipe e solapa o espírito de união. Além disso, o comprometimento não é com a empresa, mas com os prêmios e bonificações – o que pode inibir qualquer outra iniciativa que possa ser útil para a empresa, mas que não resulte em premiações.

Motivar é muito mais do que isso. É fazer com que as pessoas sintam que estão crescendo e prosperando com a empresa – e não apenas trabalhando para ela. Não há qualquer problema em oferecer prêmios e bônus, desde que essas não sejam as únicas estratégias de motivação. Você propicia uma atmosfera de cooperação e engajamento quando os funcionários:

- Sentem-se respeitados pelo líder e pela empresa.
- Sabem que são ouvidos e que suas ideias e opiniões são levadas em consideração.

- Têm seus méritos reconhecidos.
- Percebem que o comportamento do líder é pautado pela transparência e pela honestidade.
- Percebem que não só os sacrifícios são compartilhados, mas também as vitórias.
- Sentem-se estimulados em vez de apenas pressionados.
- Associam o sucesso da empresa ao seu próprio sucesso profissional.
- Encontram oportunidades de crescimento.
- Orgulham-se de seu trabalho.
- Conseguem sentir prazer e satisfação ao trabalhar.

Uma pesquisa feita mediante a análise dos balanços de empresas brasileiras mostrou que, entre as 500 maiores, a lucratividade média é de 13%. Já entre as 100 melhores empresas para se trabalhar, a lucratividade média é de 17%. E nas 10 melhores empresas para se trabalhar, o número é ainda mais alto: 27%. Ou seja, as companhias que oferecem melhor ambiente de trabalho para seus funcionários obtêm melhores resultados – e lucram mais – do que outras de maior porte, mas que não oferecem ambiente de trabalho igualmente satisfatório. Propiciar uma atmosfera altamente motivacional é, portanto, uma das principais atribuições de quem está na liderança.

Exemplo de líder que se destaca nesse quesito é Ricardo Semler, presidente e sócio majoritário da Semco. Com apenas 21 anos, ele assumiu o comando da empresa fundada pelo pai. As mudanças que ele implantou na gestão empresarial foram tão radicais que muita gente achou que a firma não sobreviveria por muito tempo. Na Semco, não existem cartões de ponto. Os horários são flexíveis, e cada funcionário faz seu próprio cronograma. "Quem atinge sua cota mensal de vendas não precisa fazer de conta que dá duro", explica Semler. "Quem chega primeiro e sai por último, mas não atinge sua cota, não consegue sobreviver na empresa. As pessoas trabalham de acordo com suas necessidades, seu ritmo, seu compromisso com os resultados."

Mas as inovações não param por aí. As reuniões são voluntárias – só participa quem quer. E são os próprios funcionários que escolhem os seus chefes. Diz Semler: "Eu acho que a figura que representa liderança é fundamental. Desfazer a liderança é ignorar a natureza humana. O que estou dizendo é que na Semco os subordinados participam da escolha da liderança, ela troca com facilidade, e o líder pode voltar a ser não líder sem sacrifício de prestígio nem de dinheiro. Aí, sim, você tem um mecanismo de liderança situacional, que parece ser a mais inteligente, a mais motivadora".

Ele explica que, na Semco, cada funcionário toma para si a responsabilidade de fazer com que o negócio seja bem-sucedido. "Claro que isso só acontece porque lá o jogo é limpo. Todos conhecem os números (inclusive as cifras relativas à remuneração de todos os escalões), os objetivos e os planos da empresa, além de terem participação nos lucros". E quanto aos que achavam que seria impossível fazer a empresa prosperar com essa política, bem, eles estavam enganados. Sob a gestão de Ricardo Semler, os rendimentos da Semco cresceram de 4 milhões de dólares em 1982 para 212 milhões em 2003.

A motivação e a satisfação que os funcionários sentem ao trabalhar também podem ser medidas pelo *turnover* – índice que registra a rotatividade da mão de obra – da empresa. Quem entra na Semco dificilmente quer sair. Tanto que o *turnover* da companhia é baixíssimo: apenas 1%, ao longo de 20 anos. "Não existe a hipótese de você roubar alguém de lá. O que você vai oferecer? Mais satisfação com o salário, com o espaço de trabalho, a possibilidade de escolher o chefe?", questiona Semler.

Gerar resultados

O líder é e sempre será cobrado pelos resultados que produz – ou pelos que não produz. Esses resultados visam atender às expectativas de quatro públicos distintos:

- Os acionistas, proprietários ou controladores da empresa, que esperam o retorno do capital investido por meio de sua participação nos lucros. Obviamente, para cumprir sua missão junto a esse público, o líder deve atingir as metas de lucratividade estabelecidas para a empresa.
- Os funcionários, que esperam trabalhar num ambiente que lhes proporcione satisfação e oportunidades de crescimento – sem as quais não há como estimular a motivação.
- Os clientes, que esperam o melhor atendimento possível e o melhor retorno pelos produtos ou serviços que adquiriram.
- A sociedade, que espera da empresa uma postura ética, o respeito ao meio ambiente e um engajamento cada vez maior em ações sociais. Não frustrar as expectativas da sociedade é fundamental para o prestígio, a credibilidade e a imagem pública da companhia.

Vejamos agora o exemplo de um líder capaz de atingir resultados junto a esses quatro públicos. Ivan Zurita começou a trabalhar aos 12 anos, ajudando o pai a administrar a produção de leite de sua fazenda localizada em Araras, no interior de São Paulo. Contudo, em vez de permanecer no negócio da família, Zurita tornou-se um intraempreendedor. Começou a trabalhar como estagiário na Nestlé do Brasil e foi galgando todas as posições até ser promovido a presidente da empresa, o que ocorreu em 2001. "A minha principal conquista foi rejuvenescer a companhia. Hoje a marca tem mais presença e mais visibilidade no país", diz Zurita. Sob seu comando, a companhia passou por mudanças nos processos administrativos e de gestão. Também expandiu seu público consumidor e sua linha de produtos – está em estudos o lançamento de um sorvete líquido que congela mais rapidamente, o que contribui para economizar energia. "Nossa tarefa é colocar ao alcance das pessoas um produto adequado", explica o executivo. O resultado já se fez sentir na lucratividade da empresa. No *ranking* das filiais da multinacional suíça espalhadas por todo o mundo, a Nestlé do Brasil ocupava o oitavo lugar em volume de vendas. Hoje, ocupa a segunda posição nesse quesito – e a quarta em faturamento.

As expectativas dos funcionários também estão sendo atendidas. Por vários anos consecutivos a Nestlé tem figurado nas listas das melhores empresas para se trabalhar no Brasil. Os funcionários orgulham-se da solidez da marca e acreditam que trabalhar na empresa agrega prestígio às suas carreiras. Eles também destacam o bom clima interno. Na Nestlé, os chefes são treinados para se transformar em "multiplicadores" e manter diálogo aberto com suas equipes. Os funcionários sentem que suas ideias costumam ser aproveitadas, que o *feedback* de sua atuação é constante e que a companhia lhes oferece desafios e oportunidades para crescer.

Quanto aos clientes, a empresa foi a primeira no país a criar um canal direto e estruturado com seus consumidores, o Centro Nestlé de Economia Doméstica, e ganhou vários prêmios por seu atendimento ao público – entre eles o de marca que mais respeita o consumidor. No que diz respeito à responsabilidade social, a empresa adotou o princípio de criar e partilhar valor, não apenas para os seus acionistas, mas também para a sociedade com quem interage no decorrer da sua atividade. Criar valor partilhado significa gerar benefícios financeiros, sociais e ambientais como parte integrante da competitividade da empresa a longo prazo, tendo como premissa o fato de que o negócio pode contribuir para o progresso da sociedade, e vice-versa. "220 mil famílias no Brasil vivem dos salários diretos e indiretos pagos pela Nestlé", conta Ivan Zurita.

Exemplo de liderança e geração de valor: Flávio Augusto

Fora do meio empresarial, Flávio Augusto da Silva ganhou as manchetes esportivas em 2013 ao comprar o clube de futebol Orlando City e, no ano seguinte, quando o jogador Kaká assinou contrato com a equipe. Mas dentro dos círculos de empreendedores, seu nome já era admirado bem antes.

A história da criação dos cursos de línguas Wise Up é lendária: Flávio, originário de uma família de classe média baixa do Rio de Janeiro e que sequer possuía curso superior, pegou um empréstimo aos 23 anos de idade e, quando um sócio desistiu do negócio e deixou-o com um rombo de 20 mil reais para cobrir, usou para isso todo o valor do cheque especial, pagando juros de 12% ao mês. A sustentar a aparente loucura, a intuição: eram meados dos anos 1990 e Flávio percebia que o inglês se tornava cada vez mais prioritário na vida de muitos empresários sem tempo para cursos demorados, que tinham de aprender a língua rápido. "Sentia que o *timing* era aquele", disse.

A primeira unidade foi inaugurada em 1995, no Rio. Em 2013, ao vender a marca para a Abril Educação por 877 milhões de reais, eram 393 filiais. Dois anos depois, destinou 398 milhões de reais a um investimento movido pela paixão: recomprar a Wise Up, que hoje comanda em parceria com Carlos Wizard. Com tudo isso, mais o *site* de cursos online MeuSucesso.com, não é à toa que seu perfil Geração de Valor, no Facebook, tem mais de 3 milhões de seguidores ávidos por lições de empreendedorismo.

A dinâmica da liderança

Já vimos que, para começar a manifestar atitudes de líder, você precisa primeiro assumir e exercer sua autoridade pessoal. Vimos também quais são as atribuições do líder e os resultados que dele se esperam. Agora veremos como chegar a isso. Você pode encontrar em toda parte listas que citam as qualidades que um líder deve possuir. Em geral, essas listas incluem características como criatividade, iniciativa, ousadia, flexibilidade, entusiasmo, empatia, perseverança e muitas outras, cujas posições no *ranking* costumam variar – às vezes, uma ou outra é apresentada como "a mais importante", dependendo da experiência e da opinião do autor da lista. O problema é que, fora de contexto, essas listas possuem pouca ou nenhuma serventia. Não existe nenhuma fórmula para criar um líder da noite para o dia. A liderança é uma dinâmica – ou seja, uma interação de forças em movimento – constituída por processos complementares que devem ser seguidos para que a liderança possa ser estabelecida e consolidada.

É dentro desse contexto que devem ser vistas as qualidades pessoais do líder. Não há uma hierarquia entre elas. Cada qual tem sua função de acordo com as circunstâncias e com a etapa do processo que está sendo trabalhada. Se em alguns momentos o líder precisa demonstrar ousadia, em outros pode ser necessário agir com moderação. Se às vezes ele deve ser pioneiro, outras vezes tem de consolidar o que já foi iniciado. E assim por diante. Isso ocorre porque, conforme foi dito, a liderança é uma dinâmica, e nem poderia ser diferente – a própria vida é dinâmica. Movimento, mudanças e evoluções são constantes. Não há como acompanhá-los – ou, melhor ainda, antecipar-se a eles – mantendo-se aferrado a uma lista rígida e hierarquizada de qualidades. Além disso, lembre-se: determinada qualidade usada nas circunstâncias erradas pode facilmente transformar-se em defeito. Mostrar-se determinado em manter um ponto de vista quando o momento exige a revisão de conceitos é uma forma de transformar a determinação em falta de visão e inflexibilidade. Se pensar bem, você encontrará muitas outras circunstâncias nas quais isso pode acontecer.

Assim, pois, é hora de entender quais são os processos que constituem a dinâmica da liderança.

deliberação → decisão → ação → realização

Deliberar é resolver após exame, discussão ou análise. Ao deliberar, o líder deve ter pleno conhecimento dos fatos e usar sua sensibilidade e intuição ao considerar todos os elementos que estão em jogo, de forma que a deliberação resulte na melhor decisão. Ao ser posta em prática, a decisão resulta em ações que, por sua vez, conduzem à realização de determinados objetivos. Ao deliberar você deve:

- **Combinar intuição com estratégia.** O equilíbrio é fundamental. Evite a fama de indeciso e a de impulsivo. Antes de decidir, avalie também as informações trazidas pelos demais. Se os outros sentirem que não estão sendo levados em conta, irão minar sua base de apoio. Refute sugestões inaproveitáveis com argumentos firmes e convincentes, mas nunca de forma a humilhar as pessoas e fazê-las desistir de participar.

- **Tomar decisões pela razão adequada.** Se você estiver em uma posição fortalecida, fique atento para que suas novas decisões não comprometam seu poder. Não menospreze a si ou a equipe por um simples gesto de bravata. Evite decisões inconsequentes que só lhe servirão para criar falsos momentos de glória.
- **Prevenir-se.** Visualize o pior cenário possível que poderia advir de sua decisão e certifique-se de que o risco vale a pena.
- **Compensar suas atitudes tendenciosas ao tomar decisões.** Você é uma pessoa limitada a "números" ou alguém que olha para um contexto maior? Você procura soluções rápidas ou de longo prazo? Melhore a qualidade de suas decisões melhorando sua compreensão de si mesmo.
- **Confiar em sua habilidade de decidir.** Aprendemos fazendo. Ninguém aprende deixando de fazer. Quanto mais decisões você tomar, mais chances terá de aprender e acertar cada vez mais. A maioria das decisões profissionais não requer uma sabedoria salomônica, mas sim que você pese os fatos e compreenda os indivíduos que estão envolvidos. Ao tomar uma decisão errada, é necessário ser flexível o bastante para mudar a direção.

equidade →transparência → confiança → motivação

Equidade é a disposição de reconhecer o direito de cada um, é agir com retidão e imparcialidade em relação aos seus colaboradores. A equidade produz transparência, isto é, estabelece uma base clara e honesta para o relacionamento entre o líder e seus colaboradores. Isso, por sua vez, contribuirá para criar um clima de confiança, que é essencial para gerar motivação. Você age com equidade quando:

- Reconhece os méritos de quem trabalha com você.
- Toma decisões em relação às pessoas com base no mérito e no desempenho, e não em suas preferências pessoais ou favoritismos.
- Estabelece responsabilidades – inclusive as suas – em vez de procurar por bodes expiatórios.
- Mostra-se aberto à diversidade de opiniões, de cultura e de *background*.
- Incentiva o diálogo e o entendimento.
- Valoriza a iniciativa e a proatividade dos que o cercam.
- Compartilha vitórias e conquistas com sua equipe.

- Trata a todos com respeito e consideração, independentemente do cargo que ocupam.

exemplo → respeito → influência → adesão

Gandhi, o célebre líder pacifista indiano, dizia que nós devemos ser a mudança que queremos ver no mundo. Ou seja, se queremos mudar algo, temos de ser os primeiros a incorporar essa mudança. Na prática, isso significa que o líder deve liderar pelo **exemplo**. Se disser uma coisa e fizer outra, ele ficará completamente desmoralizado. Por outro lado, se der o exemplo, conquistará o respeito de seus colaboradores. Ao ser respeitado, ele se torna uma fonte de influência, e é essa influência que irá gerar a adesão de todos ao que o líder esteja implementando. Para dar o exemplo, você deve:

- Ser coerente: dizer o que pensa e agir de acordo com o que diz.
- Ter uma conduta ética.
- Mostrar serviço. O líder que é o último a chegar e o primeiro a ir embora não inspira respeito.
- Não pedir que os outros façam o que você próprio não faria. É preciso fazer sacrifícios e reduzir salários? Comece reduzindo o seu.

generosidade → aprendizado → responsabilidade → evolução

Um líder generoso é aquele que compartilha: conhecimento, ensinamentos, experiência e resultados. Ao ser generoso, ele está oferecendo a seus colaboradores uma oportunidade de aprendizado e, com ela, a responsabilidade de usar esse aprendizado para o seu próprio crescimento e para o crescimento da empresa. Ao assumir responsabilidades, evoluímos como seres humanos e como profissionais. Ser generoso é:

- Partilhar não só o que você sabe, mas também o que você é.
- Estimular a independência e a autonomia de seus colaboradores para que um dia eles também possam se tornar líderes.
- Estar atento às necessidades de seus colaboradores.
- Incentivar o aprendizado e o aperfeiçoamento.
- Delegar tarefas de modo a dar a seus colaboradores oportunidades de assumir novas responsabilidades.

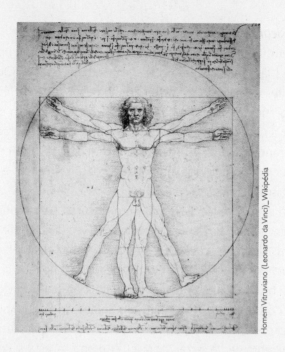

Homem Vitruviano (Leonardo da Vinci)_Wikipédia

Os quatro processos da dinâmica da liderança denotam as quatro dimensões do líder: a capacidade de deliberar, de agir com equidade, de dar o exemplo e de ser generoso. Essas dimensões podem ser metaforicamente representadas pelo célebre desenho de Leonardo da Vinci, o "Homem Vitruviano". Feito por volta de 1490, o desenho inspira-se nos escritos do arquiteto romano Marco Vitruvio Polião, que tentou estabelecer um modelo ideal de como o homem deveria ser, com base na harmonia das formas e das proporções.

O "Homem Vitruviano" assume, ao mesmo tempo, quatro posições diferentes (pernas juntas e braços abertos, pernas juntas e braços erguidos, pernas separadas e braços abertos, pernas separadas e braços erguidos) – assim como as quatro dimensões da dinâmica da liderança concentram-se de modo simultâneo no líder. Além disso, o homem desenhado por Da Vinci está inserido dentro de um quadrado e de um círculo que se sobrepõem. Em nossa metáfora, o líder também está inserido em dois planos sobrepostos. O quadrado simboliza o plano imediato e concreto, a ordem e a organização. O círculo simboliza o movimento, o todo, a integração. Mostra o líder ligado ao seu ambiente de trabalho, mas também ligado ao mundo. Por fim, o desenho é um símbolo da busca pela harmonia e pelo ideal de perfeição. O líder, por sua vez, deve buscar a integração harmônica dos processos que constituem a dinâmica da liderança para aproximar-se do ideal indicado por sua visão empreendedora.

Depoimento: Ricardo Bellino

Muito se tem falado nas características da boa liderança. É um belo discurso, sem dúvida. Mas, na realidade, a coisa nem sempre é assim. Quando a pressão por resultados aumenta — e ela sempre aumenta —, não é fácil transformar a teoria em prática. Nessa hora, são raros os que conseguem evitar a tentação de recorrer a um velho método, execrado por todos os cursos, livros e cartilhas de liderança: repassar a pressão para os funcionários e colaboradores, de preferência em dobro. E haja intimidação, coação, ameaças e demonstrações de autoritarismo.

Não é minha intenção fazer mais um discurso para tentar provar que as coisas podem — e devem — ser diferentes. Em vez disso, prefiro dar um exemplo concreto de como o verdadeiro líder é capaz de virar o jogo e mudar toda uma cultura empresarial improdutiva apelando para a criatividade, e não para a força bruta. Essa história me foi contada por meu amigo Mário Griecco, presidente do Laboratório Bristol Myers Squibb do Brasil. Anos atrás, Griecco assumiu a presidência da Squibb de Porto Rico e deparou-se com uma dificuldade aparentemente intransponível. A empresa estava contaminada pelo apego aos velhos hábitos e a resistência às mudanças era feroz. Cada proposta de Griecco esbarrava na muralha do "isto é impossível". E a frase que ele mais ouvia, tal qual bolero em vitrola quebrada, era sempre "Yo no puedo, yo no puedo..." – "Eu não posso" em espanhol, o idioma do país.

O que fazer? Ameaças de demissão e medidas autoritárias não fazem parte de seu estilo de liderança. Afinal, o que ele queria era a cooperação, e não a duvidosa subserviência dos que são forçados a agir de uma forma, mas continuam pensando de outra. O diálogo e os argumentos racionais, contudo, pareciam cair em ouvidos moucos. A solução encontrada por Griecco surpreende pela originalidade e pelos incríveis resultados que proporcionou. Um belo dia, ele pediu aos funcionários que escrevessem suas listas do "yo no puedo". Todos deveriam enumerar, uma a uma, as coisas que achavam que não podiam fazer, tanto no plano pessoal quanto no profissional. A seguir, foi convocada uma reunião na qual eles apresentariam suas listas.

Os porto-riquenhos devem ter pensado que aquele presidente brasileiro havia enlouquecido quando o viram chegar para a reunião vestido de padre e carregando um pequeno caixão de defunto. Griecco pediu-lhes, então, que depositassem suas listas no caixão e anunciou: "Hoje vamos enterrar de uma vez por todas o 'yo no puedo'". Atônitos, os funcionários seguiram seu presidente em uma procissão fúnebre que percorreu os corredores da empresa até chegar à área externa, onde foi aberta uma cova e o "yo no puedo" foi sepultado com todas as honras. O gesto simbólico exerceu um poderoso efeito transformador na mentalidade até então dominante – proeza que nenhum discurso ou ameaça teria conseguido realizar. Até hoje, quando visitantes deparam-se com a inusitada lápide e perguntam quem está enterrado lá, os porto-riquenhos relatam, orgulhosos, a história do dia em que o "yo no puedo" morreu.

Administrando conflitos

O conflito é uma consequência natural da interação humana. Coloque dois ou mais indivíduos juntos por algum tempo e, fatalmente, uma diferença de opinião surgirá. Essas diferenças podem ser produtivas, desde que as pessoas estejam dispostas a ouvir e a aprender umas com as outras. Se virar guerra de egos, porém, o único resultado são os bate-bocas e o ressentimento. Um conflito é bem administrado quando faz as pessoas refletirem sobre seus possíveis erros. Mas se, em vez disso, elas se sentirem injustiçadas e ressentidas, então o conflito não foi administrado – foi apenas intensificado. Administrar conflitos não é fácil, mas é fundamental para que o líder possa unir seus colaboradores em torno de um objetivo comum.

Para administrar conflitos de forma satisfatória, é necessário observar os seguintes aspectos:

- Comece exercitando o seu próprio autocontrole. Você não poderá administrar conflito algum se for o primeiro a perder a cabeça.
- Não decida que partido tomar com base no que lhe contaram. Converse com as partes envolvidas no conflito e dê a cada uma a chance de apresentar sua versão dos fatos.
- Se for possível, busque uma saída conciliatória. Se não for, deixe claro os motivos pelos quais você deu razão a essa ou àquela parte.
- Não permita que as discussões de trabalho se transformem em atritos pessoais. Lembre às partes envolvidas que é necessário agir com profissionalismo e respeito.
- Identifique o verdadeiro foco do conflito. O problema pode estar na diferença de opiniões, de expectativas ou de personalidades. Descubra as verdadeiras motivações das pessoas para poder estabelecer a melhor forma de agir.

- Mude o foco. Faça com que as pessoas percebam o que as une, em vez de concentrarem-se apenas no que as separa. Ressalte a importância do trabalho em equipe.

Administrar conflitos não é apenas solucioná-los, mas também evitar que eles surjam. Uma das formas de fazer isso é, conforme você viu na dinâmica da liderança, por meio do exemplo do líder – agir com transparência é a melhor forma de criar um clima de confiança. No entanto, surgem momentos nos quais pode ser necessário criticar a conduta ou desempenho de alguém – o que facilmente se transforma num terreno fértil para o conflito. É isso que a crítica construtiva procura evitar.

A expressão ficou tão desgastada devido ao uso equivocado que seu sentido original quase se perdeu. Todo mundo que critica alguém ou alguma coisa costuma dizer que suas críticas são construtivas. Mas será que são mesmo? A crítica construtiva é aquela que pode contribuir para melhorar o estado das coisas. Já a crítica pura e simples não serve para nada além de inspirar animosidade em quem é criticado. Uma crítica é construtiva quando:

- É objetiva – ou seja, vai direto ao ponto. Quanto mais vaga e genérica for a crítica, mais inconsequente e sem fundamentos ela vai parecer.
- É feita com conhecimento de causa. A pessoa que critica deve transmitir credibilidade e, para isso, deve saber bem o que está falando, de preferência mostrando que já teve de lidar com situações semelhantes àquelas que está criticando. Do contrário, o criticado vai apenas dar de ombros e pensar: "Ele não sabe o que é estar no meu lugar".
- Demonstra equilíbrio. A linguagem física e verbal da pessoa que critica é importantíssima. A crítica deve ser feita com segurança e serenidade. Lembre-se: mesmo que sua crítica tenha fundamento, ela perde a razão se for feita por meio de gritos, impropérios e ofensas pessoais.
- Apresenta soluções. Como diz o ditado, criticar é fácil, fazer é que é difícil. A boa crítica deve apresentar, sugerir ou pelo menos estimular soluções viáveis ao que está sendo criticado.
- Não destrói a autoestima de quem está sendo criticado. Se o objetivo é construir, e não apenas demolir, então a crítica deve conter algum tipo de incentivo ao criticado. Uma forma de fazer isso é lembrá-lo de que, apesar de estar sendo criticado naquele momento, ele possui qualidades positivas que podem ajudá-lo a corrigir o problema.

- É confidencial. As críticas de cunho pessoal ou profissional devem ser feitas por meio de uma conversa particular com o criticado. Criticar uma pessoa para outras ou na frente de outras serve para humilhá-la, e não para ajudá-la.
- Não confunde "alhos com bugalhos". Se houver alguma desavença pessoal entre você e a pessoa que você está criticando, é melhor resolvê-la antes. Do contrário, o criticado poderá pensar que você está apenas usando sua posição de líder para buscar uma desforra.
- É feita no momento certo. Às vezes é necessário esperar um pouco e esfriar a cabeça antes de criticar. Críticas despejadas no calor de uma discussão dificilmente funcionam – servem apenas para acirrar os ânimos e jogar mais lenha na fogueira. Por outro lado, esperar demais também não é uma boa tática. Com o tempo, as pessoas tendem a minimizar os erros que cometeram ou até mesmo esquecê-los, o que obviamente aumentará sua rejeição à crítica.
- Não vira hábito. A crítica construtiva deve ser vista como uma intervenção ocasional, necessária para que determinadas situações sejam corrigidas. Se você tiver de criticar constantemente a mesma pessoa pelos mesmos motivos, é evidente que a crítica não está funcionando e que outras soluções devem ser buscadas.

E já que estamos falando da crítica construtiva, convém lembrar que a autocrítica também é um fator importante para a prevenção de conflitos. Pesquisas indicam que a maioria das pessoas que pede demissão o faz não por ter algo contra a empresa na qual trabalha, mas por ter algo contra seu chefe. É claro que não é possível agradar todo mundo o tempo todo, e o líder às vezes tem que tomar decisões que não são facilmente aceitas. Contudo, também existem líderes que se deixam levar pela vaidade e pela imponência do cargo, a ponto de perderem contato com a realidade. Por isso a autocrítica é fundamental – é sempre conveniente checar se suas atitudes estão contribuindo para fortalecer a união ou para acirrar os conflitos, para motivar ou para desmotivar.

Sua habilidade em administrar conflitos irá determinar, em grande parte, seu sucesso ao transformar um grupo de pessoas que por acaso trabalham na mesma empresa numa equipe coesa, motivada e produtiva – em outras palavras, numa equipe vencedora. Nela encontramos as seguintes características:

- União em torno de uma causa comum.
- Respeito à diversidade de opiniões e de personalidades de seus membros.
- Espaço para o diálogo e para a troca de ideias.
- Estímulo para que cada um expresse suas melhores qualidades.
- Capacidade de superar conflitos e chegar a um consenso.
- Saber lidar com os desafios sem perder o rumo e o entusiasmo.
- Sucesso ao atingir metas e produzir resultados.

Liderando em tempos difíceis: Rodrigo Galindo

Foram 11 anos à frente da Cogna Educação, ex-Kroton Educacional, uma das maiores empresas privadas de educação do Brasil – de 2010, quando assumiu a posição de CEO, a 2022, quando a deixou. Neste período de ouro, Rodrigo Galindo comprou sua maior concorrente, a Anhanguera Educacional, e levou a receita da empresa de 599 milhões para 5,3 bilhões de reais, mesmo com todos os desafios impostos pela pandemia da Covid-19. E essa é apenas uma parte da trajetória de Rodrigo Galindo no ramo da educação.

Nascido em 1976, aos 13 anos trabalhava como operador de copiadoras na Universidade de Cuiabá. O dono da universidade era seu pai, mas Rodrigo sempre foi incentivado a trabalhar. Um ano depois de se formar em direito, abriu a Fama, sua própria faculdade, da qual foi diretor-geral de 2002 a 2008. Antes disso, porém, em 2007, já havia assumido a presidência do Grupo Iuni, de propriedade da família. Quando a Kroton adquiriu o Iuni, o caminho mais natural, talvez, teria sido ele perder o controle da empresa. Mas aconteceu o contrário: Galindo chegou ao topo do comando da Kroton.

Em sua gestão, a Kroton se tornou a maior empresa de educação do país, impulsionada em parte pela aquisição da gigante Anhanguera em 2014. Mas engana-se quem acha que foram só flores. Galindo precisou superar enormes desafios: a crise econômica e a turbulência política dos anos 2010, a negação pelo CADE da aquisição da Estácio em 2016 e, por fim, a pandemia. O efeito desta última em especial foi atenuado por sua estratégia de transformação digital, iniciada em 2017, já no comando da Cogna, a *holding* da Kroton e de outras empresas na área de educação.

Galindo foi atrás não apenas da tecnologia em si como também da troca com outros executivos. "Conversei com 25 CEOs e diretores de tecnologia de empresas brasileiras e internacionais que tinham passado por processos de transformação digital para aprender", disse o empresário em entrevista ao *Valor Econômico*, em 2021. Como resultado, a Kroton foi capaz de colocar todos os alunos no ensino online 2 dias após o decreto de isolamento social em 2020.

Em 2022, deixou o cargo de CEO para assumir a presidência do Conselho de Administração da Cogna, onde continuará a se concentrar em temas estratégicos envolvendo o maior grupo de educação da América Latina.

A ética da liderança

Seja qual for o estilo de um líder, suas atitudes devem ser pautadas pela ética e pelos valores a ela associados, como a honestidade, a transparência e a integridade. Desassociada da ética, a liderança revela seu lado sombrio. Em vez de se colocar a serviço do crescimento dos funcionários, da empresa, da sociedade e do país, ela se coloca a serviço de interesses escusos, pessoais ou de determinado grupo. Calcada na desculpa de que os fins justificam os meios, esse tipo de liderança leva a desastres que afetam não apenas o líder, mas também os empregados, a empresa e, dependendo do caso, o país e até mesmo o mundo. Basta lembrar que Adolph Hitler também foi um líder. Ele conseguiu motivar e mobilizar a nação alemã em torno de uma causa comum. No entanto, usou isso para implantar um opressivo sistema expansionista de dominação e de aniquilação de outros povos, o que acabou provocando a eclosão da Segunda Guerra Mundial.

No livro *The allure of toxic leaders: why we follow destructive bosses and corrupt politicians – and how we can survive them* (A sedução dos líderes tóxicos: por que seguimos chefes destrutivos e políticos corruptos – e como podemos sobreviver a eles), a autora, a socióloga Jean Lipman-Blumen, cunhou a expressão "líder tóxico" para identificar alguém que abusa de sua posição de poder, deixando os liderados numa situação pior do que aquela na qual se encontravam antes de tê-lo como líder – seja de uma empresa, seja de um povo. No livro, Lipman-Blumen explica que, no caso das empresas, a liderança tóxica é expressa pela atitude predadora de pessoas que, em troca de vantagens pessoais, destroem as companhias que deveriam liderar por meio de fraudes e de corrupção.

Contudo, esse tipo de desonestidade não é a única característica de um líder antiético. A falta de ética também se expressa em atitudes como:

- Perseguir ou demitir funcionários talentosos apenas pelo receio de que eles possam ameaçar sua posição.
- Colocar caprichos e vaidades acima dos critérios profissionais.
- Valer-se da força bruta para ocultar sua insegurança e inabilidade.

- Prestigiar os ineptos e incompetentes que o lisonjeiam.
- Dar livre vazão às suas crises temperamentais (e tomar decisões motivado por elas).
- Assumir créditos pelo que não fez.
- Prejudicar a empresa e os funcionários em nome de vinganças e picuinhas pessoais.
- Culpar os outros por seus erros.
- Não aceitar críticas nem opiniões contrárias às suas – e ainda punir quem as expressa.
- Eleger bodes expiatórios para não ter de assumir a responsabilidade pelo problema.
- Insistir em manter decisões equivocadas só para não dar o braço a torcer ou mudar de ideia a toda hora, deixando todo mundo confuso, estressado e desmotivado.
- Não fornecer as condições adequadas para que um trabalho seja feito e exigir resultados impossíveis nessas circunstâncias.
- Promover discórdias e conflitos por achar que isso é uma forma de estimular a competição entre os funcionários.
- Acreditar que o cargo que ocupa lhe dá o direito de ofender, humilhar e desvalorizar os demais.

Há, ainda, muitas outras atitudes que podem ser caracterizadas como antiéticas – quem já teve um chefe assim certamente se lembra de mais algumas. Qualquer comportamento que implique abuso da autoridade pessoal e do poder conferido ao cargo já indica que a ética está sendo desconsiderada. E, quando isso ocorre, a dinâmica da liderança simplesmente deixa de funcionar – motivo pelo qual a falta de ética sempre acarreta maus resultados. Nesse sentido, um líder antiético é também um líder incompetente. Talvez ele até possa obter algumas vantagens pessoais às custas de sua reputação – e às custas dos funcionários e da empresa –, mas isso com certeza não o define como um líder eficaz.

A liderança e o altruísmo de Elie Horn

Se o século XXI reforçou o perfil do milionário com consciência social, disposto a doar um naco considerável de sua fortuna para causas diversas, nem todos que se pautam por este modo de pensar são jovens. Nascido em 1944 em Aleppo, na Síria, mas radicado no Brasil desde os dez meses de idade, Elie Horn, fundador da Cyrela Brazil Realty, uma das grandes empresas do setor imobiliário do país, manifestou em 2015 sua intenção de doar 60% do que possuía a causas sociais. De lá para cá, já o fez. Por sinal, é o primeiro brasileiro a integrar a organização filantrópica internacional The Giving Pledge, da qual fazem parte nomes como Bill Gates e Warren Buffett, além de estar à frente da ONG nacional Movimento Bem Maior. "Já estive do outro lado. Sofri por não ter dinheiro. Me revolta quando alguém tem dinheiro e não ajuda", disse certa vez.

De fato, mesmo seu início no ramo imobiliário se deu de forma precária, sem muito capital, comprando apartamentos e revendendo-os em seguida para poder quitar a compra. Neste modelo de negócios, anterior ao advento da correção monetária, chegou a comprar mais de cem imóveis e faturar 500 mil dólares. O talento de empreendedor, porém, não afeta os hábitos simples e o apego a valores como sua religião, o judaísmo: por mais ocupado que esteja, Horn jamais trabalha aos sábados.

Resiliência

A resiliência é um termo proveniente da física. Trata-se da capacidade que certos materiais apresentam de absorver impactos e retornar à sua forma original. Transposta para o comportamento humano, a resiliência representa não apenas a habilidade de lidar com as adversidades e de superá-las, mas também a capacidade de não permitir que essa experiência afete de modo negativo e permanente seu modo de ser e de ver o mundo.

Observe estes dois exemplos:

1. Luís foi vítima de uma injustiça e acabou perdendo o emprego. A situação o deixou magoado e revoltado, mas logo ele começou a concentrar suas energias para encontrar outro emprego. Tinha certeza de que poderia achar um trabalho melhor. E foi o que aconteceu. Luís sentiu-se à vontade na empresa e em pouco tempo já estava fazendo amizades. Ele sempre foi confiante e cheio de entusiasmo, e sabe que a injustiça que sofreu foi apenas um desses episódios que às vezes acontecem. Não havia motivos para achar que poderia acontecer de novo e, se por acaso acontecesse, ele estaria mais bem preparado para lidar com a situação. Então por que se preocupar? Melhor deixar para lá e aproveitar as oportunidades que seu novo trabalho está lhe trazendo.

2. Eduardo foi vítima de uma injustiça e acabou perdendo o emprego. A situação o deixou magoado e revoltado, e ele não conseguia parar de rever esse acontecimento em sua mente. Com o tempo, Eduardo encontrou outro

emprego. Mas, dessa vez, não estava disposto a fazer amizades. Depois de ter passado por aquela experiência, seu modo de se relacionar mudou. Ele sabia que qualquer um poderia traí-lo a qualquer momento e, por isso, não iria mais confiar em ninguém. Ainda se sentia revoltado com o que havia acontecido e preferia ficar quieto num canto e isolar-se o máximo possível. Sua principal preocupação era não ser enganado novamente. Afinal, se aconteceu uma vez, com toda a certeza aconteceria de novo. Ele tinha sido um tolo por acreditar nas pessoas, mas esse era um erro que não iria mais repetir.

As duas histórias retratam situações nas quais alguém é demitido em consequência de uma injustiça. Tanto Luís (exemplo 1) quanto Eduardo (exemplo 2) passam por um período de frustração e revolta e, depois, conseguem obter novos trabalhos. Sob esse ponto de vista, ambos superaram a adversidade. Contudo, Eduardo foi afetado de forma negativa e duradoura pela experiência. Sua confiança nas pessoas foi abalada, bem como a confiança em si mesmo – afinal, ao acreditar que não só pode como vai ser enganado de novo, ele está pondo em dúvida sua própria capacidade de discernir e de cultivar boas amizades. Como resultado, ele passa a se retrair, a se isolar e a viver num clima de suspeita e de desconfiança. Evidentemente, essa atitude terá efeitos nocivos em sua vida pessoal e profissional, negando-lhe ou dificultando novas oportunidades de crescimento.

Luís, por sua vez, não permitiu que uma experiência desagradável mudasse negativamente seu jeito de ser e sua forma de se relacionar. Ele acredita que não há motivos para pensar que, se em determinada ocasião alguém o enganou e o prejudicou, todas as outras pessoas irão fatalmente fazer o mesmo. Na verdade, a adversidade o deixou mais fortalecido – Luís entende que aprendeu uma lição e que da próxima vez, se houver uma próxima vez, ele saberá lidar com a situação. Esse modo de encarar as coisas o leva a deixar o incidente para trás e a manter o ânimo e o otimismo. Sua atenção se concentra em aproveitar as oportunidades que o novo trabalho lhe traz.

A diferença de comportamento entre os dois indica que Luís possui um grau de resiliência bastante elevado, ao passo que Eduardo possui pouca ou nenhuma resiliência. Ambos passaram por experiências similares, experimentaram sensações desagradáveis e conseguiram seguir em frente. Mas, enquanto um foi afetado de forma negativa e duradoura pelo ocorrido, a ponto de adotar atitudes que mais o prejudicam do que o ajudam, freando seu processo de crescimento, o outro mostrou-se capaz de sair do incidente com a mesma postura positiva que tinha antes, o que, naturalmente, será de grande valia em seu processo de crescimento – isto é a resiliência.

É fácil perceber a importância da resiliência e por que devemos desenvolvê-la – seja como líderes, seja como seres humanos em busca do sucesso. Os exemplos dados mostram o que a resiliência, ou a falta dela, pode fazer por sua vida profissional. Pense agora num líder que se deixa afetar por uma experiência ruim e passa a duvidar de sua capacidade de deliberar e decidir, ou que começa a desconfiar de tudo e de todos e deixa de agir com equidade, ou que adota atitudes que o transformam num mau exemplo, ou que se isola e troca a generosidade por uma postura egocêntrica e individualista... Toda a dinâmica da liderança será irremediavelmente comprometida.

Nos exemplos que você viu, a ação da resiliência foi demonstrada em uma situação corriqueira da vida profissional – e mesmo assim foi possível perceber o poderoso efeito que ela exerce. Imagine, então, o papel que ela pode ter quando nos deparamos com eventos muito mais traumáticos e destruidores. Estudos indicam que pessoas resilientes mantêm sua integridade – ou seja, não são negativamente modificadas de modo permanente –, inclusive quando se confrontam com situações bem mais complexas e devastadoras, como uma infância difícil, problemas financeiros, perdas e fracassos, risco de morte e até grandes tragédias. E mais: elas são capazes de agir com objetividade e competência e de obter bons resultados mesmo quando submetidas a um intenso estresse ou pressão. Nos anos 1970, Emmy Werner, professora emérita do Departamento de Desenvolvimento Humano e comunitário da Universidade da Califórnia, foi uma das primeiras pessoas a aplicar o termo resiliência ao comportamento humano. Isso ocorreu quando ela estudava um grupo de crianças da ilha havaiana de Kauai. Esse grupo vivia em condições de pobreza e provinha de famílias problemáticas, nas quais eram comuns o desemprego, o alcoolismo, os abusos e as agressões. Ao acompanhar a evolução dessas crianças até a adolescência, a pesquisadora constatou que dois terços delas passaram a adotar atitudes destrutivas, como abuso de álcool ou de entorpecentes, gravidez precoce e desinteresse profissional, levando ao desemprego crônico.

Porém, com o terço restante dos jovens isso não aconteceu. Esses se tornaram indivíduos ativos e funcionais. Aos membros desse segundo grupo, a pesquisadora deu o nome de resilientes.

Em meados de 2001, a psicóloga Barbara L. Fredrickson, pesquisadora-chefe do Laboratório de Emoções Positivas e Psicofisiologia da Universidade da Carolina do Norte, fez uma pesquisa para detectar a resiliência de um grupo de estudantes universitários. Pouco depois, os Estados Unidos – e o mundo – foram abalados pelos ataques terroristas ocorridos em setembro daquele ano, quando milhares de pessoas perderam suas vidas. A doutora Fredrickson retomou suas pesquisas, dessa vez para detectar os efeitos da tragédia no grupo que ela estava estudando. Os resultados indicaram que os resilientes experimentaram as mesmas sensações de angústia e tristeza que os não resilientes. A diferença é que eles demonstraram maior capacidade de recuperação e foram menos afetados por problemas como estresse pós-traumático, depressão e ansiedade. Por quê? De acordo com os estudos da doutora Fredrickson, o principal motivo é a atitude positiva que os resilientes demonstram perante a vida – pode-se até afirmar que é daí que vem o "segredo" de sua resiliência. Mesmo em face de uma situação extrema, eles conseguiram invocar emoções positivas, como a gratidão por estar vivo, a compaixão e o desejo de ajudar, e mantiveram o foco no altruísmo e na coragem dos que participaram das missões de resgate, em vez concentrarem-se apenas na perversidade dos perpetradores.

Depois de anos estudando as emoções positivas, a doutora Fredrickson chegou a alguns resultados surpreendentes para os que acham que isso não é assunto que mereça ser levado a sério. Em um de seus trabalhos, ela cita o caso de um grupo de jovens freiras dos anos 1930 que recebeu a incumbência de escrever um resumo de suas vidas, dos fatos mais marcantes e dos motivos que as levaram a optar pela vida religiosa. O objetivo era realizar uma avaliação de seu desenvolvimento espiritual – depois de lidos, os relatos foram arquivados e esquecidos. Mais de 60 anos depois, os documentos foram resgatados por uma equipe de pesquisadores da Universidade de Kentucky, que os utilizou como parte de uma pesquisa sobre o mal de Alzheimer. Os pesquisadores estavam interessados em detectar conteúdo positivo nos escritos, como felicidade, alegria, compaixão, amor e esperança. Suas descobertas foram impressionantes. As freiras que expressaram emoções positivas viveram, em média, dez anos a mais do que outras, que enfatizaram emoções negativas. Ou seja, não é apenas a mente que é afetada pelas emoções, mas também o corpo. Outros estudos indicam que o estresse e as emoções negativas, especialmente quando prolongados e recorrentes, podem causar ou intensificar doenças cardíacas, além de danificar as artérias e dar início à esclerose – o que provavelmente ajuda a explicar a longevidade das freiras otimistas.

As emoções negativas estão ligadas ao instinto de sobrevivência. A raiva, o medo e outras sensações têm como função nos alertar para um perigo iminente e provocar uma resposta imediata. O problema dá-se quando essas sensações persistem muito tempo depois de a ameaça ter passado (lembre-se do exemplo nº 1: Eduardo continuou revoltado pela injustiça que sofrera após ter obtido outro emprego). Além dos problemas físicos que isso acarreta – afinal, toda a sua atividade cerebral e cardiovascular está sendo estressada para lidar com uma ameaça que não existe mais –, o processo mental também é prejudicado. Como o foco está reduzido e limitado àquele conjunto de sensações ruins, a capacidade de ter uma visão mais ampla, de encontrar soluções, de criar e de superar dificuldades acaba ficando comprometida. Já as emoções positivas exercem o efeito oposto. De acordo com a doutora Fredrickson, elas ampliam a capacidade de raciocínio e a percepção e, ao fazer isso, nos ajudam a construir nossa própria fonte de recursos internos para lidar com as adversidades.

"'Sentir-se bem' faz mais do que sinalizar a ausência de ameaças", explica a pesquisadora. "É algo que pode mudar as pessoas para melhor, tornando-as mais otimistas, resilientes e socialmente integradas". Contudo, essa mudança para melhor não se restringe apenas aos indivíduos. Ela também pode afetar grupos, comunidades e organizações. "As emoções positivas de uma pessoa podem ressoar através de outras", afirma a doutora Fredrickson.

Assim, pois, os resilientes apresentam muita sociabilidade e criatividade, são mais abertos para as informações, para o conhecimento, para as novidades e as mudanças, possuem grande capacidade de adaptação, mostram-se confiantes, possuem senso de autonomia e de propósito e, é claro, encaram o mundo de forma positiva. Será que eles são alguma espécie de super-heróis? Nada disso. Estudos, como os que são feitos pela doutora Fredrickson e outros pesquisadores, demonstram que a resiliência está presente nas pessoas mais comuns, independentemente de suas origens ou de seu nível cultural, social ou econômico. Também é importante compreender que a resiliência não é uma característica com a qual nascemos ou não nascemos. Ela envolve mentalidades, comportamentos e ações que podem ser aprendidos e desenvolvidos por qualquer um que se disponha a fazê-lo. É adotando e repetindo essas mentalidades, comportamentos e ações que a resiliência se torna um hábito.

Aqui estão algumas orientações para ajudá-lo a cultivar esse hábito:

- Ser resiliente não significa não sentir tristeza, raiva e outras emoções negativas de vez em quando. Significa não permanecer nesse estado de espírito e não deixar que essas emoções o transformem de modo negativo e duradouro.

- Entenda que tudo é passageiro e olhe para o futuro, e não para o passado. Aceite a mudança como parte da vida.
- Mantenha-se motivado. Não perca seus sonhos de vista. Transforme-os em metas e trate de agir. Quem trabalha por seus ideais não tem tempo para ficar chorando as mágoas.
- Invista em seus relacionamentos. Eles são uma grande fonte de apoio e de encorajamento.
- Mude já o hábito de colocar defeito em tudo e ver apenas o que as pessoas têm de pior. Use a autodisciplina para parar de estimular seus pensamentos negativos.
- Redescubra as coisas que lhe dão prazer. Quando foi a última vez que você ficou alegre como uma criança? Que riu até sentir-se leve por dentro? Que deixou-se aquecer por um momento de ternura? Acredite, esses pequenos atos de prazer possuem um incrível poder regenerador.
- Fique atento às necessidades dos outros. Ajude sempre que puder. Essa é uma ótima forma de sentir-se bem consigo mesmo.
- Fique atento às suas necessidades. Cuide de sua mente, de seu corpo e de sua saúde. Isso o ajudará a lidar com situações que requerem o uso da resiliência.

Redimensionando o futuro

Há, ainda, mais um conceito-chave para entendermos como funcionam a resiliência e as emoções positivas – e como ter acesso a elas. Talvez você esteja pensando: "Mudar o que sinto não é tão fácil assim. Por acaso existe algum relógio que toque um alarme avisando que é hora de passar da tristeza para a alegria, ou da raiva para a serenidade? Basta apenas querer para ir de um estado de espírito a outro? E, se basta querer, por que eu não consigo? Vocês acham que eu gosto de sofrer?".

Querer é o ponto de partida, mas não é tudo. Queiramos ou não, nossas crenças e experiências, bem como os hábitos e atitudes que elas geram, moldam o que somos e o que pensamos, nossa forma de agir, de reagir e de encarar o mundo. Para acessar as emoções positivas, é preciso desafiar as crenças que lhes deram origem e começar a mudá-las. E isso é feito redimensionando-se as experiências a elas associadas. Redimensionar significa atribuir um novo significado que seja mais útil e positivo para nossas vidas.

Não podemos mudar o passado, mas você pode fazer algo que terá um incrível efeito transformador e libertador em sua vida. Você pode mudar o significado que você atribui às experiências mais difíceis de seu passado e cortar o fluxo de energia negativa que isso injeta no seu presente – e, consequentemente, no seu futuro. Mais ainda: você pode fazer verter dessas experiências um fluxo de energia positiva que o fortalece em vez de enfraquecê-lo, e que o deixa otimista e confiante em vez de fazê-lo sofrer.

Parece mágica? Bem, não tem nada a ver com magia. É tudo uma questão de parar de resistir e de apegar-se a uma visão unilateral e limitada dos fatos. E entender que o que o faz sofrer *continuamente* não é tanto o que lhe aconteceu, mas o significado que você atribui ao que lhe aconteceu.

Veja o exemplo abaixo.

Helena enfrentou uma infância difícil. Seu pai bebia e abandonou a família quando era ainda pequena. Helena mal tinha o que comer, e em vez de estudar e de brincar com as outras crianças, teve de vender balas nos faróis para ajudar a sustentar a família. Ela ressentia-se ao pensar que os outros pareciam ter tudo o que ela não tinha. Helena conseguiu estudar e arrumar um emprego à custa de muito sacrifício. A principal lembrança que guarda dessa época é a vergonha que sentia pelos tênis furados que era obrigada a usar no colégio. No trabalho, ela se sente inadequada, deslocada, diferente dos outros e, por isso, evita aproximar-se das pessoas e faz de tudo para não ser notada. Eles com certeza tiveram uma vida melhor do que a dela. E se lhe perguntarem sobre sua história, ela não teria nada de bom para contar. Apesar de estar no emprego há vários anos, ela nunca foi promovida. Mas isso já era de se esperar. Helena sabe que, para ela, tudo é mais difícil e complicado. Sua vida nunca foi fácil, por que agora seria?

Esta é a história de acordo com os significados que Helena lhe atribui. No entanto, se ela atribuísse aos eventos de sua vida um significado diferente, a história poderia ser assim:

Helena lembra com carinho da forma com que sua mãe era capaz de fazer refeições caprichadas com o pouco que tinham. Essa foi uma das lições que aprendeu com ela: sempre faça o melhor com o que você tem. Seu pai bebia e abandonou a família, o que ainda a magoava. Helena, porém, aprendeu a perdoá-lo, pois decidiu que não iria se tornar uma pessoa ressentida. Ela teve de trabalhar desde cedo, vendendo balas nos faróis. Isso, contudo, era motivo de orgulho – prova de que ela era capaz de se virar e de assumir responsabilidades. Jamais esqueceria a felicidade e o alívio de sua mãe e irmãos menores na primeira vez em que chegou com dinheiro em casa. Mais orgulhosa ainda ficava ao pensar que, apesar de ter de trabalhar, conseguiu estudar e arrumar um emprego. As dificuldades que ela havia superado a deixavam confiante e a faziam valorizar ainda mais as suas conquistas. No trabalho, relacionava-se muito bem com os colegas e sentia-se à vontade entre eles. Estava ali por mérito próprio e por sua capacidade de lutar pelo que queria. Sabia que a promoção era só uma questão de tempo.

As duas versões da história retratam os mesmos eventos básicos – a pobreza, o abandono por parte do pai, o trabalho de vender balas no farol, a dificuldade para estudar e o emprego. Contudo, na primeira versão o que prevalece é o significado negativo que Helena atribui a essas experiências. Com certeza deve ter havido um momento ou outro no qual algo de bom lhe aconteceu, em que alguma coisa a deixou alegre ou feliz. Mas isso foi simplesmente varrido da história. Até pessoas que a ajudaram, que trouxeram uma contribuição benéfica à sua vida, como a mãe, foram ignoradas. O foco é sempre o pai, o "vilão", a causa de todos os seus problemas. Essa visão negativa acaba distorcendo sua percepção da realidade. No trabalho, Helena se sente inferiorizada e acha que os colegas tiveram uma vida melhor do que a dela – quem é que pode garantir isso? A sensação de vergonha e de inadequação não lhe permite cultivar relacionamentos e mostrar o que tem de melhor – ela provavelmente nunca parou para pensar no que tem de melhor. Esforça-se para passar despercebida e, por causa disso, não é promovida. Em sua interpretação dos fatos, porém, não é promovida porque "as coisas sempre foram difíceis para ela". E a julgar por sua atitude, vão continuar sendo. Helena está permitindo que sua visão negativa do passado comprometa o seu futuro – e nem ao menos se dá conta disso.

A segunda versão faz com que a história pareça inteiramente diferente. Entretanto, continuamos falando dos mesmos fatos e da mesma personagem. A diferença é que agora Helena procura atribuir significados positivos às suas experiências. A mãe, que foi uma presença benéfica em sua vida, passou a ocupar lugar de destaque na história. O pai, que a abandonou, não é mais visto como o vilão, mas como um ser humano sujeito a fraquezas e defeitos. A mágoa ainda está presente – e talvez sempre esteja. Mas Helena evita que ela se transforme em rancor por meio do perdão. O trabalho no farol é, agora, motivo de orgulho – o foco não é mais o que ela sofreu, mas o que ela aprendeu ao fazer isso e a forma como esse sofrido aprendizado a fortaleceu. A lembrança que predomina é a alegria que ela sentiu ao levar dinheiro para a família – e não a vergonha causada pelos tênis furados. Os significados positivos que Helena conseguiu atribuir às experiências passadas a fazem valorizar suas conquistas e encarar o presente e o futuro com confiança.

É assim que redimensionamos nossas experiências. Atribuir um sentido positivo ao passado não significa mudar os fatos, nem inventar significados que não existem. O significado depende de sua interpretação, de sua forma de encarar as coisas. Se um acontecimento o fez sofrer, ele também pode tê-lo deixado mais forte. Se as dificuldades o oprimiram, elas também podem ter aumentado sua autoconfiança, mostrando-lhe do que você é capaz. Se algumas pessoas o magoaram, com certeza houve muitas outras que de alguma forma o ajudaram. Se alguns seres humanos têm a capacidade de ferir, outros tantos têm a capacidade de doar. E então? Para que lado você prefere olhar?

Redimensionar o passado não vai apagar a dor, mas também não vai permitir que ela seja o ponto central de sua vida. Não vai eliminar as cicatrizes, mas vai impedir que elas infeccionem. Não vai mudar sua história, vai impedir que sua interpretação dessa história contamine negativamente o seu presente e o seu futuro.

Você começa a redimensionar seu passado quando:

- **Redime** a si mesmo e passa a se ver sob um olhar mais positivo.
- **Redefine** seu papel de autor de sua própria história.
- **Reconhece** suas conquistas.
- **Retoma** o poder de decidir.
- **Regenera** os significados que você atribui às suas experiências.
- **Restaura** sua alegria de viver.

Ao encontrarmos significados positivos em nossas experiências passadas, vamos aos poucos adquirindo o hábito de buscarmos o lado positivo das situações com as quais nos defrontamos no presente, o que responde à pergunta inicial sobre como isso poderia ser feito.

E, nesse processo, não apenas o passado e o presente são redimensionados, mas o futuro. Conforme você viu, quando atribuímos significados negativos às nossas experiências acabamos por criar uma percepção limitada e distorcida de nós mesmos e de nossa capacidade, força e resiliência. Sentimo-nos impotentes, nossos sonhos parecem meras miragens, contentamo-nos em utilizar uma porção mínima de nosso potencial e achamos que isso é tudo o que podemos fazer. Imersos nesse estado de espírito, chegamos até a confundir objetivos emergenciais com objetivos de vida.

Os objetivos emergenciais são aqueles que visam resolver um problema urgente e imediato – por exemplo, conseguir um emprego, qualquer emprego, quando você já não pode mais ficar nem um dia desempregado. Os objetivos de vida, por outro lado, são a expressão concreta de nossos sonhos e aspirações, daquilo que realmente queremos ser e obter, o que nos dá um senso de propósito e de realização – por exemplo, um trabalho que nos gratifique e nos dê a oportunidade de prosperar, em vez de apenas um "emprego qualquer".

Pode haver momentos em que temos de alcançar algum objetivo emergencial. Entretanto, assim que ele é atingido o foco muda. Essa foi apenas uma ponte que atravessamos em determinado trecho do percurso que nos levará à realização dos objetivos de vida, e não a linha de chegada. Porém, se ainda estamos presos à percepção distorcida provocada pelas emoções negativas, passamos a acreditar que os objetivos emergenciais são tudo o que nos resta – e sequer nos atrevemos a pensar que podemos atravessar a ponte e ir mais longe.

Contudo, quando o passado é redimensionado, o futuro começa a ser visto sob uma nova luz. Quando reconhecemos e valorizamos nossas conquistas, que antes estavam ocultas por toda a negatividade que atribuíamos a nossas experiências de vida, estamos também assumindo o poder que temos de mudar, de superar e de vencer. E, se temos esse poder, por que deveríamos nos limitar aos objetivos emergenciais? Por que se contentar em sobreviver em vez de viver? À medida que as emoções positivas expandem nossa visão de mundo, percebemos que as possibilidades são infinitas, e que nada nos impede de "pensar grande" e de buscar realizações ainda maiores – a não ser nós mesmos.

Ao ler este livro, mais de uma vez lhe foi pedido que você definisse seus objetivos. Pense neles novamente. Quantos são emergenciais e quantos são objetivos de vida? Você parou nos primeiros ou continua perseguindo os segundos? Reflita com atenção. Essa é mais uma chave para o seu sucesso.

Confirmando os hábitos de vencedor

Tudo o que você leu até agora refere-se à aquisição de hábitos de vencedor. Esses hábitos foram agrupados nas 6 áreas interdependentes e complementares, a saber:

Adquirir conhecimento não é suficiente. É preciso aplicá-lo na prática repetidas vezes se quisermos realizar nossos sonhos. Ao fazermos isso, damos vida e sentido ao conhecimento – e, nesse processo, conhecemos mais a respeito de nós mesmos e de nosso potencial. No momento em que é colocado em prática, o conhecimento passa a se expressar por meio de comportamentos, atitudes e ações concretas. É por isso que ele ganha vida. E é por isso que ele se transforma em hábitos de vencedor.

Áreas de desenvolvimento	Objetivos	Hábitos a serem cultivados	Resultado almejado
1. Qual é o seu sonho? Descobrindo o seu espírito empreendedor	Transformar sonhos em realidade	Crenças positivas, empreendedorismo, criatividade, intuição, ética, entusiasmo	Sucesso nos diferentes aspectos da vida
2. Trabalhando a imagem	Melhorar a autoimagem e a imagem que você transmite	Autovalorização, autoestima, autoconfiança	
3. Comunicação e relacionamentos	Interagir de forma eficaz	Empatia, assertividade, objetividade, generosidade	
4. Produtividade pessoal	Tirar o máximo proveito de suas competências e habilidades	Organizar a relação com o tempo e o dinheiro, planejar, aperfeiçoar-se	
5. Fator DPP	Expandir e concretizar o seu potencial	Determinação, persistência, proatividade, esforço correto, autodisciplina, foco	
6. Liderança	Assumir seu lugar como líder	Exercer a autoridade pessoal, desenvolver qualidades necessárias à dinâmica da liderança e a resiliência, redimensionar passado, presente e futuro	

O quadro resume os hábitos de vencedor apresentados neste livro. Cabe a você decidir se irá armazenar esse conhecimento em sua memória ou se o transformará em hábitos. Se escolher a primeira opção, terá assuntos interessantes sobre os quais pensar, mas que correm o risco de ficar apenas no plano da reflexão. Se escolher a segunda, o resultado será muito mais palpável, duradouro e imediato: você se capacitará para o sucesso.

Posfácio

A vida é uma escola

Viver é arriscar-se a morrer.

Fazer é arriscar-se a falhar.

Rir é arriscar-se a parecer bobo.

Amar é arriscar-se a não ser amado em retorno.

Chorar é arriscar-se a parecer "mole" e sentimental.

Aproximar-se de alguém é arriscar-se a se envolver ou ser rejeitado.

Colocar suas ideias, sonhos e desejos diante dos outros é arriscar-se a parecer ridículo.

A maior omissão na vida de alguém é não arriscar nada. Uma pessoa que não arrisca nada não consegue nada, não tem nada, é um nada. Pode até evitar o sofrimento, a dor e a tristeza, mas não irá aprender, crescer, viver e amar. É apenas um escravo acorrentado à sua segurança, aprisionado pelo medo. Só uma pessoa disposta a se arriscar sem saber o resultado está verdadeiramente viva! Por isso, persiga o que ama e abrace o conhecimento necessário para levá--lo até o seu sonho.

Quase todo mundo sonha grande e quer ser grande. Embora existam inúmeras definições de grandeza, ela geralmente inclui ter um impacto especial sobre outras pessoas. O caminho para a grandeza envolve fazer grandes coisas que influenciam outras pessoas, ou seja, ser um líder.

Uma maneira de desenvolver a liderança é focar em um talento específico que você possui, que o motiva, e usá-lo para desenvolver influência. *Ética dos pais*, um dos livros centrais da sabedoria milenar judaica, diz: "Em um lugar onde não há líderes, esforce-se para ser um líder". Os sábios autores estavam falando aqui com aquela pessoa que não tem necessariamente um grande talento, algo que a torna um líder natural. Eles a aconselham a olhar para o que precisa ser feito no mundo, para lugares onde há uma grande necessidade, e fazer o possível para tomar alguma atitude a respeito. Você só precisa saber o que quer fazer e depois tentar.

Alguns se tornam líderes devido a seus talentos e habilidades natos, mas todos podem causar impacto observando do que o mundo precisa e fazendo algo eficaz e significativo a respeito. Sabendo aquilo com o que você se preocupa apaixonadamente, você pode mudar o mundo.

A chave de todas as riquezas é a capacidade de ser feliz nas circunstâncias atuais. A mesma *Ética dos pais* diz: "Quem é o rico verdadeiro? Aquele que se alegra com o que possui". Quantos de nós recebemos uma fatia generosa da vida, porém, não sabemos ser felizes com ela? Devemos entender então que a verdadeira riqueza se encontra na percepção do que já temos em mãos, e é com essa riqueza que a sua liderança irá começar.

Meu conselho é que você faça algumas perguntas a si mesmo. Sim, em algum momento de nossa vida adulta temos que nos perguntar se nossas carreiras combinam propósito com lucro. Buscamos os dois, mas até que ponto? Concentre-se demais no propósito e você pode perder o lucro. Concentre-se demais no lucro e você pode perder o propósito.

Como encontramos o lugar onde os dois objetivos se cruzam? E, finalmente, em qual devemos focar primeiro? Vamos começar olhando para dentro. Todos nós viemos a este mundo com um bolsa repleta de ferramentas, talentos, inclinações e capacidades naturais. Cabe a nós abrir essa bolsa e descobrir como usar nossas ferramentas para servir ao nosso Criador e ao Seu mundo.

Em *Os deveres do coração*, o cabalista espanhol do século XI e grande rabino Bachya Ibn Paquda afirma: "Quem descobrir em sua personalidade e natureza uma atração por um comércio específico, e seu corpo estiver apto para isso e puder suportar sua dificuldade, deve persegui-lo e torná-lo seu meio de ganhar a vida". Em outras palavras, use o que está na sua bolsa. Lá você encontrará um propósito e também lucro.

Além disso, todos nós carregamos algo em nossa bolsa que podemos erroneamente considerar inútil, como os fracassos e desafios. Mas isso não é lixo, é um tesouro. Esses momentos lhe ensinaram a ter empatia em uma área específica, portanto, é muito provável que estejam ligados a como você pode servir aos outros.

Agora estamos começando a substituir a velha (e terrível) pergunta "O que você quer ser quando crescer?" por outra muito melhor: "Qual problema você gostaria de resolver?". Continue se perguntando:

- O que você ama fazer?
- No que você é bom?
- Do que o mundo precisa?
- O que o mundo está disposto a pagar?

Você encontrará áreas onde suas respostas a essas quatro perguntas se cruzam. Pegue essa dica, explore isso, pois aí está o seu propósito e também o seu lucro. Aí está o que o rabino Bachya diz que você deveria buscar e tornar seu meio de ganhar a vida.

Você tem uma responsabilidade moral para com a sua alma, D'us e Seu mundo de fazer aquilo que só você pode fazer. Esse é o propósito da Escola da Vida, fundada pelo Ricardo Bellino, meu irmão querido, personalidade que eu tive o privilégio de conhecer nesse corredor de nossa escola. Eu o chamo carinhosamente de Bellinowisky, em retribuição por todo o amor e respeito que Bellino tem pelo meu povo e sua cultura milenar. Que o Eterno o abençoe cada vez mais, meu querido irmão.

E a você que está lendo neste momento esta mensagem: pare e dê uma olhada cuidadosa dentro, bem dentro de sua bolsa. Busque o propósito e naturalmente vivenciará seu lucro a partir da sua liderança o mais rápido possível.

Sorria com alegria!

RABINO SANY SONNENREICH
Presidente do Instituto Rav Sany, diretor da entidade Olami Faria
Lima e apresentador do programa Rav Sany Live Show

Referências

Utilizamos as seguintes fontes e referências para a elaboração dos perfis de empreendedores e pessoas inspiradoras citadas neste livro.

Parte I

Abraham Kasinski

Bellino, Ricardo. *Midas & Sadim*: tudo o que você precisa evitar para ter sucesso e não se tornar um Sadim. Rio de Janeiro: Elsevier, 2006.

Amador Aguiar

Revista *Dinheiro On-Line*, 28/12/1999. Disponível em: http://www.terra.com.br/dinheironaweb/122/amador_aguiar.htm

Revista *IstoÉ* – O Brasileiro do Século – categoria Empreendedor. Disponível em: http://www.terra.com.br/istoe/biblioteca/brasileiro/empreendedor/emp2.htm

Anita Roddick

http://www.anitaroddick.com

Época Negócios, edição 8, outubro de 2007. Disponível em: http://epocanegocios.globo.com/Revista/Epocanegocios/0,,EDG79409-8379,00.html

Bernard Lunn

Creative entrepreneurs: the next masters of the universe, 5/10/2007. Disponível em: http://www.readwriteweb.com/archives/creative_entrepreneurs_masters_of_the_universe.php

Bill Gates

Mirick, John. "William H.Gates III Before Microsoft." Disponível em http://ei.cs.vt.edu/~history/Gates.Mirick.html

Carrie Chiang

Entrevista de Stanley Chiang a Ricardo Bellino.

Eder Luiz Bolson

Empreendedorismo e Boneca Barbie, 18/7/2006. Disponível em: http://ederbolson.zip.net/

Eduardo Kobra

https://arteeartistas.com.br/muros-da-memoria-eduardo-kobra

https://economia.uol.com.br/empreendedorismo/noticias/redacao/2016/03/18/ex-periferia-grafiteiro-kobra-agora-emprega-estrangeiros-veja-dicas.htm https://www.eduardokobra.com/biografia

Fletcher Byrom

Trusted Archieves for Scholarship. Disponível em: http://www.jstor.org/pss/257948

George e Robert Soros

http://www.theledger.com/article/20080411/ZNYT01/804110487/1001/BUSINESS

Heloísa Helena de Assis

Revista *Raça Brasil*, edição 99, junho de 2006.

Entrevista ao *Empreender Endeavor*, 22/6/2007. Disponível em: http://www.ende avor.org.br/index.asp?conteudo_id=55&num_seq_news=84&num_id_area=6

Herb Greenberg

Greenberg, Herb; Sweeney, Patrick. *Succeed on your own terms*: lessons from top achievers around the world on developing your unique potential. Nova York: McGraw Hill, 2006.

Herbert Simon

Entrevista a Doug Stewart, junho de 1994. Disponível em: http://www.astralgia. com/webportfolio/omnimoment/archives/interviews/simon.html

J. Hawilla

Entrevista concedida a Ricardo Bellino.

John Johnson

Krass, Peter. *Os gênios dos negócios*: a sabedoria e a experiência dos maiores executivos e empreendedores. Rio de Janeiro: Elsevier, 2004.

José Carlos Semenzato

https://investidorsardinha.r7.com/biografias/jose-carlos-semenzato-smzto

Luiz Seabra

Sua carreira. Disponível em: http://carreiras.empregos.com.br/carreira/administracao/ entrevistas/como_tudo_comecou/luizseabra_entrev.shtm

Pierre Omidyar

Academy of Achievement. Disponível em: http://www.achievement.org/autodoc/ page/omi0bio-1

Warren Buffett

http://www.25iq.com/quatations-warren-buffett/

William Sadler

Roser, Mark. "An Interview with Dr. William Sadler." Disponível em: http:// ubfellowship.org/archive/history/doc781.htm

Parte II

Abilio Diniz

https://www.seudinheiro.com/2021/podcasts/mindset-para-o-sucesso-3-licoes-para-viver-melhor-segundo-o-empresario-abilio-diniz

Alan Grenspan

http://www.gecko.com.br/art010703.asp

Alex Atala

http://domrestaurante.com.br/pt-br/alex.html

https://www.alexatala.com.br/restaurantes

https://zettaoff.com/2021/03/06/alex-atala-em-uma-viagem-sensorial

Antônio Ermírio de Moraes

Bellino, Ricardo. *3 minutos para o sucesso*: aprenda como vender sua ideia com o verdadeiro aprendiz. Rio de Janeiro: Elsevier, 2005.

Caito Maia

https://www.suno.com.br/tudo-sobre/caito-maia

https://blog.contaazul.com/quem-e-caito-maia-7-aprendizados-com-o-criador-da-chilli-beans

https://site.tc.com.br/blog/perfis-de-investidores/caito-maia

Eliana

https://extra.globo.com/tv-e-lazer/telinha/eliana-completa-30-anos-como-apresentadora-diz-que-nada-veio-facil-so-eu-sei-dos-meus-tombos-tropecos-25171074.html

https://www.metropoles.com/entretenimento/televisao/sucesso-no-sbt-eliana-fala-sobre-sonhos-aberta-as-possibilidades

Frank Bernieri

Bellino, Ricardo. *3 minutos para o sucesso*: aprenda como vender sua ideia com o verdadeiro aprendiz. Rio de Janeiro: Elsevier, 2005.

João Carlos Martins

https://revistapegn.globo.com/Administracao-de-empresas/noticia/2017/06/joao-carlos-martins-para-alcancar-o-sucesso-pessoa-precisa-ter-humildade.html

https://epocanegocios.globo.com/Empreendedorismo/noticia/2017/06/duas-qualidades-que-todo-empreendedor-precisa-ter-segundo-joao-carlos-martins.html

Jon Bentz

Hogan, Robert. "Syndromes of Mismanagement". *The Journal for Quality and Participation*, 1º de outubro de 2002. Disponível em: http://www.allbusiness.com/marketing-advertising/947773-1.html

Jorge Gerdau Johannpeter

http://www.abc.org.br/sjbic/curriculo.asp?consulta=jgj

http://www.crasp.com.br/jornal/jornal198/princ1.html

Veja On-Line, 27/4/2005. Disponível em: http://veja.abril.com.br/270405/entrevista.html

José Alencar Gomes da Silva

Jornal *Gazeta Mercantil*, 12/1/2005. Disponível em: http://indexet.gazetamercantil.com.br/arquivo/2005/01/12/427/A-saga-da-familia-deJose-Alencar.html

http://www.radiobras.gov.br/ministerio/lula_vicepresidente.htm

Entrevista publicada no *site* do PRB, 9/9/20082008. Disponível em: http://www.prb10.org.br/unideia/cgi/cgilua.exe/sys/start.htm?infoid=1244&sid=28

Leon Feffer

IstoÉ On-Line – O Brasileiro do Século – categoria Empreendedor. Disponível em: http://www.terra.com.br/istoe/biblioteca/brasileiro/empreendedor/emp18.htm

http://www.amigosdolivro.com.br/lermais_materias. php?cd_materias=3732

Renato da Costa Bomfim

Bellino, Ricardo. "Dr. Renato da Costa Bomfim em três minutos"(prefácio). Em: *Escola da Vida* – edição para celebrar os 65 anos da AACD (*e-book*).

Richard Branson

http://www.virgin.com/AboutVirgin/RichardBranson/WhosRichardBranson.aspx

Robert Hogan

"Character and Personality". *Tip* (The Industrial-Organizational Psychologist), vol. 4, n. 2, outubro de 2006. Disponível em: http://www.ho ganassessment.com/_hoganweb/documents/characterandPersonality.pdf

Robert Woodruff

Krass, Peter. *Os gênios dos negócios*: a sabedoria e a experiência dos maiores executivos e empreendedores. Rio de Janeiro: Elsevier, 2004.

Roberto Medina

https://exame.com/negocios/como-medina-criou-o-rock-in-rio-com-a-forca-de-frank-sinatra

https://revistapegn.globo.com/Economia/noticia/2021/07/pegn-roberto-medina-criador-do-rock-in-rio-lanca-the-town-megaevento-para-sp.html

Timothy Wilson

Wilson, Timothy. *Strangers to ourselves*: discovering the adaptive unconscious. Cambridge: The Belknap Press of HarvardUniversity Press, 2002.

Tom Peters

Revista *Você S/A*, maio de 2001. Disponível em: http://vocesa.abril.com.br/edi35/capa-recado.shl

http://www.tompeters.com/

Viktor Frankl

Viktor Frankl Institut – http://logotherapy.univie.ac.at/

Viviane Senna

http://www.escola 2000.org.br/comunique/entrevistas/ver_ent. aspx?id=27

Instituto Ayrton Senna – http://senna.globo.com/institutoayrtonsenna/inst_quem.asp

Walt Disney

http://www.justdisney.com/walt_disney

Revista *Time* – The Time 100 – The most important people of the century. Disponível em: http://www.time.com/time/time100/builder/profile/disney.html

Parte III

Alair Martins

Entrevista concedida a Ricardo Bellino e veiculada pela Band News FM.

Site do Grupo Martins. Disponível em: http://www.martins.com.br/site/content/institucional/home/default.asp?secao_id=3&resolucao=800

Albert Mehrabian

http://www.businessballs.com/mehrabiancommunications.htm

Chaim Zaher

https://forbes.com.br/negocios/2019/03/chaim-zaher-de-bedel-a-bilionario

https://jc.ne10.uol.com.br/colunas/jc-negocios/2022/08/15068320-colegio-santa-maria-saiba-quem-e-chaim-zaher-novo-responsavel-pela-escola.html

https://veja.abril.com.br/coluna/radar/bilionario-da-educacao-expande-negocios-para-a-area-de-comunicacao

Daniel Goleman

Entrevista cedida pela editora Objetiva ao *site* da Abrae. Disponível em: http://www.abrae.com.br/entrevistas/entr_gol.htm

Edward Thorndike

http://www.indiana.edu/~intell/ethorndike.shtml

John e Beatrice Lacey

Shannon, Marilyn; Isenhour, Deborah. "Listening to Transcend con flicts", publicado no *site* Mediate.com em março de 2004. Disponível em: http://www.mediate.com/articles/isenhourD2.cfm

Robert P. Vecchio

"Office's Deadly Sin". Disponível em: http://www.canada.com/shareit/soundoff/toronto/story.html?id=fdddc545-ed34-433e-b672-db144ebcd3d9

"Managing Envy and Jealousy in the Workplace", em *Compensation & Benefits Review*, vol. 33, nº 2, 2001. Disponível em: http://cbr.sagepub.com/cgi/content/abstract/33/2/57

Romeu Chap Chap

Chap Chap, Romeu: *Uma vida em construção*. Rio de Janeiro: Elsevier, 2007.

Silvio Santos

Bellino, Ricardo. *Sopa de pedra*: dez ingredientes para você criar sua receita de sucesso. Rio de Janeiro: Elsevier, 2004.

Washington Olivetto

Revista *IstoÉ Gente*, 21/2/2000. Disponível em: http://www.terra.com.br/istoe gente/29/reportagens/entrev_olivetto.htm

Entrevista ao *site* Diálogo Roche, reproduzida no *Almanaque da Comunicação*. Disponível em: http://www.almanaquedacomunicacao.com.br/artigos/944.html

William Ury

Revista *Você S/A*, 2/9/2008. Disponível em: http://vocesa.abril.com.br/aberto/vo ceemevolucao/pgart_04_06102004_50956.shl

Parte IV

Alexandre Costa

https://blog.staage.com/cases/case-alexandre-costa-cacau-show

https://cuboup.com/conteudo/alexandre-costa

https://blog.contaazul.com/quem-e-alexandre-costa-6-licoes-para-aprender-com-a-cacau-show

https://presleyson.com.br/2019/09/22/a-historia-de-superacao-de-alexandre-costa-o-dono-da-cacau-show

https://www.faecpr.edu.br/site/laboratorio_marketing/documentos/Criador_Cacau_Show.pdf

https://www.suafranquia.com/noticias/alimentacao-e-food-service/2017/08/a-trajetoria-de-alexandre-costa-fundador-da-cacau-show

Andrew Carnegie

Krass, Peter. *Os gênios dos negócios*: a sabedoria e a experiência dos maiores executivos e empreendedores. Rio de Janeiro: Elsevier, 2004.

Antônio Carbonari Netto

https://www.estadao.com.br/pme/antonio-carbonari-netto-vai-participar-do-primeiro-encontro-pme

https://www.estadao.com.br/pme/medo-e-bom-mas-e-preciso-controla-lo-diz-dono-da-anhanguera

https://www.istoedinheiro.com.br/o-primeiro-da-classe

Cristina Junqueira

https://blog.nubank.com.br/cirstina-junqueira-primeira-mulher-vencer-premio-executivo-de-valor

https://economia.uol.com.br/noticias/estadao-conteudo/2021/12/19/a-banqueira-brasileira-que-conquistou-ny.htm

https://www.suno.com.br/tudo-sobre/cristina-junqueira

https://euqueroinvestir.com/cristina-junqueira-a-cofundadora-e-atual-ceo-do-nubank-no-brasil

https://veja.abril.com.br/economia/a-gangorra-entre-nubank-e-itau-na-disputa-do-banco-mais-valioso

David Allen

Allen, David. "A bigger block of concrete; streetwise lessons on organisational learning". Disponível em: http://www.davidallenconsultancy.co.uk/files/A%20 Bigger%20Block%20of%20concrete.pdf

Edson de Godoy Bueno

Bellino, Ricardo. *Sopa de pedra*: dez ingredientes para você criar sua receita de sucesso. Rio de Janeiro: Elsevier, 2004.

Guy Laliberté

Veja On-Line, 14/6/2006. Disponível em: http://veja.abril.com.br/140606/p_130.html

Irmãos Coser

Revista *Veja São Paulo*, 2/5/2007. Disponível em: http://vejasaopaulo.abril.com.br/revista/vejasp/edicoes/2006/m0127847.html

Vida Executiva, edição 27, agosto de 2006. Disponível em: http://revistavidaexecutiva.uol.com.br/Edicoes/27/artigo26526-1.asp

Luiz Norberto Paschoal

Isto É On-Line, 27/11/2001. Disponível em: http://www.terra.com.br/istoe/1678/1678vermelhas.htm

Luiza Helena Trajano

Liderança e negociação – 28/4/2007. Disponível em: http://lidernegocio2007-1.blogspot.com/2007/04/lder-luiza-helena-trajano-magazines.html

Nizan Guanaes

Portal *Exame* – 17/4/2008. Disponível em: http://portalexame.abril.com.br/revista/exame/edicoes/0916/marketing/m0156977.html

https://veja.abril.com.br/paginas-amarelas/nizan-guanaes-nas-redes-sociais-parece-que-ninguem-tem-problema

https://www.infomoney.com.br/negocios/nizan-guanaes-os-erros-e-aprendizados-de-quem-chegou-ao-topo-da-publicidade

https://forbes.com.br/carreira/2022/09/o-novo-negocio-de-nizan-guanaes-e-criar-estrategias-para-grandes-empresas

Rachel Maia

https://gauchazh.clicrbs.com.br/donna/donna-trends/noticia/2016/10/rachel-maia-ceo-da-pandora-no-brasil-fala-sobre-empoderamento-feminino-e-tendencias-cjpo99h3n00addkcnm1p9gyj0.html

https://www.uol.com.br/ecoa/reportagens-especiais/rachel-maia-quem-nao-pensar-em-diversidade-acabara-ficando-para-tras/#page1

https://www.dicasdemulher.com.br/rachel-maia

Sérgio Amoroso

Jornal *Gazeta Mercantil*, 21/9/2007. Disponível em: http://www.gazetamercantil.com.br/integraNoticia.aspx?Param=25%2c0%2c+%2c862165%2cUIOU

Parte V

Alberto Saraiva

Diário do Comércio. Disponível em: http://www.dcomercio.com.br/especiais/empreendedores/300605_01.htm

Amadeo Peter Giannini

Revista *Time*, The Time 100. Disponível em: http://www.time.com/time/time100/builder/profile/giannini.html

Bill Porter

http://www.oregonlive.com/special/billporter/index.ssf?/special/oregonian/billporter/billporter_story1.frame

"Welcome! Come on in." Disponível em: http://74.125.45.104/search?q=cache:z5Qc4vPrVcwJ:www.billporter.com/+www.billporter.com&hl=en&ct=clnk&cd=1

Carlos Wizard

https://www.bbc.com/portuguese/brasil-57703318

https://www.suno.com.br/tudo-sobre/carlos-wizard

https://renovainvest.com.br/blog/carlos-wizard-conheca-a-historia-do-fundador-da-wizard

Chris Gardner

http://www.chrisgardnermedia.com/

Eduardo Lyra

https://www.terra.com.br/diversao/pobreza-vai-virar-peca-de-museu-promete-o-empreendedor-edu-lyra,cb2b219df601556f4c539247fc787c1d7smevji9.html

https://www.infomoney.com.br/negocios/edu-lyra-o-empreendedor-que-abriu-os-olhos-dos-maiores-empresarios-do-pais-para-as-favelas

https://einvestidor.estadao.com.br/mercado/edu-lyra-ceo-gerando-falcoes

Harland Sanders

http://www.essortment.com/all/historyofkent_rhkr.htm

http://www.answers.com/topic/harland-sanders

José Eugênio Farina

http://carreiras.empregos.com.br/carreira/administracao/entrevistas/entrevistas/280901-todeschini_exame.shtm

Revista *Isto É Dinheiro*, 30/6/2004. Disponível em: http://www.terra.com.br/istoe dinheiro/355/negocios/todeschini.htm

José Isaac Peres

https://www.multiplan.com.br/pt-br/a-empresa/sobre-o-empreendendor

Ozires Silva

https://revistaoeste.com/brasil/ozires-silva-a-petrobras-precisa-inovar

https://aeroin.net/ozires-silva-chega-aos-92-anos-embraer-faz-homenagem

Rolim Adolfo Amaro

Bellino, Ricardo. *3 minutos para o sucesso*: aprenda como vender sua ideia com o verdadeiro aprendiz. Rio de Janeiro: Elsevier, 2005.

Sharon Parker e Catherine Collins

Institute of Work Psychology – IWP Newsletter – maio de 2008. Disponível em: http://74.125.45.104/search?q=cache:qGQ6XhDaHcYJ:www.she-ffield. ac.uk/content/1/c6/07/14/62/May%25202008%2520Newsletter.pdf+sharon +parker+catherine+collins+proactivity&hl=en&ct=clnk&cd=2

Soichiro Honda

Revista *BusinessWeek*, 17/8/2004. Disponível em: http://www.businessweek.com/ bwdaily/dnflash/aug2004/nf20040817_3267_db078.htm

Honda History. Disponível em: http://corporate.honda.com/america/history.aspx

Thomas Edson

American Memory, Library of Congress. Disponível em: http://lcweb2.loc.gov/ammem/edhtml/edbiohm.html

Parte VI

André Esteves

https://www.suno.com.br/tudo-sobre/andre-esteves

https://www.poder360.com.br/brasil/andre-esteves-fala-em-fundo-de-us-3-bi-para-recuperar-florestas-no-brasil

Barbara L. Fredrickson

"Cultivating positive emotions to optimize health and well-being", em *Prevention and Treatment*, 3. Disponível em: http://journals.apa.org/prevention

"What good are positive emotions?", em *Review of General Psychology*, 2, 300-319.

"What good are positive emotions in crises? – A prospective study of resilience and emotions following the terrorist attacks on the United States on September 11th, 2001", em *Journal of Personality and Social Psychology*, 84, 365-376.

"Resilient individuals use positive emotions to bounce back from negative emotional experiences", em *Journal of Personality and Social Psychology*, 86, 320-333.

Elie Horn

http://revistaepoca.globo.com/Revista/Epoca/0,,EDG80298-9306-498,00.html

https://comoinvestir.thecap.com.br/elie-horn-bilionario-brasileiro-doar-maior-parte-da-fortuna

Emmy Werner

Werner, Emmy E.; Smith, Ruth S. *Journeys from childhood to midlife*: risk, resilience and recovery. Ithaca: Cornell University Press, 2001.

Flávio Augusto

https://www.suno.com.br/tudo-sobre/flavio-augusto-da-silva

https://blog.contaazul.com/quem-e-flavio-augusto-conheca-as-licoes-do-fundador-da-geracao-de-valor

https://euqueroinvestir.com/flavio-augusto-da-silva-do-cheque-especial-ao-clube-do-bilhao

Francesco Matarazzo, Lawrence Ellison e Sebastião Camargo

Bellino, Ricardo. *Midas & Sadim*: tudo o que você precisa evitar para ter sucesso e não se tornar um Sadim. Rio de Janeiro: Elsevier, 2006.

Ivan Zurita

Revista *IstoÉ Dinheiro*, 14/12/2005. Disponível em: http://www.terra.com.br/isto edinheiro/431/empreendedor/ivan_zurita.htm

Jack Welch

Slater, Robert. *Jack Welch, o executivo do século*: os *insights* e os segredos que criaram o estilo GE. São Paulo: Negócio, 2001.

Jean Lipman Blumen

Blumen, Jean Lipman. *The allure of toxic leaders*: why we follow destructive bosses and corrupt politicians and how we can survive them. Nova York: Oxford University Press, 2006.

Lee Iacocca

Iacocca, Lee. *Cadê os líderes?* Rio de Janeiro: Elsevier, 2007.

Ricardo Semler

Revista *Época*, agosto de 2008. Disponível em: http://revistaepoca.globo.com/ Epoca/0,6993,EPT699954-1666,00.html

Rodrigo Galindo

https://www.suno.com.br/tudo-sobre/rodrigo-galindo

https://www.infomoney.com.br/mercados/cogna-cogn3-rodrigo-galindo-deixara-presidencia-no-final-de-marco-e-vai-para-conselho-roberto-valerio-assumira-como-ceo

https://exame.com/negocios/com-galindo-no-conselho-qual-futuro-da-cogna

https://valor.globo.com/carreira/noticia/2022/06/09/executivos-buscam-novas-experiencias-em-ferias-pos-pandemia.ghtml

https://valor.globo.com/empresas/noticia/2021/03/19/ceo-da-cogna-diz-que-experiencia-ajudou-o-enfrentamento-a-crise.ghtml

Tom Peters

Revista *Você S/A*, maio de 2001. Disponível em: http://vocesa.abril.uol.com.br/ edi35/capa.shl

Bibliografia

Argan, Giulio Carlo. *Imagem e persuasão*. São Paulo: Companhia das Letras, 2004.

Bellino, Ricardo. *3 minutos para o sucesso*: aprenda como vender sua ideia com o verdadeiro aprendiz. Rio de Janeiro: Elsevier, 2005.

Bellino, Ricardo. *Midas & Sadim*: tudo o que você precisa evitar para ter sucesso e não se tornar um Sadim. Rio de Janeiro: Elsevier, 2006.

Bellino, Ricardo. *PDI – O poder das ideias*: como transformar ideias em tacadas de sucesso. Rio de Janeiro: Elsevier, 2003.

Bellino, Ricardo. *Sopa de pedra*: dez ingredientes para você criar sua receita de sucesso. Rio de Janeiro: Elsevier, 2004.

Blumen, Jean Lipman. *The allure of toxic leaders*: why we follow destructive bosses and corrupt politicians and how we can survive them. Nova York: Oxford University Press, 2006.

Bordin, Sandy. *Marketing pessoal*: 100 dicas para valorizar a sua imagem. Rio de Janeiro: Record, 2004.

Britto, Francisco; Wever, Luiz. *Empreendedores brasileiros* (Vol. 1 e 2). Rio de Janeiro: Elsevier, 2003/2004.

Canfield, Jack; Hansen, Mark Victor; Hewitt, Les. *O poder do foco*: o caminho certo para atingir suas metas empresariais, pessoais e financeiras. Rio de Janeiro: Best Seller, 2005.

Chap Chap, Romeu. *Romeu Chap Chap*: uma vida em construção. Rio de Janeiro: Elsevier, 2007.

Damásio, Antônio R. *O erro de Descartes*: emoção, razão e o cérebro humano. São Paulo: Companhia das Letras, 1996.

Damásio, Antônio R. *O mistério da consciência*: do corpo e da emoção ao conhecimento de si. São Paulo: São Paulo: Companhia das Letras, 2000.

Davis, Flora. *A comunicação não verbal*. São Paulo: Summus, 1979.

Davis-Floyd, Robbie; Arvidson, P. Sven. *Intuition*: the inside story. Nova York: Routledge, 1997.

Dweck, Carol S. *Mindset*: the new psychology of success. Rio de Janeiro: Objetiva, 2008.

Gardner, Howard. *Inteligência*: um conceito reformulado. Rio de Janeiro: Objetiva, 1999.

Girard, Joe; Brown, Stanley H. *Como vender qualquer coisa a qualquer um*. Rio de Janeiro: Record, 2001.

Goleman, Daniel. *Inteligência emocional*. Rio de Janeiro: Objetiva, 1996.

Greenberg, Herb; Sweeney, Patrick. *Succeed on your own terms*: lessons from top achievers around the world on developing your unique potential. Nova York: McGraw Hill, 2006.

Gummesson, Evert. *Marketing de relacionamento total*. Porto Alegre: Bookman, 2005.

Hill, Napoleon; Keown, Harold. *Sucesso e riqueza pela persuasão*. Rio de Janeiro: Record, 1998.

Iacocca, Lee. *Cadê os líderes?* Rio de Janeiro: Elsevier, 2007.

Kennedy, Carol. *O guia dos gurus do gerenciamento*. Rio de Janeiro: Record, 2000.

Krass, Peter. *Os gênios dos negócios*: a sabedoria e a experiência dos maiores executivos e empreendedores. Rio de Janeiro: Elsevier, 2004.

LeDoux, Joseph. *O cérebro emocional*: os misteriosos alicerces da vida emocional. Rio de Janeiro: Objetiva, 1998.

Mackay, Harvey. *Cave um poço antes de sentir sede*: segredos para montar uma *network* eficiente. Rio de Janeiro: Record, 1999.

Martins, João Carlos. *A saga das mãos*: a impressionante trajetória do maestro e um dos maiores intérpretes de Bach. Rio de Janeiro: Elsevier, 2007.

Peters, Tom. *Reimagine!* São Paulo: Futura, 2004.

Ramalho, Jussier. *Você é sua melhor marca*: como o marketing pessoal pode ser utilizado para fazer a diferença em sua carreira. Rio de Janeiro: Elsevier, 2008.

Ratey, John J. *O cérebro*: um guia para o usuário. Rio de Janeiro: Objetiva, 2002.

Slater, Robert. *Jack Welch, o executivo do século*: os *insights* e os segredos que criaram o estilo GE. São Paulo: Negócio, 2001.

Trump, Donald J. *Trump*: como ficar rico. Rio de Janeiro: Elsevier, 2004.

Weisinger, Hendrie. *Inteligência emocional no trabalho*. Rio de Janeiro: Objetiva, 1997.

Werner, Emmy E.; Smith, Ruth S. *Journeys from childhood to midlife*: risk, resilience and recovery. Ithaca: Cornell University Press, 2001.

Wilson, Timothy D. *Strangers to ourselves*: discovering the adaptive unconscious. Cambridge: The Belknap Press of Harvard University Press, 2002.

Wong, Robert. *O sucesso está no equilíbrio*. Rio de Janeiro: Elsevier, 2005.

Depoimentos sobre o autor

"O Ricardo é, principalmente, uma fantástica alegria; tem uma fantástica energia para inventar, o que é muito contagiante. Ele é uma pessoa com quem dá vontade de desenvolver projetos. As portas que ele me abriu foram fantásticas, porque fomos nós que começamos esse fenômeno da modelo brasileira triunfante."

John Casablancas,
Fundador da Elite Models

"Eu conheci o Bellino em 2010. Ele sempre foi um cara criativo, inventando negócios, projetos, envolvendo, conectando pessoas – essa é a principal característica dele. [...] E nesse processo de criar conexão entre pessoas, é claro, você estar conectado à pessoa certa pode fazer total diferença na rapidez com a qual você vai fazer seu negócio, ou seja, uma conexão certa pode significar uma compra de tempo. Existem pessoas que têm o dom, que têm essa capacidade de conectar pessoas; o Bellino é um desses casos. Ele tem uma inteligência social muito grande e essa capacidade e perspicácia de estabelecer relações. Para quem é conectado, às vezes em uma única troca você pode economizar de 5 a 10 anos da sua vida e acelerar as coisas. A partir daí você percebe que a aceleração temporal não está só relacionada a fazer as coisas com velocidade, mas que às vezes a conexão certa te dá essa aceleração necessária."

Flávio Augusto,
Fundador da Wise Up e autor de Geração de valor

"O Ricardo é um acelerador de pessoas. Ele não fala que é um motivador, ele não é um artista de *rock*, eu também não sou, eu também não sou um motivador. Aquilo que a gente aprendeu a gente aprendeu fazendo, aprendeu com a nossa história. E o Ricardo tem muito disso, tem muito de pegar e falar: 'Galera, olha só, o que eu vou passar para vocês não é só aquilo que eu acredito, é o que eu acredito e é aquilo que eu fiz'. Esse é o grande exemplo. [...] O sucesso requer um preço enorme das pessoas, e o Ricardo tem isso, Ricardo é esse cara, Ricardo é o cara que teve uma grande visão lá atrás, de trazer uma grande agência quando ninguém falava sobre isso e nem sabia como – ele simplesmente foi lá e fez. Se isso tem a cara da Hinode? Isso é Hinode! A Hinode é exatamente isso: uma grande visão que a gente concretiza como? A gente não sabe. A gente levanta todo dia, acredita, vai lá e faz."

Sandro Rodrigues,
Presidente da Hinode Group

"Nessa última semana eu falei na palestra do Lobo de Wall Street, falei para mais de 2.500 pessoas, e um pouco antes dessa palestra eu conheci um cara que é muito legal e fez uma palestra anterior: o nome dele é Ricardo Bellino, ele é um especialista em *deal making*, isto é, em fazer negócios. Ele foi um dos únicos caras que eu conheço que conseguiu fazer negócio com Donald Trump; ele conseguiu convencer o Donald Trump de uma ideia a partir de 3 minutos de conversa. Ele lançou a marca da Elite Models, a marca da Elite Models do Casablancas aqui no Brasil; foi responsável pela camiseta para a campanha Câncer de Mama no Alvo da Moda; enfim, o cara fez vários *deals* na vida. Depois de falarmos no evento, nós acabamos nos conectando. E o mais legal é que eu lembro que nós saímos do evento, fomos para o camarim e em uma hora de conversa ele me ensinou mais sobre *deal making* do que eu jamais saberia e jamais teria condições de aprender."

Erico Rocha,
Especialista em marketing digital

"Assim que entrei no WTC Golden Hall do Sheraton São Paulo, naquele 26 de julho de 2015, sabia que minha vida iria mudar. Na época, sonhava ser empresário. Tinha acabado de abrir uma empresa, com apenas um produto no portfólio, poucas vendas e sem perspectiva de crescimento. [...] Antes do Lobo, inúmeros empresários brasileiros trouxeram suas ideias ao palco do Sheraton. E, logo na palestra de abertura, entra em cena Ricardo Bellino. Interessei-me de cara naquele que é uma dessas pessoas cativantes. Suas histórias são fascinantes. Entre outras 'maluquices', contou como se tornou entregador da DHL apenas para bancar suas idas aos Estados Unidos e reunir-se com os donos da Elite Models, agência de modelos que ele trouxe ao Brasil e que revelou, mais tarde, Gisele Bündchen. Isso, diga-se de passagem, sem falar uma palavra em inglês. A conexão foi instantânea."

Diego Vergilio,
Empreendedor e fundador do projeto Arrasta para Cima